第四届全国中小学实验教学

说课活动优秀作品集

中国教育装备行业协会 组编

知识产权出版社
全国百佳图书出版单位

图书在版编目（CIP）数据

第四届全国中小学实验教学说课活动优秀作品集/中国教育装备行业协会组编.
—北京：知识产权出版社，2017.5

ISBN 978-7-5130-4868-2

Ⅰ.①第… Ⅱ.①中… Ⅲ.①说课—课堂教学—教学研究—中小学
Ⅳ.①G632.421

中国版本图书馆 CIP 数据核字（2017）第 078978 号

责任编辑： 段红梅　石陇辉　　　**责任出版：** 刘译文
封面设计： 智兴设计室·索晓青

第四届全国中小学实验教学说课活动优秀作品集

中国教育装备行业协会　组编

出版发行：	知识产权出版社有限责任公司	**网　　址：**	http://www.ipph.cn
社　　址：	北京市海淀区西外太平庄 55 号	**邮　　编：**	100081
责编电话：	010-82000860 转 8119	**责编邮箱：**	duanhongmei@cnipr.com
发行电话：	010-82000860 转 8101/8102	**发行传真：**	010-82000893/82005070/82000270
印　　刷：	北京九州迅驰传媒文化有限公司	**经　　销：**	各大网上书店、新华书店及相关专业书店
开　　本：	787mm×1092mm　1/16	**印　　张：**	22.75
版　　次：	2017 年 5 月第 1 版	**印　　次：**	2019年7月第2次印刷
字　　数：	450 千字	**定　　价：**	65.00 元

ISBN 978-7-5130-4868-2

本书编委会

主　编：夏国明

副主编：朱俊英

编　委：王　瀛　王东亮　许永康

宋利云　景维华

（以姓氏笔画为序）

序

《国家中长期教育改革和发展规划纲要（2010—2020 年）》中提出“坚持以人为本、全面实施素质教育是教育改革发展的战略主题”“坚持能力为重”“着力提高学生的学习能力、实践能力、创新能力，教育学生学会知识技能，学会动手动脑”。《教育部关于全面深化课程改革 落实立德树人根本任务的意见》中强调“个人修养、社会关爱、家国情怀，更加注重自主发展、合作参与、创新实践”“开展教育教学实践研究”“强化教学的实践育人功能”。为了贯彻落实上述文件精神，在教育部基础教育二司指导下，中国教育装备行业协会从 2013 年起在推进中小学实验教学方面做了一系列卓有成效的工作：在中国教育装备展示会期间举办了以“推进教育技术装备与教育教学走向融合”为主题的论坛、“全国中小学实验教学优秀案例展演”“全国中小学实验教学说课活动”（简称为实验说课活动）；建设了全国中小学实验在线平台（简称“实验在线”平台，http：//www. ceeia. cn 首页有链接）；编辑出版了《全国中小学实验教学说课活动优秀作品集》及视频光盘。

“全国中小学实验教学说课活动”已经举办了四届，吸引了 10000 多名教师参与，涵盖了小学、初中、高中 3 个学段，物理、化学、生物、科学等多个学科的实验课程，筛选出了 1000 余节优质实验课。优质实验课视频及文本发布在“实验在线”平台上，供全国中小学校师生免费使用。实验说课活动的开展增强了全国中小学对实验教学培养学生实践能力、创新能力重要性的认识；充分调动了实验教师开展实验教学探究的积极性；推动了实验教师对实验方法和实验仪器的改进创新，使实验现象、实验效果更加显著；提升了实验教学的水平和育人效果；形成了一批覆盖中小学各年级物理、化学、生物、科学等学科多版本的实验教学优质资源；促进了实验教学优质教育资源的开发与共享。

《第四届全国中小学实验教学说课活动优秀作品集》是实验说课活动的成果，是一本顺应时代发展的、助推教育装备管好用好的书籍。本书的编辑出版将能够激发基教、教研、教育装备部门与学校、教师、教学的紧密联系；能够为教育装备的生产企业及时反馈教育教学中的相应需求与教育装备的新理念，使教育装备的供与需之间建立良好的互通渠道，使教育装备与实验教学走向深度融合；能够促进教师在教学过程中利用好、发挥好现有教育装备，并在实验教学中不断创新和改进，使实验教学成为真正意义上的学中做、做中学，成为素质教育的抓手，为培养学生的动手动脑能力、创新创造能力等方面做出贡献。

中国教育装备行业协会会长

2017 年 3 月

前言

第四届全国中小学实验教学说课活动由教育部基础教育二司组织，教育部教育装备研究与发展中心和中国教育装备行业协会承办，广西壮族自治区教育厅和南宁市人民政府协办，旨在贯彻落实教育部基础教育二司2016年工作要点中提出的“加强中小学实验教学指导，交流推广优秀案例和经验”，促进中小学开齐、开足、开好实验课，进一步发挥实验教学的育人功能，提升学生动手实践能力的要求。

本届说课活动得到各地教育部门的高度重视，众多一线教师、教研员和教育工作者积极参与，作品经过层层选拔、精心打磨，内容精彩，充满创意。来自全国36个省（区、市）、计划单列市及新疆生产建设兵团的284名教师参加了现场说课，现场分小学科学、中学物理（含初中和高中）、中学化学（含初中和高中）、中学生物（含初中和高中）4个组别进行评比。参赛教师通过实物展示、PPT演示、视频播放等方式，详细阐述了实验教学过程中遇到的问题和克服的手段，展示了新装备、新技术、新方法的创新应用。许多创新实验不仅使得实验过程更加容易控制，实验结果更加容易观察，测量的精度和准度提高了，而且拓宽了实验教学的方法和途径，增强了教师授课效果，激发了学生学习兴趣，提升了实验教学水平和质量。

本届说课活动评审工作主要由教育部教育装备研究与发展中心负责，组织筛选来自全国各地的高校、教研、教育装备、中小学校等部门的22位专家学者组成评审委员会。评审委员会严格按照评审工作程序，对各地上报的全部284件作品进行了网上初评和现场评审，最终评出一等奖75名、二等奖101名、三等奖108名。

本届说课活动得到了参赛教师和观摩人员的一致好评，认为活动展示了各地中小学实验教学的优秀成果，为广大中小学教师搭建了学习交流平台，增强了大家对实验教学重要意义和作用的认识，促进了实验教学地位的提升，推动了教育装备广泛应用和创新发展。参赛教师在说课过程中实验目标设定清晰到位，改进的实验方法和创新的实验仪器构思巧妙，许多成果对学科教学有很好的借鉴和推动作用。为将参赛教师的真知灼见广泛传播，给广大实验教师以借鉴和指导，中国教育装备行业协会编辑出版本书及光盘，书和光盘收录了获得一等奖的实验教学说课作品75个，其中小学科学18个、中学物理19个、中学化学20个、中学生物18个。

在此，对本届说课活动给予指导的教育部基础教育二司，给予支持和协助的各地基教、教研、教育装备等部门表示感谢！对第四届全国中小学实验教学说课活动指导委员会、第四届全国中小学实验教学说课活动评审委员会的各位领导和专家表示感谢！对参与和协助组织的广大教师和工作人员表示感谢！希望全国中小学实验教学说课活动能受到教育教学部门、学校、教师的广泛关注，使我国中小学教师主动积极开展实验教学、研究实验、改进实验成为相关学科教师工作的常态，更好地为落实实验教学和深化课程改革服务，进一步推进素质教育和提升教学质量。

中国教育装备行业协会

2017年3月

目录

第一部分　小学科学

第二部分　中学物理

初中物理

第四部分 中学生物

初中生物

高中生物

第一部分　小学科学

斜坡的启示

福建省福州市仓山区第五中心小学　陈娇娇

一、使用教材

苏教版小学五年级《科学》下册第一单元“神奇的机械”第3课。

二、实验器材

木板、小车、弹簧测力计、电动机、轨道、滑轮、棉线等。

三、实验创新要点/改进要点

创新实验装置，严谨实验结果。

四、实验原理/实验设计思路

利用斜面可以省力，程度越小越省力。

五、实验教学目标

（1）知识目标：知道斜面有省力作用，在生产生活中有广泛的应用。

（2）能力目标：能通过对比实验自主探究斜面的省力作用。

（3）情感态度与价值观：感悟人类利用斜面省力作用的智慧。

六、实验教学内容

（1）认识斜面。

（2）探究斜面的省力作用。

（3）认识斜面在生产生活中的应用。

七、实验教学过程

（一）环节一：创设情境，发现探究问题

（1）直接往上搬重物和使用斜面搬重物，有什么不同？

（2）聚焦“斜面有什么作用”，揭示课题。

（二）环节二：自主探究斜面的省力作用

（1）提出问题：使用斜面能省力吗？

（2）引导学生设计对比实验方案。

（3）明确用什么做实验，怎样做实验。

1）直接竖直向上提升重物与利用斜面拉动重物实验

活动1：测量直接竖直向上匀速提升物体的力。

活动2：测量沿斜面匀速向上拉动物体的拉力。接着改变物体的重量，多次实验。得出结论：使用斜面比直接竖直向上提升物体省力。

2）所探究的问题是：影响斜面省力的因素有哪些？

活动3：保持斜面长不变，改变斜面倾斜程度的实验。通过数据对比，发现：斜面长不变，斜面倾斜程度越小越省力。

活动4：保持斜面高不变，改变斜面长的实验。学生会发现：斜面高不变，斜面越长越省力。

（三）环节三：联系生活，了解斜面的应用

（1）出示斜面在生活中应用事例的图片，让学生用斜面省力的科学知识来解释。

（2）引导学生知道，像螺旋形和S形的结构实际上都是一种变形的斜面。

八、实验效果评价

（1）改进实验方法，优化实验过程。

（2）创新实验装置，严谨实验结果。

（3）充实实验内容，丰富学生感知。

（4）设计对比实验，明确控制变量。

热传导

上海市崇明区实验小学　董道夷

一、使用教材

上海科教版小学三年级《自然》第一学期第七单元“热传递与热胀冷缩”第一课时。

二、实验器材

（1）学生实验器材：涂过蜡的金属棒、涂过蜡的圆形金属盘、铝棒、陶瓷棒、塑料棒、DIS数字化数据采集器、温度传感器、计算机、酒精灯、火柴、铁架台、实验记录单等。

（2）演示实验器材：金属勺、杯子、热水等。

三、实验创新要点/改进要点

（一）实验创新点

（1）在“探究热传导的特点”实验中，设计出一个既简便又有显著视觉效果的工具，用酒精灯给涂过蜡的金属棒和金属盘加热，将看不见的“热传导”现象借助“蜡的熔化”变成“看得见”，实验现象更加显著与直观，具有形象、具体、生动有趣的特点；同时，实验现象可以更加稳定，实验的成功率明显提升。

（2）在“探究不同材料的传热本领”实验中，运用DIS数字化实验系统与自制实验设备，在2min内可同时测量出三种不同材料在加热过程中的温度变化，缩短了实验时间；同时，实验现象可以更为稳定、清晰、直观。另外，实验的研究对象（实验所用材料）更为全面，传统实验不易比较的陶瓷和塑料两种材料的传热本领，通过数字方式呈现的现象，也变得可以研究了，学生通过数据对比分析直接得出不同材料的传热本领不同。

（二）实验不足与改进

在运用自制实验装置来探究不同材料传热本领的实验过程中，由于三号材质为塑料，所以需要控制实验加热时间，以免加热时间过长导致塑料产生形变，日后可以寻找耐高温塑料或其他材料进行替换。

四、实验原理/实验设计思路

（一）探究热传导的特点实验

用酒精灯给涂过蜡的金属棒和金属圆盘加热，让学生观察金属上的蜡是怎样从加热部位向外逐渐熔化后扩展出去的，从而将“热传导”这种看不见的现象借助蜡熔化变成看得见。运用类比推理法，想象金属球的传热特点，最终归纳得到热传导的特点（见图1）。我这样设计的意图是符合学生认识事物的一般规律（从感性到理性，从具体到抽象，从个别到一般）的，便于学生对于这个教学重点内容的理解，在这个过程中培养学生的观察能力、实验能力、归纳概括能力以及思维能力，体验探究的乐趣。

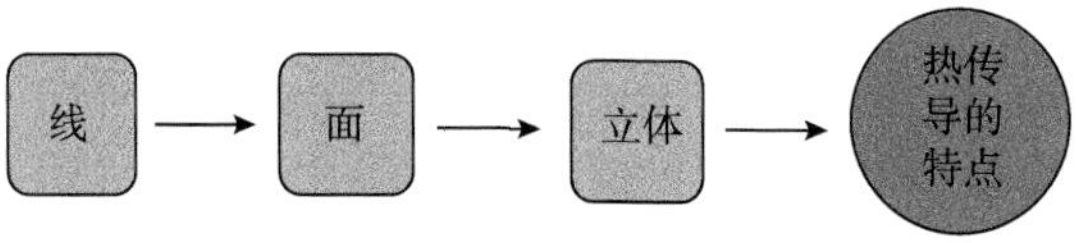

图1　类比推理法

（二）探究不同材料的传热本领

在探究不同材料物体的传热本领实验时，我将自制实验器材与DIS数字化数据采集器和温度传感器等设备结合，自制探究不同材质物体传热本领的实验套件。该实验套件由导热基座（圆形铜块），三根相同长短，相同粗细的金属铝棒（左）、陶瓷棒（中）与塑料棒（右），DIS传感器支架，固定螺栓组成，与三支温度传感器、酒精灯配合使用，可完成不同材料的导热性能比较实验（见图2）。

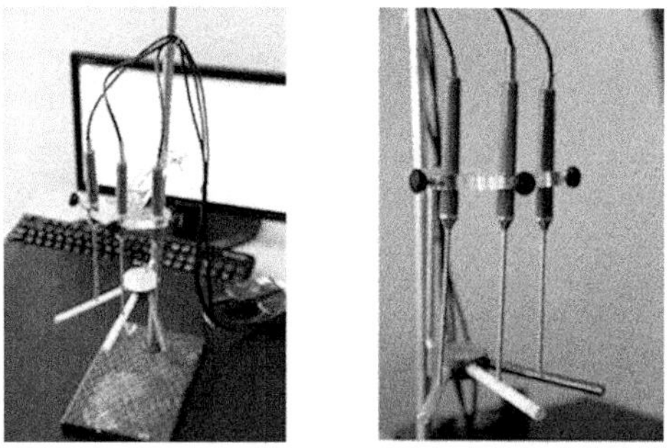

图2　实验装置

将三支温度传感器分别固定在三种不同材料的测温点上（测温点等距），其中一号温度计固定在金属棒上，二号温度计固定在陶瓷棒上，三号温度计固定在塑料棒上。将酒精灯放置于导热基座上加热，打开 DIS 软件自动记录，在较短的时间内，同时测量出三种材料在加热过程中不同的温度变化。通过实验，学生不仅能够直接观察到三种材料的传热本领不同，而且能够从简单的数据分析中，得出金属与陶瓷、塑料传热本领的显著差异，从而培养了数字实证意识与实事求是的科学精神。

五、实验教学内容

围绕教学目标，“热传导”一课共设计了 3 个学生实验和 1 个演示实验，其中的 3 个学生实验构成了实验探究热传导的特点和不同材料的传热本领的主要内容。

（1）为突出教学重点，设计了 2 个学生实验和 1 次交流讨论。

1）用酒精灯加热涂蜡的金属棒，分析得到金属棒的传热特点。

2）用酒精灯加热涂蜡的金属盘，分析得到金属盘的传热特点。

3）想象热在金属球中的传热情况，归纳总结出热传导的特点。

（2）为突破教学难点，设计了 1 个学生实验和 1 次交流讨论。

1）列举生活中其他材料传热的例子，猜测它们的传热本领是否相同。

2）根据实验器材，完成对比实验方案设计；依次测量金属棒、陶瓷棒、塑料棒在加热过程中的温度变化，记录相关数据，分析归纳得出实验结论。

六、实验教学过程

（一）激趣导入

首先从触摸热水杯中的金属勺柄开始，这一激趣的环节不仅可以快速引入新课，活跃课堂气氛，同时也能让同学认识金属具有传热本领，从而对热是如何传递的展开思考与猜测。

（二）探究新知

（1）探究热传导的特点（教学重点）。

首先，用酒精灯加热涂过蜡的金属棒，让学生观察金属棒上的蜡是怎样从加热的部位向外逐渐熔化后扩展出去的，从而得出热在金属棒上的传热特点。其次，用酒精灯加热涂过蜡的圆形金属盘，将加热点放在边缘和中央不同部位，反复观察、描述，并用图解的方法将“热传导”的过程和特征总结出来。接着，借助学生抽象思维，对热在金属球中的传递进行想象，最后线、面、立体相结合，寻找传热的共同点，归纳概括出热传导的特点。

（2）探究不同材料的传热本领（教学难点）。

首先，鼓励列举生活中其他材料传热的例子，猜测它们的传热本领是否相同。其次，根据实验器材，完成对比实验方案设计，引导学生关注加热点的放置位置，加深学生对于对比实验方法的认识与理解。最后，依次测量金属棒、陶瓷棒、塑料棒在加热过程中的温度变化，记录相关数据，分析归纳得出实验结论。

（三）知识运用

课程最后，学生结合热传导知识，分析新课导入时的实验现象，并解释铁锅上不同材料组合的原因，将课内知识与课外生活实践相联系，体会科学技术与生活密切相关。

七、实验效果评价

“热传导”一课从学生的实际出发，注重学生在课堂中的主体地位，根据学生需求提供探究材料，关注学生对实验方法的理解与实验结论的归纳总结，注重学生严谨探究习惯和数字实证意识的培养。

实验探究热传导的特点和不同物质的传热本领，都以传统实验为基础，保留传统实验的优势，同时，在现代科技的帮助下，利用数字化实验系统 DIS，发挥了实验更大的魅力。将抽象科学概念的理解变得简单容易，既符合学生的心理特点和认知规律，又激发了学生的探究意识和创新精神，丰富了学生的学习经历。在今后的教学实践中，我将努力通过实验这一观察世界的手段和方法，让学生爱上我们基于实验的科学课堂。

声音的变化

浙江省宁波市海曙外国语学校　顾勤华

一、使用教材

教科版小学四年级《科学》上册“声音”单元。

二、实验器材

钢尺、C 形木工夹、玻璃杯、PVC 管、传感器（声波采集）。

三、实验创新要点/改进要点

（1）改进一：用 C 形木工夹固定钢尺；慢速镜头记录钢尺振幅；用声级传感器和声波传感器量化音的强弱，了解振动幅度与音的强弱的关系。

（2）改进二：将玻璃杯倒入不同量的水，形成音阶，演奏乐曲；用声波传感器量化音的高低，了解振动频率与音的高低的关系。

四、实验原理/实验设计思路

（1）设计一：用音乐贯穿课堂教学，激发学生浓厚的学习兴趣，化无趣为有趣。如果只是单一地分析声音的高低变化，无法有效激发学生的探究兴趣。因此，本课实验教学时，我将多首学生在音乐课上学过的、耳熟能详的歌曲贯穿教学始终，既在课堂上吸引了学生、让这堂课上得好玩，又激发了学生课后去模仿的欲望，能将所学知识予以应用，体现科学学习的乐趣和价值。

1）课初，通过全班学生的互动表演，用 PVC 管合奏《小星星》。如此简单的器材，却呈现了美妙的音乐，学生的快乐溢于言表，学习兴趣自然浓厚，也顺利导入本课实验教学：声音为什么会有变化？

2）观察比较声音的高低变化。多个杯子，倒入相应量的水，形成 1、2、3、4、5 音阶，敲击演奏学生熟悉的《粉刷匠》。

3）声音不仅可以通过拍、敲而演奏出来，还可以“摸”出来。当教师通过手摸杯口，演奏一曲大家都很熟悉的《我和你》时，孩子们对老师的敬佩之情溢于言表。

（2）设计二：通过数字化实验器材，量化声音的强弱和高低变化，化无形为有形。随着电子信息采集系统的不断完善，数字化实验逐渐进入校园。利用朗威 DISLab 传感器量化实验现象，有效地解决了实验现象不可辨、不可见的问题，解决了教学难点。

1）比较声音强弱的变化。声音的强弱与振幅大小有关。学生通过振动钢尺实验，虽能看到振幅的变化，但那么微弱的声音，难以有效构建振幅与声音强弱的联系。我们用 C 形夹固定钢尺，解决钢尺与桌面碰撞的干扰问题。利用延时拍摄的方式，将钢尺振动时的可见幅度记录下来，同时通过音级传感器，将该振幅下的声音强弱转化成具体数据，再通过声波传感器采集，形成可见的振幅图像。如此一对比，学生就非常直观形象地建构了“振动幅度越大，声音越强；振动幅度越小，声音越弱”的科学概念。

2）比较声音高低的变化。声音的高低与振动快慢有关。音高变化，往往是学生难以分辨和理解的，更无法将音高与振动快慢建立联系。而借助声波传感器，可以让学生看到不同音高的振动图像，化无形为有形，有效解决教学难点。

当用杯子演奏了《粉刷匠》之后，确定了杯子的 1、2、3、4、5、6 音阶，由于短音敲击时受到各种因素的影响，无法通过传感器有效采集音频。因此，在演奏《我和你》之后，确定音阶，奏出长音，再用声波传感器分别采集。计算机屏幕上即时出现振动频率快慢的波纹线和频率数，学生也根据听到的音高和看到的图像，同步做好记录，然后形成音阶对比图集，通过波纹线的密集度和频率数大小的比较，就能轻松构建“物体振动得越快，发出的声音就越高；物体振动得越慢，发出的声音就越低”的科学概念。

（3）设计三：将科学知识应用于生活，让科学与艺术相联系，从课堂走向课外。科学学习的素材来源于生活，最终又应该应用于生活。通过探究性实验活动，学生建构了声音高低与物体振动快慢的关系，而物体的长短、粗细又是导致声音高低变化的因素。将这些知识应用于生活，古今中外，人们制作了各种各样的乐器，如编钟、木琴、kalimba（拇指钢琴）等。观察了解这些乐器的结构，结合所学知识，分析原理，进一步深化和应用科学概念，学生在课外也能举一反三，进行模仿创作。

五、实验教学目标

（1）通过体验式活动，激发学生探究声音变化的兴趣，并将科学与艺术紧密结合。

（2）通过探究式实验方法，借助数字化技术，帮助学生形象地建立声音强弱与振幅大小和声音高低与振动快慢的关系。

六、实验教学内容

（1）实验一：观察比较声音强弱的变化（传统实验与数字化实验相结合）。

（2）实验二：观察比较声音高低的变化（传统实验与数字化实验相结合）。

七、实验教学过程

（1）集体用PVC管演奏《小星星》，引出探究的问题：声音为什么会有变化？有哪些变化？导入本课实验教学。

（2）观察比较声音强弱的变化。通过拨动钢尺，观察振幅，记录图像。然后通过声波传感器采集，形成振幅图像，进行对比分析，得出实验结论。

（3）观察比较声音高低的变化。敲击不同水位的玻璃杯，演奏《粉刷匠》，摸不同水位的高脚杯杯口，演奏《我和你》，分辨音阶高低。然后通过声波传感器采集，形成振频图像，进行对比分析，得出实验结论。

（4）应用科学概念，利用铁钉、钢管等形成音阶，进行演奏。介绍古今中外的乐器，分析原理，了解科学与艺术的结合。

八、实验效果评价

本课的实验教学设计，器材简单，操作方便，直观形象。实验器材生活化，有利于学生在课后进一步探究实践。在科学课程中引入STEAM课程理念（科学、科技、工程、艺术、数学），体现现代与传统兼容、音乐与科学整合，努力实践2016版小学科学新课标的理念，取得了良好的实验教学效果。同时也为下一课教学内容“探索尺子的音高变化”奠定了扎实的基础。

探究影子的变化特点

湖南省郴州市第三完全小学　何姝莹

一、使用教材

教科版小学五年级《科学》上册第二单元第一课“光和影”实验。

二、实验器材

电筒、圆柱形橡皮擦、正方形泡沫块、纸质直尺、钢尺、强磁铁、透明塑料、泡沫板、密度板、白板贴纸等。

三、实验创新与改进

（一）实验内容的处理

（1）加写实验计划表（见表1、表2）。

表1　实验计划1

我们的实验计划	
提出的问题	影子的长短和光照射的角度有关吗？
我们的推测	影子的长短和光源的位置　有关/无关
改变的条件	光照射的角度
不改变的条件	遮挡物和屏的位置

表2　实验计划2

我们的实验计划	
提出的问题	影子的大小和遮挡物离光源的远近有关吗？
我们的推测	影子的大小和遮挡物离光源的远近　有关/无关
改变的条件	遮挡物和光源之间的距离
不改变的条件	光源和屏的位置

为了充分体现出实验课的探究的完整性，我加入了填写实验计划的环节，以教师引导为主，学生讨论完成。

实验计划表格在本册第一单元和第三单元都有出现。设计实验计划，避免了一开始就让学生实验的盲目性，成为有目的、有控制的探究，同时能培养和提高学生写实验计划的能力。

（2）加入数据分析。

考虑到实验一和实验二观察到的现象很直观，但较为笼统，长短和大小变化容易分不清楚，也体现不出学生的数据分析能力，我选择不同形状的物体，要求学生得出确切的数据。长短用纸质直尺定量，大小用数格子的方式计算，简化方式。请学生对数据进行初步分析，佐证观察到的影子变化规律，点到即止，不对数据进行过分探究，突出实验的科学性和严谨性。

（二）实验器材的处理

（1）教学准备。

书上实验原型（见表3）操作起来相对麻烦，学生每次实验手电筒的位置和投影的位置掌控不好，影响观察和记录。所以，我制作了一个简易的实验装置，用强磁铁连接各部件，接口可活动，方便组装，利于微调。它操作方便，制作简单，误差小，更适合小学生。

表3　实验原型使用的工具与材料

材料	数量	特点	用途	缺点
小木块	1	有规则，利于观察	遮挡物	同体积大小的木块难找
地面和墙体（A4纸）	2	软，颜色浅，利于观察	屏，观察和画图记录	立不稳、浪费时间，麻烦，且不方便作图
手电筒	1	照明能力强	光源	
铅笔	1			

（2）学生参与制作，兴趣、能力共发展。

条件允许的情况下，我会尽量要求学生参与实验装置的制作，课前布置任务，提供材料和帮助，由各小组组长负责组织，组内共同完成。这样既能减少教师重复准备教具的用时，又能提高学生科学实验的参与度。

（三）实验条件的处理

（1）确定具体的移动位置。

实验一，规定了角度的具体值：30°、60°、90°等。实验二，物体离光源的距离定为5cm、10cm、15cm。明确数据，帮助学生建立科学的探究态度。

(2) 提出实验要求。

书上只有实验方法和步骤，为此，我补充了具体要求和注意事项。培养学生严谨和细心的科学习惯。

(四) 实验方式的处理

为了让探究更准确，实验一，透明拱形，打孔定位，光源能固定，学生能观察到影子变化的完整过程，视野无遮挡。光线较强时，可放进课桌的抽屉里观察。实验二，屏固定在透明的塑料板上，四周的学生都能看到影子的变化过程，物体由悬空直接改为立放，保持一定高度，影子能完整投射在屏上，靠磁铁底座，稳定移动。

四、实验原理/实验设计思路

(1) 实验一，探究影子的长短变化，改变光照射的角度。直射时，影子最短，斜射时，影子变长；角度越倾斜，影子越长。影子总是在背光的一面。

(2) 实验二，探究影子的大小变化，改变的是遮挡物和光源之间的距离。遮挡物离光源越近，它挡住的范围越大，影子也越大。遮挡物离光源越远，影子越小。

五、实验教学目标

(1) 科学概念：知道影子的方向、长短、大小的变化特点。

(2) 过程与方法：①做光和影的实验，将观察结果用图画、数据准确规范地记录；②根据实验结果分析推理出光源、遮挡物、影子之间的关系。

(3) 情感、态度、价值观：①认识到事物之间的变化是有联系的，也是有规律的；②在实验观察中养成严谨、细致、实事求是的态度。

(4) 重点：探究影子的变化特点。

(5) 难点：掌握对比实验的探究方法，总结影子变化的规律。

六、实验教学内容

“探究影子的变化特点”是教科版小学五年级上册第二单元第一课“光和影”实验，本课按照科学探究的过程，设置了提出问题—猜想假设—实验探究—汇报总结四大环节。重点通过对比实验，掌握控制变与不变条件的探究方法，找到影子的变化规律，为学习“光”这一单元打下基础。

七、实验教学过程

（1）活动一：“我”让影子变、变、变。

组内讨论，集思广益。

动手动脑，让影子呈现出多种变化。

（2）活动二：探究影子的长短、大小变化特点。

1）自主学习，动画演示。

2）对比观察，完成实验计划表。

3）小组合作，验证假设。

4）汇报总结，展示成果。

（3）活动三：交换实验，互“享”成果。

八、实验教学效果与评价

（1）从三维目标看，让学生做到了：能乐于表达、逻辑合理、正确运用；能发现思考、整理记录、团结合作；能积极参与、严谨细致、实事求是。

（2）变“被动”为“主动”。教师做到了“会用”教材，学生做到了“会”学习。

（3）全面创新。实验经过多次改进，做到了全面创新，但我发现二合一装置虽然使用简单，却弱化了两个实验的差异，以至于理解能力较弱的孩子在回忆、理解实验时，容易混淆。所以我坚持使用独立装置，与分组分项模式相结合，既能保证探究质量也不会过多浪费材料，省去课堂的拆装环节，方便学生同一时间更全面地观察。

物体的颜色与吸热

广东省珠海市香洲区第四小学　李金婉

一、使用教材

新教科版小学五年级《科学》上册第二单元第六课。

二、实验器材

浴霸灯泡、沙子（质地相同、颜色深浅不同）、飞镖盘、试管、温度计、温度传感器、三脚架。

三、实验创新要点

（一）实验器材生活化

实验中使用的材料，如沙子、浴霸灯泡、飞镖盘等，均是孩子们身边常见的材料。

（二）实验原理科学化

与其他材料相比，沙子比热容小，吸热快，借助沙子的这个特点进行实验，科学高效。

（三）测量方法数字化

实验在测量的时候，既可以采用传统的方法测量，即用温度计测量，培养学生耐心观察的能力，又可以将温度传感器连接到手机，借助手机同步显示功能，精确而直观地进行测量、记录。

（四）实验效果显著化

通过对学生实验结果的对比分析，改进后的实验误差更小，数据更加准确，效果更显著（见图 1、图 2）。

四、实验原理/实验设计思路

（一）实验原理

（1）不同颜色的物体吸热本领不同，深色物体吸热比浅色物体快。

（2）沙的比热容小，升温明显。

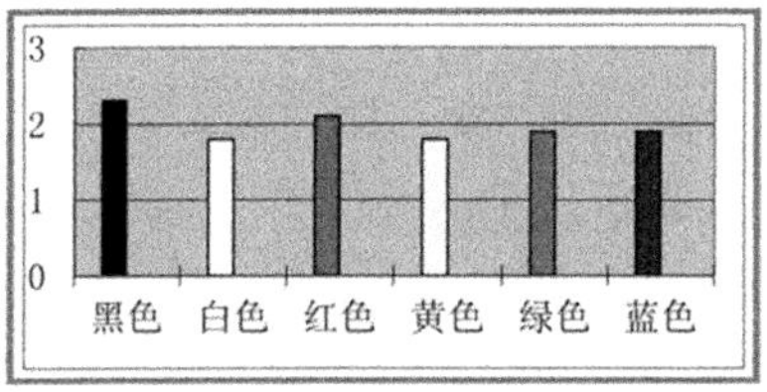

图1　改进前测量的数据

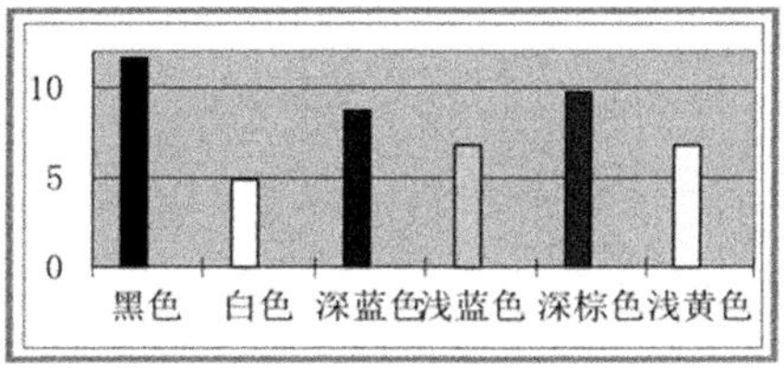

图2　改进后测量的数据

（二）设计思路（见图3）

（1）用浴霸灯泡作为热源。比起其他热源，浴霸灯泡热量大。

（2）将质地相同、颜色深浅不一的沙装入试管中代替不同颜色的纸袋。沙子的比热容小，升温明显，便于观察。而且将沙子装入试管再密封起来，能有效减少外界环境的干扰。

（3）将装有各种颜色的沙的试管等距地放在浴霸灯泡的周围，借助浴霸灯泡的热量，使得沙子升温，从而观察、比较不同颜色的沙的升温情况，记录实验数据，分析结果。

（4）用飞镖盘做底座，便于控制试管到热源的距离。

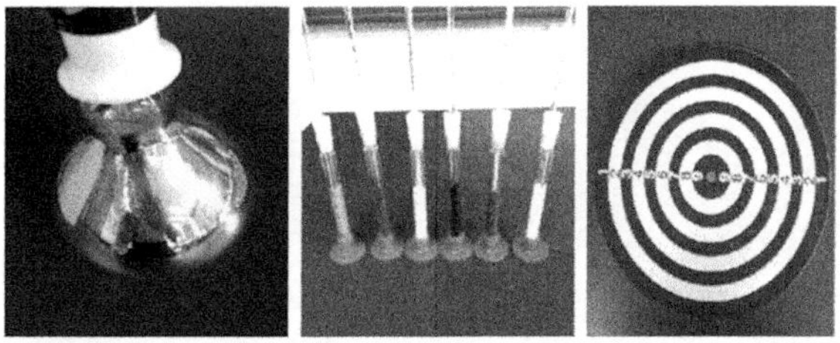

图3　实验设计思路

五、实验教学目标

（一）知识与技能

（1）通过探究实验认识到物体的颜色与吸热的本领有关系，深色物体比浅色物体吸热快。

（2）认识到许多光源在发光的时候也在发热。

（二）过程与方法

（1）做探究物体的颜色与吸热本领有关系的实验。

（2）较准确地记录实验、观察中的数据，并根据这些数据进行分析和推理，作出自己的解释。

（三）情感态度价值观

（1）让学生在探究实验中能严格按照实验要求进行操作，实事求是地记录观察数据。

（2）认识到自然事物的变化之间是有联系的。

六、实验教学内容

通过探究实验让学生认识到物体的颜色与吸热本领有关系，深色物体比浅色物体吸热快。具体操作：将三脚架放在飞镖盘的正中间，将浴霸灯泡固定在三角架上，将等量的质地相同、颜色深浅不一的沙装入试管，等距地放在浴霸灯的周围，打开电源进行测量（见图4）。观察、记录实验数据，分析数据，得出结论。

七、实验教学过程

实验教学过程如图5所示。

图4　实验探究

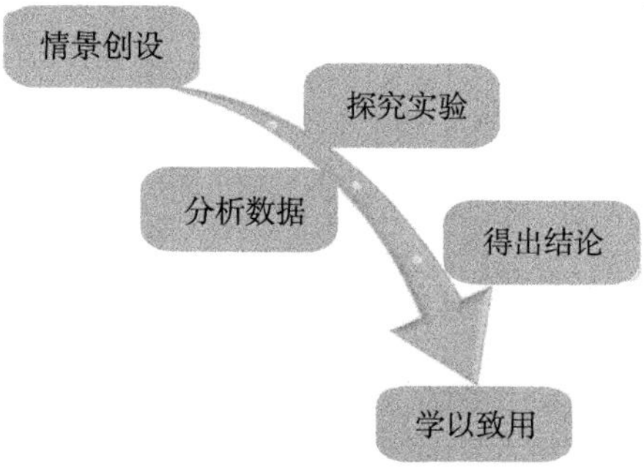

图5　实验教学过程

八、实验效果评价

（1）实验器材均是孩子们生活中熟悉的物品，使得学科学、玩科学更加生活化。

（2）沙子比热容小，升温快，使得教学效率得到有效的提高。

（3）实验有效地控制了误差，获得的实验数据更加精确，实验效果更加显著。

（4）拓宽了实验的时间、空间，随时随地都可以进行有效的实验。

（5）实验操作简单，便于推广。

（6）采用温度传感器和手机同步显示，使得数据采集更加方便，测量的数据更加精确，并且还可以适时记录实验数据。

（7）使用本装置不仅可以进行颜色与吸热的对比实验，还能进行不同材料吸热能力的对比实验。

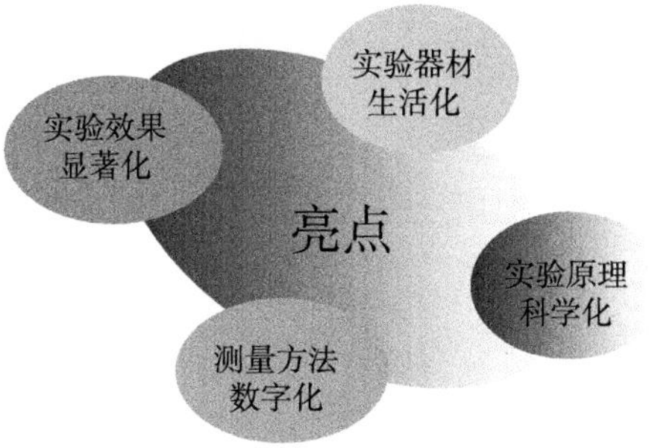

图6　实验效果

不倒翁

广东省中山市三乡镇新圩小学　练海燕

一、使用教材

沪教版小学三年级《科学与技术》上册第五章。

二、实验器材

不倒翁、自制平衡玩偶（竹签、橡胶塞、橡皮筋等）、自制稳定性探究装置（底板、量角器、指针、盒子等）。

三、实验创新要点/改进要点

（一）原教材实验的不足

（1）由于实验器材并非规则形状，学生对其具体的重心位置不清楚。

（2）探究过程中实验器材因倾斜而不停地摇晃，并非处于静止的状态，学生很难清晰判断物体倾斜的角度及其大小的变化。所以整个活动过程只是定性的了解，而并非一个严谨的定量探究实验。

（二）我的实验改进与创新

（1）学生能直接找出实验对象的重心位置，并可以准确测出其重心的高度，从而明确了实验探究的要素。我选择了规则形状的物体（生活中随处可见的纸盒），由于盒子是规则的几何形状，学生可以直接找出其重心的位置，就在盒子的中心处。

（2）能很好地控制单一变量。我选用的四个盒子，当其竖直放置时支持面积大小相等，而重心高度却呈梯度变化。当横向放置时，则重心高度相等，支持面积大小呈梯度变化。这样就能够很好地控制实验的单一变量。

（3）能够准确清晰地读出盒子倾倒时其倾斜角度的大小。我选择了在底板的支点两端加上量角器，这样就可以直接读出盒子倾倒时的倾斜角度大小，使实验数据更加完善，更好地做到了严谨的定量探究。

（4）对比现象明显。将四个盒子控制在同一木板上同时进行实验，所以使整个探究过程的对比现象十分明显。

四、实验原理/实验设计思路

不倒翁不易倾倒、稳定性高，是因为物体的稳定性与其重心高度以及支持面积大小有关，当支持面积大小相等的情况下，物体的重心越低，稳定性越大；而当重心高度相等的情况下，则支持面积越大，稳定性越大。

针对这样的原理，并考虑到对于小学生而言一个好的实验器材应该是操作简单、现象直观明显，而同时又具备很好的探究性的，我做了一番思考。

（1）为了让学生清晰实验探究的要素（重心高度），我只能选择规则形状的物体，生活中的纸盒最适合，所以我选择在底板上同时放置四个长方体盒子。由于盒子是规则的几何图形，这样就能够直接找出其重心的高度，就在盒子的中心处。

（2）为了更好地控制实验的单一变量，我选用的四个盒子放置的方式不同，要做到其中一种影响因素相同，另一种影响因素不同。所以我选择了竖直放置时支持面积大小相等，而重心高度却呈梯度变化；当横向放置时，则重心高度相等，支持面积大小呈梯度变化。这样就能够很好地控制单一变量了。

（3）为了清晰地知道盒子倾倒时其倾斜角度的大小，我选择了在底板的支点两端加上量角器，这样就可以直接读出盒子倾倒时的倾斜角度大小，更好地做到了定量探究。

（4）为了能更好地实现实验间的相互对比，我把盒子控制在同一底板上同时进行实验，这样对比现象就十分明显了。

五、实验教学目标

（一）知识与技能

（1）找到重心玩具（不倒翁）的共同点。

（2）知道影响物体稳定性的因素。

（二）过程与方法

（1）完成不同重心高度、接触面大小对稳度影响的对比实验。

（2）初步学会收集和整理数据，分析归纳实验结论。

（三）情感、态度与价值观

（1）意识到结论需要证据来验证。

（2）用科学知识解释生活现象，体会科学知识的应用价值。

六、实验教学内容

引导学生通过运用自制的稳定性探究装置进行不同重心高度以及支持面积大小是否会影响物体的稳定性的探究。

七、实验教学过程

借助本次实验创新教具，结合学生的认识结构并借鉴实验探究式的科学实验教学模式，我重构了本课的教学设计。

（一）阶段一：创设情境，激发思考

首先我将以不倒翁和平衡玩偶等有趣的玩具来创设情境，以左摇右摆却不会倾倒的诙谐画面来吸引学生，用简单的器材让学生感受到自己生活在一个充满了神奇的世界里。

然后，话锋一转，设置问题："为什么这些玩具左摇右摆都不会倒，平稳度会那么大呢?"激发学生的思考与好奇，引导学生带着问题走进本节课的实验探究。

（二）阶段二：引导学生发现问题，聚焦猜想

活动：引导学生尝试用不同的方法放置木块，观察体会怎么放置平稳度最大。

学生：平放时平稳度最大。

提问：放置方法不同，它们有什么量不同？学生交流，说出自己的判断。

学生：重心高度和支持面的大小不同。

得出猜想："重心高低和支持面的大小影响物体的稳度"，从而突破本节课的难点。

（三）阶段三：实验探究影响物体稳度的因素

设计相应的表格，利用自制的稳度探究装置，引导学生设计并进行实验探究。

（1）步骤一：学生分组实验1，探究物体稳定性与物体重心高低的关系。

1）把每一个盒子都竖直放置，控制盒子的支持面相同，测出每个盒子的重心高度并作好实验记录。

2）在底板一端把木板慢慢抬高，当第一个盒子倾倒时停止抬高，读

出并记录此时木板的倾斜角度。以此类推，直至最后一个盒子倾倒为止。

（2）步骤二：学生分组实验 2，探究物体稳定性与物体支持面大小的关系。

1）把每一个盒子都横向放置，此时盒子的重心高度相同，接着算出每个盒子支持面大小并作好实验记录。

2）同样在底板一端把木板慢慢抬高，也是当第一个盒子倾倒时停止抬高，读出并记录此时倾斜角度。以此类推，直至最后一个盒子倾倒为止。

（3）步骤三：分析数据，得出结论。

实验结束，引导学生分析记录数据，得出在支持面相等的情况下，物体的重心越低稳定性越大和在重心高度相同的情况下，物体的支持面越大平稳度越大的结论。最后引导学生归纳总结得出重心越低、支持面越大，平稳度越大的结论，从而突出了本节课的重点。

（四）阶段四：学以致用，延续探究

与学生共同剖析课前引入时的不倒翁和平衡玩偶增大平稳度的方法，让学生体会到运用知识解决问题的喜悦。接着以图片的形式引导学生联系生活，让学生自行分析其增大稳度的方法，既巩固了课堂知识，也充分体现了从课堂走向生活的新课程理念。

最后，给同学展示意大利比萨斜塔的图片，并留下问题：“比萨斜塔虽然倾斜却能屹立百年不倒，那它将会在倾斜到什么程度时倾倒？”再次激发学生的思考，从而让学生保持持续探究的热情。

八、实验效果评价

本次实验教学，主要存在以下两个亮点。

（1）创新实验器材，提高实验教学效率。

基于原教材内容的创新设计，对实验器材进行了一系列的改进与创新，使整个探究过程由定性认识上升到定量探究的层次，并且学生在实验中实现了操作简单、实验现象明显、数据一目了然的实验效果，有效提高了实验教学的效率。

（2）创新实验教学内容，激活学生思维。

本次实验教学根据学生的实际情况完善了整个科学探究的过程，一方面激活了孩子们探究的欲望，另一方面，从低年级着手逐步培养学生用数据来说明问题的科学思维，提高了孩子们的探究能力及科学素养。

斜　面

福建省厦门市梧村小学　林祺

一、使用教材

苏教版小学五年级《科学》下册第一单元第三课“斜坡的启示”。

二、实验器材

可建模斜面探究装置。

三、实验创新要点/改进要点

（一）不足

笔者发现，学生在课堂上进行斜面问题的探究时，往往会出现一系列学习偏差和认知障碍，严重影响斜面相关概念的建构。如：①学生认为过街天桥、立交桥、楼梯不是斜面（对斜面定义理解不清）。②学生认为改变坡长、坡度是两种不同的让使用斜面更省力的方法（没有掌握使用斜面省力的本质）。③学生难以在斜面和螺旋之间建立联系（对斜面的定义理解不到位，教学难点无法突破）。

经过分析，这些问题的出现与当前实验室常备的斜面装置有较大关系。目前的斜面装置构造较为简单，只能进行固定档位的调节。再加上装置与生活实际联系不紧密，使学生的探究活动只停留在表面。

（二）改进

（1）采用蝶形螺母、旗形合页、伸缩天线等连接器制作改进装置，能通过变形模拟过街天桥、多层楼梯，并可以拆分成两个实验室用的斜面装置，切换随意。

（2）装置可以自由调节坡度、坡长、高度，量角器、皮尺的加装不止方便采集各种数据，更使探究具有多维、自由等特点。

（3）两个斜面装置可以平行排列，使学生直观比较单一变量下的斜面特点。

（4）电动马达装置可以拆卸。卸下后可以让学生进行手动测力，掌握测力计使用技巧；安装时则可以用于教师演示，呈现更加稳定的拉力数据。

总之，本次改进尽可能地让学生在接近真实的情境中去自行建构知识与概念，拥有多个测量探究方向，再加上经过调整重构的教学设计，经检验在学生的探究学习中起到了较好的效果。

四、实验原理/实验设计思路

使用本改进教具可以搭建过街天桥、多层楼梯等实物模型，为学生搭建概念脚手架，有助于突破斜面定义、螺旋等教学难点，解决学生认知上的困难。使用本教具还能探究斜面角度、高度、坡长与省力程度的关系，并通过明显的数据差让学生归纳出角度、高度、长度三者之间的关联。对领悟能力较高的同学来说，还可以通过本教具提前接触到机械效率、功的内涵。

五、实验教学目标

（1）知识与技能：了解斜面的结构特点；了解斜面的实际事例及在生活实践中的应用。

（2）过程与方法：能设计实验探究斜面是否省力以及什么样的斜面更省力。

（3）情感态度与价值观：乐于参与合作探究，愿意与大家分享交流。

六、实验教学内容

实验内容则分为两大部分："观察与搭建引桥"和"探究斜面作用及特点"。在第一部分，学生先观察天桥图片，自主搭建天桥模型。利用模型的简单变换，对比分析两种引桥的相同点和不同点，进而掌握斜面的定义。第二部分，引导学生对斜面的作用提出假设，以斜面坡度为变量自行设计出多种对比实验的方案，明确需要测量的数据，利用装置展开研究，最终得出斜面的作用及特点。

七、实验教学过程

（一）图片引入，观察天桥引桥

教师拍摄校园周边的过街天桥图片，引导学生观察引桥特点，并聚焦问题：为什么会有两种不同的引桥设计？

（二）对比分析，探究斜面定义

（1）学生模仿并搭建引桥，观察人行道与车行道的相同点和不同点。

（2）组织研讨，明确二者的相同点，即都是将木板搭建在低处与高处之间用于通行。

（3）通过教具的变形，引导学生发现两种引桥的实质都是斜面。通过对比，发现两种引桥的坡度不同，坡长也不同，继而产生探究热情——为什么要设计不同坡度的斜面与不同坡长的斜面？

（三）对比实验，研究斜面特点

（1）学生针对刚才的问题，提出假设，自行设计实验方案展开探究。

（2）在天桥模型下，他们会很自然地探究两种引桥的省力效果。分别测量小车通过两种斜面所需拉力，可以得出结论：同样的高度下，坡越长，斜面越省力。

（3）以坡度为变量的探究中，学生可以搭建不同坡度的斜面，分别测量拉动小车所需的拉力。比较坡度与拉力的数据，可以得出结论：同样的高度下，坡度越小，斜面越省力。

（四）梳理归纳，概括总结结论

面对两种不同的结论，容易引发学生再次思考，到底斜面省力的秘密是什么？通过归纳与总结，学生会很自然地对两种装置进行再次对比梳理，并得出以下结论：①相同高度下，斜面的坡长与坡度是相关联的，坡长越长，坡度越小；②坡度越小，即坡长越长时，斜面越省力。学生可以明白：天桥引桥车行道设计得很长是为了让推车的人更省力；而人行道比较短，是为了节约行走的距离。选择适合的斜面要进行综合考虑，具体情况要具体分析。

（五）拓展实验，提升探究广度

（1）任意改变高度，方便学生探究高度改变时斜面省力的秘密特点。

（2）增设电动测力装置，并将其设计为可拆卸式。这主要有两个原因：学生实验中需要锻炼学生的基本操作技能，因此主要用于教师演示时使结论更精确。此外，手动测力与电动测力的对比，也可以让学生对技术手段与工程工艺的矛盾对立的关系展开思考，培养他们朴素的辩证思维能力。

八、实验效果评价

实验结束，再次对学生进行后测、问卷调查和访谈。从反馈的情况来看，新的教学设计，配合改进后的器材，较好地解决了传统教学设计所产生的教学问题。总体来说，这样的设计与优化体现了以下几个理念：

（1）教学的重构，贯彻了“探究为核心”“注重过程”的新理念。

学生的学习实现了“感性到理性，理性到实践”两次飞跃。很明显，学生的这种学习，就是新课标所倡导的探究式学习。

（2）器材的改进，体现了探究性、拓展性、多样性、现实性的原则。

通过合理的器材改进，实现了教学本身与教学环境之间的多向、多层面的交互作用，使探究符合儿童的天性，激发儿童的学习动机。

（3）二者的结合，发展了学生的思维能力。

改进后的器材与教学设计的结合可以帮助学生发展成为一个思考者，提高其分析、反思、批判、创造性思维的能力。这也是新课程改革的发展方向。总而言之，本次“斜面”一课的创新不仅自制了教具，而且重构了教学设计，把教师的教与学生的学、教学的主体与媒体等诸因素关联与统一了起来，使其成为一个完整系统，解决了原有教材与器材无法解决的两个问题，达到了更好的教学效果。

光的反射

福建省厦门市滨东小学　林莹莹

一、使用教材

苏教版小学五年级《科学》上册第 2 单元“光与色彩”。

二、实验器材

“光的秘密”分组实验盒装置（见图 1、图 2）。

图 1

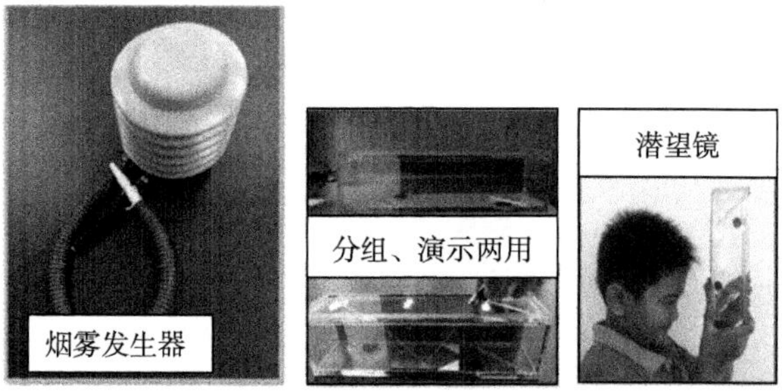

图 2

三、实验创新要点/改进要点

本实验教学借力分组实验盒，变碎片化的教材为结构化，引导学生探究“光的反射”，学生探究有成效、有深度、有广度。而学生对光学的探究并不止步于此，实验盒配备的拓展器材将拓宽学生视野，为学生对光学的后续学习提供探究材料，将光探究引向深入。如凹凸透镜折射、三棱镜色散和折射。同时，分组实验盒可演示操作箱，满足教师不同的教学需求。

四、实验原理/实验设计思路

“光的反射”分组实验盒。配合打气筒制成烟雾发生器，解决实验中看不见光路的问题，而且比以往用蚊香产烟的方法来得更快速、高效、安全，实验盒具有便利性。配合不锈钢、塑料板、瓷砖、蜡光纸等材料的使用，引领学生探究光反射效果规律，实验盒具有探究性。实验盒配有拓展器材，包括凹凸透镜、三棱镜、颜色不同的激光笔，满足学生对光学进行开放性探究的需求，实验盒具有开放性。实验盒既可供学生进行分组实验，又可供教师进行演示操作，还可变身潜望镜，具有多用性。本实验前强调学生禁止将激光笔对准眼睛照射，实验盒具有安全性。

五、实验教学目标

（一）知识与技能

（1）知道光的反射。

（2）知道光反射效果规律。

（3）知道潜望镜的工作原理。

（二）过程与方法

（1）能够用图画的形式表示光的反射现象。

（2）能够通过活动、实验对光的反射现象进行验证。

（三）情感态度与价值观

（1）体验到辩证地看待科学的重要性。

（2）体验到与人合作共同完成实验任务和探究光的反射规律的乐趣。

六、实验教学内容

本实验教学是在学生探究镜子成像规律的基础上，进一步引领学生探究光的反射、光反射效果规律以及潜望镜的工作原理。

七、实验教学过程

依托分组实验盒，实验教学分为四个环节。

（一）“植物战僵尸”，探究光反射

实验伊始，实验盒中的“僵尸”模型在A点背对学生，引导学生思考如何用激光笔从正面“打败僵尸”，成功挑战“1.0版本植物大战僵尸”。学生为完成任务，能联想到借助镜子。实验验证，并在学生预测画出光在这一过程中行进的路线之后，借助烟雾再现光反射过程，让学生很清晰地看到激光笔的光，遇到镜子后会返回来，建构光的反射概念。

（二）借用身边材料探求反射效果

以“用其他秘密武器能代替镜子打僵尸吗？反射效果又如何？”这一问题引领学生来到“2.0版本的游戏”，并激发学生思考：其他物体是否也能像镜子一样反射光。用不锈钢、塑料板、瓷砖、蜡光纸等物体替换镜子，发现这些物体都能反射光，能“打僵尸”。但反射在“僵尸”上的光斑清晰程度、亮暗程度不同，说明不同物体反射效果不同。这一现象是由物体表面光滑程度不同引起的。

（三）巧用实验盒探秘潜望镜

“僵尸”移到 B 点，面向学生，用黑色卡纸遮住实验盒的左前部，游戏难度升级到“3.0 版本”。学生通过小组合作讨论，发现要从正面“打到僵尸”，必须借助两面镜子。而摆放两面镜子的方式有多种，学生最容易想到的方法是延续前面使用一面镜子“打僵尸”，再将另一面镜子平放在“僵尸”的前面。但打到“僵尸”的角度不好把握。进而调整镜片，当两面镜子都成45°时，更容易“打到僵尸”。探究后，借助烟雾，学生很容易画出光路图。不仅成功“打到僵尸”，而且在第一面镜子中能看到“僵尸”，体现光路可逆。将实验盒竖着立起来，学生将惊奇地发现实验盒就变成了一个简易的潜望镜，借助两面镜子“打僵尸”的光路图，就是潜望镜的工作原理图。

（四）归纳概括，总结提升

经过教学实践，可以发现学生们经过探究能得出正确的实验结论。

八、实验效果评价

本实验教学依托光的反射分组实验盒，创生新的教学模式，主要有以下几个优点：

（1）有趣，有效，有层次。用镜子“打到僵尸”的游戏原理就是光的反射现象。相比于原教材“想办法让光射入教室”的活动，新实验结合学生喜爱的游戏——“植物大战僵尸”进行教学，可谓寓教于乐。相比于教材中直接定义光反射概念，学生借助烟雾发生器直观光反射过程以建构概念，探究更有效。成功“打到僵尸”时，能在镜子中看到“僵尸”，这隐含“光路可逆”的知识点，是理解潜望镜工作原理的关键。引导学生留意，能为之后的探究做铺垫。

（2）实用性原则及开放性原则。选用生活中常见的材料，可以将学生的视角引向实际，使学生关注实际生活中光的反射现象，体现了课标中科学知识源于生活，用于生活的理念。学生还可以将感兴趣的其他物体插入实验盒，作进一步研究。这样，扩展了学生对光学探究的空间，让探究更深入，充分体现了刘默耕老前辈“一英寸宽，一英里深”的教育理念，让探究更具有灵活性、开放性。

（3）巧用潜望镜。通过对实验盒的充分利用，学生的思维过程得到呈现，在感知、体验的基础上，内化形成潜望镜工作原理，探究效果显著。而实验盒变身潜望镜的设计，启发学生学会从不同角度观察研究同一个物体。

光和影

浙江省宁波市奉化区锦屏中心小学　马水娟

一、使用教材

教科版小学五年级《科学》上册光单元第一课。

二、实验器材

光影仪（见图1）。

三、实验创新要点/改进要点

教材通过三个对比实验研究在光源的照射下物体影子变化的规律。这三个对比实验分别为：影子的方向随着光源的方向改变而改变，影子的长短随着光源照射的角度改变而改变；影子的大小与遮挡物和光源之间的距离有关；影子的形状和光源所照射的物体侧面的形状有关。

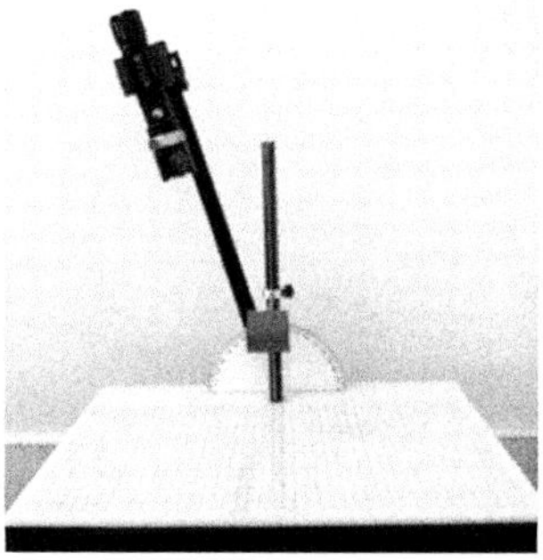

图1　光影仪

（一）不足

五年级的学生已经有了撰写对比实验计划的经历，因而能比较有条理地说出在做这组对比实验时什么条件要保持相同，什么条件需要改变，但是在具体操作中则很难达成，主要存在以下几点不足。

（1）没有专用的仪器，学生直接用手拿着材料进行实验，不能保证对比实验不变量的统一，实验不够科学。如在研究光源照射角度与影子长短关系的实验中，需要改变的是光源的角度，光源到遮挡物的距离等条件则需要保持相同，但在实际操作时，学生很难做到光源在一个水平面上改变照射角度，并且远近距离也经常在改变，有时照得近，有时照得远，随意性较大。

（2）三个实验都需要孩子们长时间手持光源与遮挡物不动，操作过程中容易晃动，给小组合作观察影子、画影子带来了困难。

（3）每个对比实验操作时需要控制的不变量较多，互相之间产生干扰，致使实验现象观察比较粗略，探究不够深入。

（二）改进

（1）三个对比实验均应用自制教具—光影仪展开教学，光源照射的方向与角度、光源与遮挡物的距离、遮挡物的形状都可以单独进行改变，使每一次对比实验都能严格控制不变量，降低对比实验不变量控制的难度并增加实验的科学性。

（2）引入数据分析，引导学生在实验过程中严谨地改变变量，从定性研究走向定量研究，使探究活动向纵深发展。

四、实验原理/实验设计思路

本实验的设计，本着整合教学资源、改善实验材料、提高探究有效性的宗旨，充分考虑学生的实际情况，立足创新，使教具更符合学生的实际情况，使对比实验的操作更具科学性，使探究活动更深入，从而使实验教学最优化。

（1）运用光影仪中光源臂的摇动，使对比实验达到改变光源照射角度的目的，保持其他条件不变。

（2）运用光影仪中遮挡物的上下移动，达到光源与屏一定的情况下、改变遮挡物与光源的距离的目的，保持其他条件不变。

（3）运用光影仪中遮挡物的灵活更换，引导学生观察不同形状遮挡物的投影，达到对比实验中控制不变量只改变遮挡物照射面形状的目的。

五、实验教学目标

（一）科学概念

（1）知道光源、遮挡物和屏是影子产生的条件。

（2）自己可以发光的物体叫光源。

（3）了解物体影子的长短、方向随着光源位置、方向的改变而改变，影子的大小与物体和光源之间的距离有关，物体影子的形状和光源所照射的物体侧面的形状有关。

（4）知道从不同侧面照射得到的物体的影子叫作投影，投影在我们生活中很有用处。

（二）过程与方法

（1）做光和影的实验，并准确记录观察结果。

（2）根据实验结果分析推理出光源、遮挡物、影之间的关系。

（三）情感、态度、价值观

（1）认识到事物之间的变化是有联系的，也是有规律的。

（2）在实验观察中养成严谨、细致、实事求是的态度。

六、实验教学内容

通过三个对比实验，知道影子的方向随着光源的方向改变而改变，影子的长短随着光源照射的角度改变而改变，影子的大小与遮挡物和光源之间的距离有关，影子的形状和光源所照射的物体侧面的形状有关，从而为下一课“阳光下的影子”的学习奠定基础。

七、实验教学过程

（1）播放手影游戏的视频，激发兴趣，导入新课。

（2）研究影子产生的三个条件：光源、遮挡物、屏。

（3）研究在光源的照射下，影子变化的规律。

1）猜测在光源的照射下，物体影子的变化有什么规律？

2）分组设计对比实验。

3）用光影仪进行分组实验，研究影子变化的规律。

4）讨论交流，得出结论。

（4）总结应用：造一造视频中的手影，学以致用。

八、实验效果评价

自制教具—光影仪可同时应用于三个对比实验的操作，而且光源的角度、遮挡物的距离与形状都可以简便地进行操作，所以该实验设计具有三个优点。

（1）严谨：使用光影仪进行实验操作，几个对比实验的操作均严格控制变量，使实验真正做到科学进行。

（2）精确：通过具体的数据分析从定性研究走向定量研究，使实验更加精确。

（3）高效：这一套教具制成一年多来，反复应用于教学，发现教学效率有所提高，学生的时间不再浪费在无谓的反复调节中，可以快速有效地完成实验，并对实验现象进行比较，课堂可以节省更多的时间用于深入思考。

测量物体运动时的摩擦力

广西壮族自治区南宁市滨湖路小学　沈毅

一、使用教材

教科版小学五年级《科学》上册第5单元“运动与摩擦力”。

二、实验器材

弹簧测力计、单片机测力计、重力传感器、数据转换器、数据接收器、重物（钩码）、细绳、木板。

三、实验创新要点/改进要点

（一）原实验的不足

教材实验要求和实验方法：“我们用测力计沿水平方向拉一个物体，刚好能使这个物体运动起来的力就相当于它受到的摩擦力”。在教学实践中，我们发现操作有以下困难：第一，支撑面各处与物体接触面的粗糙程度不同；第二，普通弹簧测力计随着拉伸次数增加，误差加大；第三，人手拉动物体，无法实现匀速。学生分组实验中，基于此得到的数据，测量同样的重物，误差为0.5～1.5N，数据误差较大，更影响了接下来的实验，出现了错误的结论。

（二）实验创新

自制教具：摩擦力数字化实验装置。

用“微型电动机”进行替换，将“普通弹簧测力计”更换为自制“带液晶显示的单片机测力计”，创新自制教具——摩擦力数字化实验装置。在本实验中，还有一个重要现象，那就是学生在实验的过程中会发现，测力计的数据在测量的过程中会出现三次波动。第一次，拉力<最大静摩擦力，物体未动，测力计读数缓慢增加；第二次，拉力>摩擦力，物体运动起来，但是读数不平稳；第三次，物体匀速运动时，拉力相当于摩擦力，此时才是符合我们要求的数据。往时，学生是在老师的指令性讲解下做出数据选择。但是在摩擦力数字化实验装置这个实验工具中，通过增加转换器，自主编写程序，将数据转换为图像，引导学生经历与实验过程相关联的思维过程，准确地判断和读取数据，用数据构建证据链。

相较实验原型，应用摩擦力数字化实验装置，实际实验操作过程更严谨，更高效、为学生科学探究“摩擦力与什么因素有关”的相关实验提供工具上的支持，能够突破重难点，有效达成教学目标。

四、实验原理/实验设计思路

根据物体匀速运动时拉力与摩擦力二力平衡的原理，将测力计的一端固定在物体上，正面向外，位于水平方向，再将一个微型电动机通过木板固定在滑板的右端，在电动机的轴上系一根弹性不大的细线，细线的另一端系在测力计的挂钩上。接通电源，电动机转动，即可拉物体匀速前进，读出测力计的示数，作为滑动摩擦力的大小。

五、实验教学目标

（一）教学目标

（1）通过设计实验、制作控制装置测量物体运动时的摩擦力大小。

（2）发展识别控制变量、采集数据和记录并运用数据进行分析得出结论，对研究问题作出合理解释的探究技能。

（3）培养敢于提问、严谨实验、根据数据得出结论的科学精神。

（二）教学重点

（1）掌握测量摩擦力大小的准确方法。

（2）准确判断和读取有效数据。

（三）教学难点

通过控制变量，有效减小实验数据误差。

六、实验教学内容

本课实验内容设计为三个部分。

（1）用弹簧测力计初次测量物体运动时的摩擦力。

（2）用新装置重复测量物体运动时的摩擦力。

（3）设计实验探究摩擦力大小与接触面光滑程度、物体重量的关系。

七、实验教学过程

（1）聚焦问题，创新教具。

1）初次测量，引发质疑和改进的需求。教学开始，小组根据教材指导，用弹簧测力计初次测量物体运动时的摩擦力，在实验数据对比中引发矛盾，在器材、方法统一的前提下，聚焦新变量——人手提供动力。此时，如何实现“匀速”是学生最想解决的问题。因此，我们用“微型电动机”进行替换，将“普通弹簧测力计”更换为自制“带液晶显示的单片机测力计”，创新自制教具——摩擦力数字化实验装置。

2）指导学生观察测力计的数据在测量的过程中会出现三次波动，通过在摩擦力数字化实验装置这个实验工具中，增加转换器，自主编写程序，将数据转换为图像，引导学生经历与实验过程相关联的思维过程，准确地判断和读取数据，用数据构建证据链。

（2）用摩擦力数字化实验装置重复实验。

学生分组实验，用摩擦力数字化实验装置重复测量同类物体运动时的摩擦力。通过实验数据比对，误差缩小到 0.1 ~ 0.2N，可以认定为有效数据。

（3）设计实验探究摩擦力大小与接触面光滑程度、物体重量的关系。

同样的装置，通过毛巾和砝码更改对比条件，接触面光滑/粗糙，重量重/轻，即可展开“探究摩擦力大小与接触面光滑程度、物体重量的关系”的实验。当瞬间改变物体重量时，同一个图表界面呈现出摩擦力瞬间变化明显对比图像，帮助学生直观理解物体越重（轻），摩擦力越大（小）。

八、实验效果评价

以往的实验教学更多地是注重实验的验证功能，学生更多是作为操作者或者旁观者，缺少主动的探究和多样创造。回顾与反思本节课的教学：

（1）基于问题进行的有效改进。有效解决了手动测量误差大的问题，分组实验数据误差缩小至 0.1 ~ 0.2N。

（2）基于教学情况展开的有效教学。本课对实验仪器改进的需求来源于学生探究过程中产生的问题，通过制作摩擦力测量控制装置解决问题，有效提升学生科学素养。

（3）有效提升学生持续性研究的动力。这也是我的意外收获，通过这样的课程学习，我的学生除了对科学探究的兴趣更加浓厚之外，还对工程学产生了兴趣，这也给了我启发。在今后的教学中，我将尝试给孩子们提供原材料，鼓励他们自主建模，科学探究，持续探究，快乐探究！

空气的热胀冷缩拓展课——玩尿娃

浙江省绍兴市柯桥区轻纺城小学　王建军

一、使用教材

自编教材。

二、实验器材

紫砂尿娃、30 毫升聚乙烯（PE）透明瓶、防水胶带、保温杯、记号笔、水槽、长方体石台、热水、大号烧杯等。

三、实验创新要点/改进要点

玩具引发的探究。这个实验源起一次外出旅游购买的一个小玩具“尿娃”。科学源于生活，为什么我要把一个玩具引入到我们的课堂来，我觉得更多地是为了让孩子感受到科学离我们的生活很近。生活中的点点滴滴常常蕴藏着科学道理，引导孩子们做个有心人，培养学生的慧眼，让孩子做身边的科学。

让学生体验“解暗箱”。紫砂尿娃是个不透明体，它的内部不能直接感知，如何引导学生展开推理想象，来揭示其秘密，这是个难点。教学中师生用透明的 PE 小瓶进行建模，通过模型反复感知尿娃的外部情况，抓住推理的突破口，间接推断出尿娃的内部构造和机理，在学生头脑中加以再造想象，初步揭示尿娃的构造。

尿娃、PE 小瓶等这些生活化的材料，学生易得、好懂、爱玩，不仅较好地解决了实验室材料不足的问题，还能把课内探究延伸到课外，使孩子们享受更多的探究乐趣，让孩子们在生活的大实验室里拔节。

四、实验原理/实验设计思路

空气的热胀冷缩。

五、实验教学目标

（1）科学概念：空气有热胀冷缩的性质。

（2）过程与方法：初步学习利用模型来研究一些现象，验证假设，形成对现象的初步解释；尝试简单推理，思辨。

（3）情感态度和价值观：在学中玩，在玩中学；体会古代劳动人民的智慧；体验科学探究的乐趣，养成随时对周围生活和学习实际中的现象提出问题、分析验证的意识，逐步形成学科学、用科学的良好习惯。

六、实验教学内容

尝试用小瓶模型揭示尿娃的构造。任务驱动，辅以有层次的学习单，让孩子们经历长时间的探究。让孩子们自主选题，自己发现问题，自己寻找答案，从而学会如何学习。

七、实验教学过程

（一）创设情境，发现暗箱

（1）教师演示尿娃，引起学生头脑风景（尿娃为什么能喷水，尿娃里面是什么样子）；继续往尿娃上倒热水，直到尿娃不能再喷出水来（为什么一定要倒热水，为什么尿娃喷到一定的时候不喷水了）。

（2）观察没灌过水的尿娃（尿娃很轻、不透明，除了一个尿孔外，其他都是密封的）。

（3）尿娃里面是怎样的？引出暗箱。

（二）依据事实，猜测暗箱

（1）你见过喷水装置吗？（根据知识的迁移学生自然而然想到了空气热胀冷缩实验中做过的喷泉装置）

（2）回忆喷泉装置，阐述其原理。

（3）猜测尿娃的构造，提出假设：尿娃是不是也像喷泉装置中的烧瓶一样？

（三）模拟验证，揭示暗箱

（1）根据我们的猜测做一个尿娃模型。

找一个跟尿娃差不多的透明小瓶（便于观察里面的变化），用防水胶带将小瓶封闭起来（因为尿娃除尿孔外都是密封的），在瓶身上扎一个小洞模拟尿孔。跟学生来个君子协定：为了使模型更具有仿真性，请不打开盖子，不挤压瓶子。

（2）根据学习单 1 完成探究一。

用尿娃模型和网上查找来的玩尿娃秘籍，探究是不是能达到真实尿娃的效果。出示玩尿娃秘籍（附玩尿娃秘籍：将尿娃放入热水中一会儿，再放入冷水中一会儿，将尿娃放在平台上用热水浇尿娃）。结合学习单 1 完成探究一。看看模型一能不能达到真实尿娃的效果（注意观察小孔周围及透明模型内的水位变化）。

解读为什么要用“按”，“模型尿娃”终于有水了。放在平台上用热水浇。哇！成功了，与真尿娃一样，喷得还真远啊！

基本揭示暗箱。教师表扬学生，同时还应告诉学生：尿娃与模型的内部构造一样的可能性很大，但不能完全肯定，要培养学生的实证意识，告诉学生以后我们将用更先进的方法进行进一步的验证。

（四）思辨质疑，升华暗箱

（1）根据学习单 2 完成探究二。

1）用热水浇尿娃模型，液面在哪个位置水不喷了，想想为什么？

2）用怎样的方法能使尿娃模型灌更多的水？遇到什么问题？怎么解决？

3）怎样让尿娃喷更多的水？学生探究、辩论（教师动画演示）。

（2）根据学习单 3 完成探究三。

拿一个真尿娃玩玩，玩过后比较一下尿娃与尿娃模型，你们更喜欢哪个？说说理由。

学生从材质、外形、洞口的高低、玩得是否方便等多处进行了比较，发散了思维，起到了很好的教育效果。

（五）总结运用，拓展延伸

小小的一个尿娃，里面竟含有这么多的奥秘。其实尿娃还有很多方面可以研究，比如如何使尿娃的水喷得更远、小孔开的高低对喷水的影响、怎么把尿娃里的水排干。课后我借给每个同学一个尿娃，引导同学慢慢去研究。

同时我也不忘提醒孩子们，平时做个有心人，当一个小科学家，随时对周围生活中的现象提出问题，并尝试着自己分析、验证。并向学生介绍学长们解决生活中的实际问题已有的科技成果：学生撰写的对纸钱满天飞舞现象研究的小论文、学生自己发明的便携式车载记事板等。

八、实验效果评价

（1）小尿娃，大智慧，让学生在学中玩，玩中学。

（2）培养学生的科学素养，培养学生的慧眼，培养学生的问题意识，尝试着让学生对生活中的一些小发现、小难题，自己开动脑筋，寻求对策。

（3）让孩子做身边的科学，让学生用自己学到的知识改善生活，用科学提高我们的生活质量，使我们的生活变得更加美好。

日　食

广东省深圳市龙华新区行知实验小学　王立

一、使用教材

教科版小学六年级《科学》下册第三单元第四课“日食与月食”。

二、实验器材

日食观测仪（见图 1）。

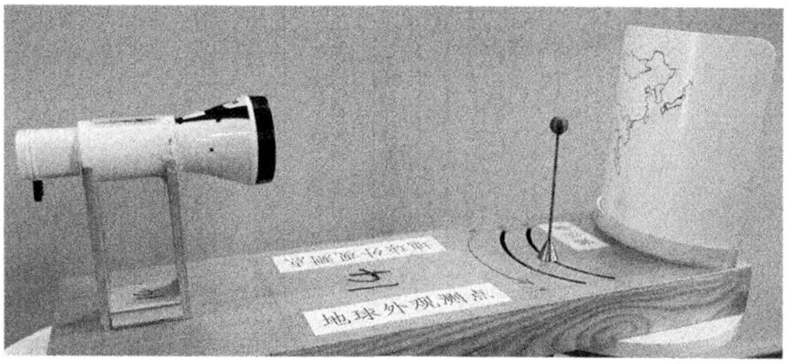

图 1　日食观测仪

三、实验创新要点

（1）学生能够在地球上和地球外同步观测，视角的转变能够让学生观测到更加真实的模拟实验现象。

（2）日、地、月系统的距离、大小比例关系保证月球的影子能够真实地投影在地球上的日食带上。

（3）月球绕地球公转的轨道可以调整，能够模拟近点月和远点月的不同日食现象。

（4）支持学生研究日全食、日偏食、日环食、日食带、日地月夹角等问题。

四、实验原理

手电筒代表太阳，金属小球代表月球，弧形的面板代表地球的一部分。地球上有三个小孔，分别代表深圳、武汉、北京三个不同的观测点。学生四人为一小组，既可以在地球上的小孔观察日食现象，也可以在地球外观察月球影子在地球上的移动情况，同时月球的轨道可以调整，能够模拟近点月和远点月不同的日食现象。

五、实验教学目标

（1）运用模拟实验的方法研究日食的成因。

（2）对模拟实验中的现象进行细致的观察和逻辑推理。

（3）激发学生更深入研究日食等其他天文现象的兴趣。

六、实验教学内容

（1）教材与目标分析。

（2）器材与创新分析。

（3）教学过程。

（4）反思评价。

七、实验教学过程

（一）提出问题，激发兴趣

学生对于日、地、月的相对运动关系在本课前有一定的认识，还在五年级时学习了光是沿着直线传播的，因此当老师提出“太阳、地球、月球运动到什么位置时可能发生日食现象？”这一问题时，大多数学生能够脱口而出：月球运动到太阳与地球中间的时候。

而当我继续追问“当日食发生时，是不是地球上所有的地方都能观测到日食？”时，学生出现了不少的争议。既然大家都有不同的看法，那我们不如来做一次模拟实验看一看吧！

（二）模拟实验，观测日食

我在此时出示了老师亲手自制的神器——日食观测仪，并演示了观测方法。日食观测仪的使用方法如下所述。

（1）操作者自西向东匀速缓慢移动月球。

（2）地球上观测者观测各地的日食过程，地球外观测者观测月影在地球表面变化的过程。

（3）小组成员按顺时针方向交换位置，继续观测。

不一会儿，学生就沉浸在了模拟观测日食的活动中。学生用这套教具观测日食，作实验记录，将观测到的日食现象画在圆形纸片上，张贴在汇总表中。

（三）汇报交流，分析成因

很快，15min 的小组探究时间结束了，让我们一起来看一看学生究竟都看到了些什么吧！对于近点月时在深圳观测到的日全食现象图，我想各位老师肯定也会和学生一样，十分惊奇能够看到如此震撼的日食现象，好像日食真地发生了一样。

近点月时在武汉观测到的现象图中，月球从太阳的下方划过，只挡住了太阳的一部分，像这样的日食现象我们可以称为日偏食。

观察近点月时在北京观测到的现象图中，同学们惊奇地发现居然没有观测到日食现象。

我们把月球的轨道调整到远点月，看看有什么不一样。远点月时在深圳观测到的日全食现象图中，月球自西向东缓慢地移动，挡住了太阳中间的部分，露出了一个漂亮的光环。在远点月的武汉同样也观测到了日偏食，而在北京，依旧没有出现日食现象。

学生以小组为单位，将在各个观测点观测到的现象张贴在现象汇总表上。

这些都是我们在地球上观测到的现象，那么，同学们，你们在地球外观测到了什么现象呢？

学生在地球外观测到的月影图中，学生观察到：月球的影子在地球上移动，而且总是在一条直线上移动。还有同学发现，月球的影子由两部分组成，中间有一个小的实心影，外围还有一圈浅浅的暗影。真是伟大的发现，我想这位同学肯定有兴趣研究本影区和半影区。

经过模拟实验以后，再来看一看之前的问题：当日食发生时，是不是地球上所有的地方都能观测到日食？看看学生会有怎样的收获。

（四）拓展延伸，深入探究

这节课主要的问题已经解决，但是更多的问题正在学生的脑海里生成，值得我们深入探究。为此我还设计了一些特别挑战任务。

挑战任务一：同样是在深圳，近点月的日食现象和远点月的日食现象为什么不一样呢？学生们根据模拟实验总结出了“近大远小”的原理，即月球距离地球稍远，看起来也就稍微小一些，不足以挡住整个太阳。其实不止深圳有区别，如果我们仔细观察汇总表会发现，近点月的武汉和远点月的武汉发生的日食现象也不相同。

挑战任务二：除了深圳和武汉以外，地球上还有其他地方有可能看到日食现象吗？为了更好地支持学生继续探究日食带的问题，我将地球上的观测点改为横向排列的三个点，学生会发现原来在这三个观测点，随着月球的自西向东移动，都能观测到日全食的现象。这样“一横一竖”的不同观测点的设计可引发学生更多的思考。

为了研究地球上更多的观测点以及研究地球自转与日食之间的关系，我还额外制作了一套带有灯光的教具。我将地球外的现象和地球上的现象进行整合，灯光亮表示此地可以看到太阳，灯光灭表示此地正在发生日食现象。我们可以看到，随着地球的自转，这些横向的观测点会依次出现日食现象，这一长条形的区域被称为日食带。

课堂的最后，我会让学生分享，今天的模拟实验解决了哪些关于日食的问题？还有哪些问题值得我们继续探究？

八、实验效果评价

（1）实验器材与技术手段的创新，扩大了探究的范围。用这套教具模拟出来的日食现象不仅模拟效果好，而且学生可探究的面更广了，可探究的点更深入了。

（2）地球上和地球外同步观测，深化了学生的认知。在我的一堂课上，我听到了孩子这样的话语：我在地球上的深圳看到了日全食，我猜在地球外一定有一个黑影挡住了深圳这个小孔。如果学生真能够跳跃出空间的范畴，到地球外去看一看，我想，对于孩子们来说，日食就不难理解了。

我还想表达的是，“宇宙”单元的内容学生看似很感兴趣，但是缺乏有效的探究手段。我想，教师可以在教具和技术手段上进行创新，让模拟实验更贴近事实，让学生对于“宇宙”单元的探究真正发生！

昼夜交替

广东省深圳实验学校小学部　习文

一、使用教材

教科版小学五年级《科学》下册第四单元第一节“昼夜交替现象”

二、实验器材

实验器材为自制实验装置，如图 1 所示，由固定支架、可旋转轨道、发光球体和蓝色小球体组成，主要用于进行太阳和地球之间各类运动的模拟实验。其中，轨道由内圈和外圈构成，中间连接有一固定条；外圈的两点固定在支架上，使整个轨道可以在空间内旋转；内圈相对于外圈可以转动。实验装置中用发光的大球体模拟太阳，内部为 12V LED 点光源发光，由充电电池供能。蓝色小球体模拟地球，可绕其自转轴自转，同时绕太阳转动。太阳上下两半球之间为卡扣连接，可从中间的固定轴上拆下，安装在轨道的内圈上；地球由磁铁连接在轨道的内圈上，拆卸方便，也可以移至固定轴上固定。

图 1　自制实验装置

三、实验创新要点/改进要点

（一）传统实验的不足

教材中用三幅插图来介绍模拟实验的实验方法（见图 2），用手电筒模拟太阳，用乒乓球模拟地球，通过小组合作的方式，在桌面上，一人控制手电，一人控制乒乓球，完成模拟实验。

但传统实验有诸多不足，除了用手电和乒乓球来模拟太阳和地球不准确、操作不便之外，还存在两个主要的问题。

图 2　教材中模拟实验示意

（1）传统实验中未关注轨道面这个概念，也没有对轨道面及自转轴之间的关系进行讨论，因为传统实验无法呈现出轨道面的概念，而且也无法模拟。教材中未提及但许多学生有的一种假说，即地球绕着太阳转同时自转，但其自转轴与轨道面无夹角。传统实验中学生无法认识到地球自转同时绕太阳转不一定是会产生昼夜交替的，这还与自转轴与轨道面的夹角有关。这导致了学生认识上的偏差，也没有贯彻科学的严谨性。

（2）在课前对学生概念的调查中发现，学生们对于地球与太阳的运动的认知几乎涵盖了各种类型及空间中的各种方向。而传统实验将日地运动限制在了水平桌面上，大大地限制住了学生的思维，无法呈现学生对于日地运动的各种方向原认知。

（二）对于传统实验的改进

为了解决以上传统实验的问题，让学生可以通过模拟实验树立正确严谨的认识观，我设计了新型实验装置。下面我就以上两点主要问题对新型实验装置做介绍。

（1）新型实验装置中有确定的圆形轨道，这对于轨道面概念的建立是非常有利的。同时，除了可以简便地模拟学生常出现的几种假说，对于地球自转轴与公转轨道面无夹角这种情况，将地球用磁铁固定在内圈的内壁上，再旋转轨道内圈即可模拟（见图3）。对比地球公转且自转轴与轨道面有夹角这两种情况，学生通过动手模拟、观察、比较与讨论，认识到自转轴与轨道面的关系与昼夜交替现象的形成有关。利用实际模拟产生的明确直观现象，引导学生进行分析比较，讨论出产生不同结果的原因，树立正确严谨的认识观。

图 3　固定在内圈内壁的地球

（2）为了能让学生通过实验装置对空间中各种方向的日地运动类型进行验证，我特别设计轨道为可旋转式的，通过固定轨道外圈使整个轨道可以在空间内旋转，可以在任意角度进行模拟实验。

四、实验原理/实验设计思路

模拟实验是让学生借助光照射到球体上，会在球体上形成亮面和暗面，来模拟昼夜交替现象。所以要用相似的实验材料或物体来代替所要模拟的对象，模拟实验既要尽量接近真实的效果，又可以尽量多地模拟出学生的各类假说。这就要求模拟实验既要有精确的效果，又要具有开放性，可供学生验证各类假说。所以我设计了如上介绍的自制实验装置来达到这两点要求。

用发光球体来模拟太阳，地球被照射即会形成亮面和暗面。学生在利用模拟实验验证假说时，通过观察并分析地球亮面与暗面的变化来判断这种假说是否可以产生昼夜交替现象。

五、实验教学目标

（1）提出昼夜交替现象的多种假说，并通过模拟实验进行验证。

（2）认识到产生昼夜交替现象，可能有多种不同的解释，还需要更多的证据来判断。

（3）培养学生的证据意识和尊重事实的科学态度。

六、实验教学内容

（1）提出假说。学生对昼夜交替现象的形成原因提出自己的假说。

（2）小组合作、模拟实验。以小组为单位，利用新型实验装置，模拟出自己的假说，并通过判断地球的亮暗面变化来判定自己的假说是否可以产生昼夜交替现象，并记录下自己的结果。然后汇总并分析数据。

（3）交流与讨论。学生在模拟实验研究的基础上进行交流，学生分析各种不同的解释，发现有好几种假说都可以形成昼夜交替现象。学生进行讨论，找到这些可以解释昼夜交替的假说的共同特点。

七、实验教学过程

（1）课堂引入：我们知道地球上有白天有黑夜，而且白天和黑夜是交替出现的，你们如何解释这一现象呢？

（2）请学生对昼夜交替现象发表自己的观点，之后用示意图的方式记录下自己的观点。

（3）模拟实验。

1）如何证明你的假说是否正确呢？为了证明这个问题，我们需要进行模拟实验，那如何做模拟实验呢？

2）介绍新型实验装置的使用方法。用透明大球体代表太阳，蓝色小球体代表地球，打开太阳即可将它放入圆形轨道中间固定，打开开关就可以发光，而地球则用磁铁吸在圆环轨道的内圈即可。太阳也可以安装在内圈，将太阳下方旋入内圈上的小把手上即可。同时轨道可旋转，学生可以根据自己的需要对轨道进行旋转。

3）学生实验。观察“地球”上哪个部分被“太阳光”照亮，哪个部分没有被照亮？想一想，这两个部分分别相当于一天中的什么时间。

4）你们用模拟实验的方法验证了哪种假说？观察到了什么，才能说明“地球”上确实发生了昼夜交替现象？

5）让地球出现昼夜交替，还有其他的方法吗？

6）用示意图记录下所有可能的实验方法和模拟实验的结果。

（4）交流与讨论。

1）向大家汇报小组的研究结果。

2）教师记录下学生的解释。

3）教师和学生一起分析：这些昼夜交替现象的解释成立吗？这些解释有什么相同的特点吗？在没有新的证据前，前面哪些有关昼夜交替现象的解释暂时是正确的？

（5）教师小结。通过大家的验证，认为有好几种情况都可能使地球发生昼夜交替的现象，那么地球产生昼夜交替的真正原因是什么呢？我们将在下节课继续研究。也请同学们回去查阅这方面的资料，看看科学家是怎样研究得出结论的，并把查到的资料带到课堂上来。

八、实验效果评价

（1）操作简便，模拟准确性提高：可实现几乎所有学生假说的模拟，让学生在自己动手模拟中学会接纳和尊重他人不同的想法。

（2）提升实验广度：将旋转面从二维提升到三维，增加了模拟实验类型和方向。

（3）挖掘实验深度：深入研究轨道面与自转轴夹角对昼夜交替的影响，帮助学生树立正确的认识。

摆的研究

湖北省武汉市华中科技大学附属小学　熊曳

一、使用教材

教科版小学五年级《科学》下册。

二、实验器材

一个铁架台，一条有刻度可以直接读取数据的摆绳，两个大小一样重量不同的摆锤，量角器，光电感应门，数据收集器（带连接线），笔记本计算机，小学科学“摆的秘密”测量软件。

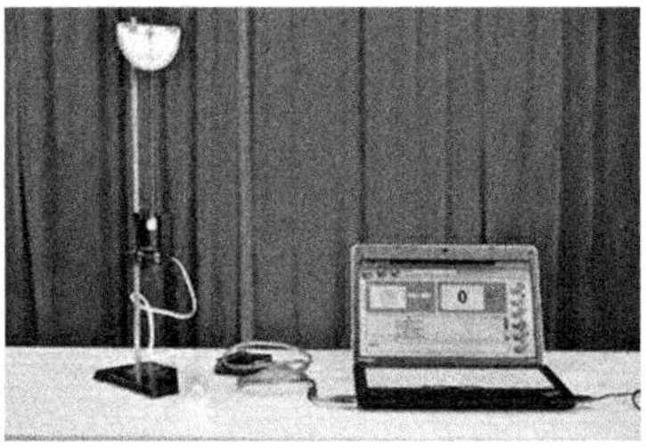

图 1

三、实验创新要点/改进要点

通过选取和制作精确灵活的实验材料以及运用自主探究的教学方式，实现以下效果。

（1）实验测量：变“估测”为“精测”。

（2）实验方法：变“固定”为“灵活”。

（3）实验任务：变“问题”为“情境”。

（4）实验过程：变“被动”为“主动”。

（5）实验记录：变“只重数据”为“数据思维并重”。

四、实验原理/实验设计思路

针对本课的教学目标，借鉴“做中学”以及 STEM 教育理念，教学中创设一个情境（未来工程师挑战赛），设置一个挑战性任务——“根据材料，小组合作制作一个速度为 10s 摆动 20 次的摆”来展开本节课的自主探究。学生在不断调试摆绳长度和摆锤重量的过程中记录下自己的探究过程和数据，通过整理研究数据能够认识到摆的快慢与摆绳长度有关，与摆锤的重量无关。同时，学生能够在整个探究活动中体验科学家的探究方法和探究过程。

五、实验教学目标

（1）知道摆的摆动快慢与摆绳的长度有关。同一个摆，摆绳越长摆动越慢，摆绳越短摆动越快；知道摆的快慢与摆锤的重量无关。

（2）能够根据教师提供的情境开展自主探究，在探究中记录数据、分析归纳、形成结论、分享交流。

（3）体验合作进行科学探究的乐趣。

六、实验教学内容

研究摆的摆动快慢与什么因素有关。

七、实验教学过程

本课的实验教学采用基于情境任务的自主探究学习方式展开。

支架式导入（每个组分配摆动次数不同的摆）——学生有根据地分析影响摆摆动快慢的因素——创设情境（未来工程师挑战赛：根据材料，小组合作制作一个速度为 10s 摆动 20 次的摆）——小组讨论方案——小组分工开展实验，记录实验过程和数据——分析数据进行归纳——全班分享交流——自主建构科学概念“摆的快慢与摆绳长度有关，与摆锤的重量无关”。

同时，学生能够在整个探究活动中体验科学家的探究方法和探究过程。

八、实验效果评价

（1）精确测量——有效建构科学概念。

（2）灵活操作——促进学生自主探究。

（3）情境任务——点燃学生探究热情。

（4）主动探究——提高学生科学素养。

（5）数据思维并重的记录——激发学生深度思考。

让更多的灯泡亮起来

山东省淄博高新技术产业开发区第四小学　许建秀

一、使用教材

青岛版五四制三年级《科学》下册。

二、实验器材

电学实验仪器（电源、导线、开关、灯泡），串联、并联电路模拟板，“电”字展示板，红绿灯展示教具。

三、实验创新要点/改进要点

（1）自制教具，制作串联、并联电路模拟板，学生形象直观地看到电流是如何流动的，更深刻地了解串联、并联电路的连接特点，非常好地突破本节课的教学重难点。制作串联电路“电”字展示板、红绿灯并联电路展示教具，进一步体会串联、并联电路的连接特点，感受更多的灯泡亮起来。同时也把科学和生活联系起来。

（2）借助ForClass信息技术更好地展示学生的实验场景，突破了以往实验仪器及场景无法展示的弊端，便于学生更好地讨论交流。如果每个小组一个平板，组长在实验的过程中可以随时抓拍，尤其是在碰到问题的地方抓拍，便于之后的讨论交流，避免老师顾此失彼、抓拍不到。

四、实验原理/实验设计思路

提出问题，引发学生思考。学生先设计实验方案，然后进行实验探究，得到结论，知道让更多的灯亮起来有两种连接方式：串联电路和并联电路。通过实验仪器让学生连接电路，了解串联、并联电路的连接特点，再通过串联、并联电路模拟板让学生形象地认识到两种电路中电流是如何流动的，深刻感受串联、并联电路的连接特点。最后通过霓虹灯和红绿灯教具，让学生再次感受串联、并联电路的连接特点，感受更多的灯泡亮起来，同时把科学和实际生活联系起来。

五、实验教学目标

(1) 知识与技能：探究用多种方法让更多灯泡亮起来，并作好实验记录，知道串联和并联电路的连接特点，会画简单的电路连接图。

(2) 过程与方法：能在连接电路的过程中提出问题、解决问题，愿意合作与交流。

(3) 情感态度与价值观：体验合作交流的乐趣，培养学生自主设计实验的能力和创新思维，并用学到的知识解释生活中的常见现象，科学服务于生活。

六、实验教学内容

(1) 学生在老师出示问题后，先猜想并尝试设计实验电路，运用电学实验仪器自己连接串联、并联电路。

(2) 实验场景用 ForClass 数字教学平台同步投影展示，学生讨论交流。

(3) 通过串联、并联电路模拟板让学生形象地认识到两种电路中电流是如何流动的，更深刻地认识到两种电路的连接特点。

(4) 自己设计制作“红绿灯”教具，红绿黄三个灯可以分别亮起，也可以一起亮起来，让学生感受由两个灯到三个灯亮起，同时强调交通安全，红灯停绿灯行，遵守交通规则。

(5) 自己设计“电”字展示板，先让学生感受这个展示板是由很多灯串起来的，由刚刚的三个灯到现在的很多灯，感受让更多的灯泡亮起来。同时闭合开关，所有灯全部亮起，感受串联电路的特点，强调生活中电无处不在，我们要安全用电，真正做到科学服务于生活。

七、实验教学过程

(一) 情境引入，激发兴趣

四幅生活场景图引出问题：怎样让更多的灯泡亮起来？

(二) 实验探究，小组合作

(1) 问题1：怎样让两盏灯同时亮起来？

学生设计实验方案，尝试画电路图，然后用电学实验仪器连接电路，进行实验验证，教师指导，平板抓拍。学生汇报交流时借助 ForClass 数字教学平台展示学生实验场景，便于学生更好地讨论交流，最后得到结论，学生认识串联电路的连接特点，老师出示规范电路。

（2）问题2：串联电路中电流是如何流动的？借助串联电路模拟板，学生深刻感受串联电路中电是如何流动的，由抽象变形象直观，学生真正认识到串联电路的连接特点。

（3）问题3：怎样分别控制两盏灯的亮灭？

学生设计实验方案，尝试画实验电路图，并进行实验探究，教师指导，平板抓拍。ForClass 数字教学平台展示学生实验场景，讨论交流，攻克重难点，老师出示规范电路，师生得出并联电路的连接特点。

（4）问题4：并联电路中电流是如何流动的？

借助并联电路模拟板，学生深刻感受并联电路中电是如何流动的，由抽象变形象直观，学生真正认识到并联电路的连接特点。

（三）拓展应用，联系生活

自己制作“电”字展示板和红绿灯教具，让学生感受由两个灯到三个灯再到更多的灯亮起来，进一步突破教学重难点。学生应用本节课的知识解释电路连接，学以致用。

八、实验效果评价

（1）以学生为主体，问题引导，学生进行实验探究，非常好地调动了学生的积极性，突出学生的主体地位，培养学生的实验设计能力和创新思维。

（2）自制教具，制作串联、并联电路模拟板，让学生由抽象想象变直观形象地观察，深刻感受到串联、并联电路的连接特点。巧妙地利用教具，有效激活了教材，解决了学生的困惑。制作串联电路“电”字展示板、红绿灯并联电路展示教具，让学生感受由两个灯到三个灯再到更多的灯亮起来，把本节课的知识拓展应用到实际生活中，真正实现科学服务于生活，满足学生的课外拓展欲望。

（3）借助 ForClass 更好地展示学生的实验场景，突破了以往实验场景很难展示的弊端，更易于学生汇报交流。

设计光路报警通道

北京市西城区陶然亭小学　杨京

一、使用教材

教科版小学五年级《科学》上册光单元。

二、实验器材

通道支架、PVC 支架、激光对射报警装置、喷壶、线绳、通道模型。

三、实验创新要点/改进要点

传统的实验教学是为了让学生学习理论知识前打好学习基础或者学习理论知识后进行验证性的实验和巩固知识的实验，一般在教室中由教师指导完成。在进行这样的实验过程中，由教师提出研究目的再由学生按要求一步步完成，虽然现象和结果能够充分证明知识，但缺少学生的自主活动和思维。

这个实验教学是在“工程实践”观念下的教学设计。通过“创新性的实验”镶嵌在“光”单元教学中，形成“社会、认知、行为”三个维度高度融合的实践活动，在这样的实验教学中可大大促进学生的发展。模型在工程实践中是非常重要的一个环节，体现了工程师和科学家一个假设、论证的过程，用模型进行论证。科学家建构的是针对物质世界的解释性模型，而工程师则是发展或重新构架技术难题的解决方法。强调科学的社会活动特质，旨在提倡课堂探究应从个体行为向群体行为转化，课堂互动应反映科学共同体的真实互动。现今的科学家越来越不能单打独斗，科学的社会性不仅体现在一个课题组的分工合作上，也以举行例会、发表和宣读论文、在会议上发言和听取报告、互访、举办和参加学术讲座等各种交流方式呈现。这些活动的共同点是创造机会让不同理论发生碰撞，以解决其中存在的争端。理论持有者一方面展示自己的观点，并竭其所能为之辩护；另一方面听取他人的不同观点，或挑战质疑，或进一步发展，或在对方证据充足时选择修改乃至放弃自己原先的理论。

四、实验原理/实验设计思路

本教学内容是实验创新与教学有机融合，在工程实践的情境中，让学生学着像工程师那样去做事。在实践过程中，学生基本经历了工程师的设计生产过程，即需求－设计－协调－评估（见图1）。要给博物馆设计安全系统，要让光线全覆盖，博物馆设计就要安全，不能全覆盖就不是安全系统，小偷就能进来，这就是一个产品、一个项目。在知道需求、进行需求分析后进行设计，有图纸，有建模，在这节课上，在一个一个试错的过程中逐步推进孩子的发展。孩子用绳子比光路，设计达到需求分析中的全覆盖。后面的协调评估环节孩子们也在不停地通过发现问题、解决问题的方式一步步推进着。这时的研究是孩子自发的，教师的作用从台前转到了幕后，帮助孩子一步步地达成目标。

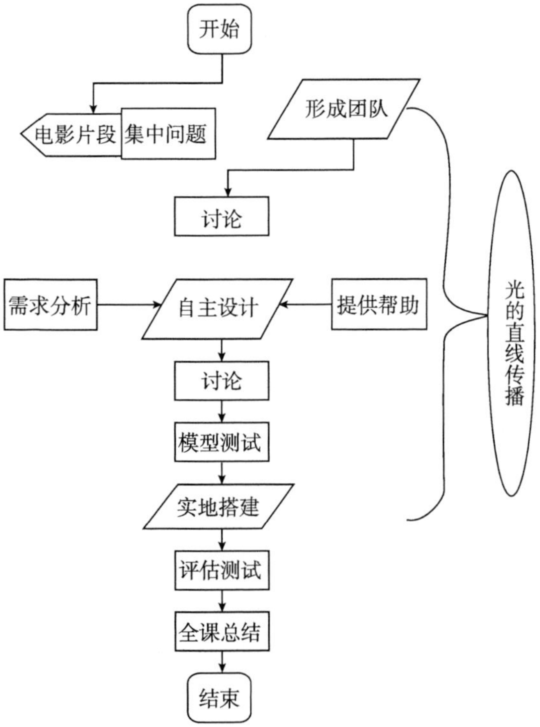

图1

利用激光对射报警装置让学生理解光的直线传播和反射现象，能够从实际应用出发让学生体会到知识与生活的不可分割，可以利用知识进行设计和生产，知道学科学是有价值的。

五、实验教学目标

（1）利用光是沿直线传播的知识解决生活中的问题。

（2）了解工程是运用技术、解决问题、完成项目的有效实践过程。

（3）这节课可以为学生提供发展以下探究能力的机会：

1）能够关注应用知识进行技术设计，利用技术解决生活问题；

2）让学生试着像工程师那样进行设计，体验设计制造的基本过程。

（4）将学到的与光有关的知识和所看到的相联系；识别科学、技术在日常生活中的应用。

六、实验教学内容

本节课是教科版五年级上册光单元中的，这个单元是由八节课构成的，让学生对光有一个初步的认识。前四课是光的影、光的传播、光的反射，后几节课就是光与热。这节课其实是镶嵌在第四课后面的，做了一个嵌入式的评价，也是一个科学技术应用的内容。

这节课想体现的是科学技术设计教育，要让学生学着像工程师那样去做事。在我们建构概念的时候经常说让学生学着像科学家那样建构概念，但这节课的定位是科学技术教育，想培养学生的技术素养，那么我们的途径就是让学生学着像工程师那样做事，去进行设计，体验工程师设计的流程。

七、实验教学过程

我们这个实验教学的定位是科学技术教育，想培养学生的技术素养，希望学生学着像工程师那样做事，去进行设计，体验工程师设计的流程，因此我在教学中设计了以下环节。

（1）特定情境激发兴趣，根据需要提出需求。

特工电影是现在孩子们都喜爱的，我曾利用课余时间为学生放映《偷天陷阱》，孩子们脸上那专注的表情我至今记忆犹新。特工电影中躲避激光报警器的场景一下抓住了孩子的心，心中的渴望由此而生。孩子们先进行一个需求分析，领取挑战书，我们要给博物馆建造一个安全系统，光路防盗系统，这就是第一步确定问题。这时学生经历的是主动学习，无须教师干预，表现为行为的自我监控。

（2）根据需要进行设计，借助模型解决问题。

让学生参与工程和科学实践可以给他们提供一个更好的学习机会：学习如何运用所学的科学知识解决生活中乃至更广阔的社会中的实际问题，这也是将工程实践纳入科学教学体系的另一原因。在明确了目的后的活动才是高效的、有针对性的。当孩子们带着明确的目的开始后会逐步发现想要继续设计是需要更多的材料的，这时计划、材料甚至模型的出现就很及时地解决了孩子们的需要，尤其是模型对孩子后面操作的帮助就像工程师建模一样，通过对模型的测试推断实地建造的效果，这时学生的操作就是像工程师一样的学习过程。学生在实践中发展各种能力并且真正建构着概念，他们理解概念并主动应用，而非被动记忆。

（3）依据设计尝试搭建，测试效果进行评估。

当孩子们对自己的设计胸有成竹的时候，会发现“纸上谈兵”并不能解决问题，需要“实地”测试才能检验设计效果。这时学生的操作是自主的，不需要任何人的干预，同时每一个孩子的参与度是很高的，教师并不需要教孩子应该怎么做，在一个一个试错的过程中逐步推进孩子的发展。学生一步步去做，做的过程中，发现问题了，停下来看看有什么问题，分析分析我们要怎么做。最终希望学生能够利用自己的知识转变为技术，再把技术变成产品，经历工程师的设计生产过程，在这个实践过程中，反映出对知识、技能的理解与运用。

八、实验效果评价

（一）实验教学效果

让学生进入实践，这与科学家最初的工作程序相同。科学教育的好处是，可以提供一个有意义的学习情境，将科学学习与学习环境之外的实践联系起来，提高学生的学习动机，提升他们运用所学知识的能力，有助于他们对知识结构的理解，了解处理实践的复杂性，理解科学实践各要素的基本原理，以及本学科领域的认识论。学生在应用知识解决问题的过程中理解概念和工程成果是如何产生的，理解而非记忆，这时学生头脑中的知识是能应用能迁移的。孩子对知识接受的过程并不是一次形成的，需要反复地强化，而科学实践的过程就是强化、应用科学概念的过程。

这套实验装置在教学中能够帮助学生更好地实现他们的设计想法，更贴近于实际情况，把模型在工程设计中的作用更突出了。学生能够通过对模型的操作看到实际产品中的效果，从而体会到模型的作用，在今后的设计制作中也会充分利用模型的功能。

在实践中反映对知识技能的理解和应用，在这堂课中都能很好地体现，从而达到我们的预期目标，让学生深层次地学习。实践的过程也是学生把知识变成技术并应用的过程，每一个操作、每一次尝试、每一种设计都很好地展示着学生对科学概念的理解和应用。

（二）实验教学评价

（1）对学生学习过程的评价。

1）学生是否积极讨论，积极参与意见的发表。

2）学生思维是否活跃，积极主动发言。

3）学生是否积极参与实践。

4）学生合作探究是否有效。

（2）对课堂教学效果的评价。

1）和听课教师交流，分析本节课的优点和缺点，进而进行反思。

2）和学生交流，评价这节课堂教学活动的开展情况。

盐到哪里去了

西藏自治区拉萨市当雄县宁中乡第二中心小学　益西曲宗

一、使用教材

河北人教版小学四年级《科学》下册“有趣的变化”单元第二课。

二、实验器材

实验室：烧杯、玻璃棒、钥匙。

生活中：白糖、沙子、红糖、盐、锯末、水。

三、实验创新要点/改进要点

出于安全考虑，把原来教材中的实验材料（铁粉）改成红糖（结合学生实际生活），并有利于实验效果（学生可以从视觉的角度很明显地理解“均匀”一词）。

四、实验原理/实验设计思路

这一课以物质的可逆和不可逆为线索，设计了“混合”与“分离”两个活动，属于探究性实验。“混合”就是水与白糖、沙子、红糖、盐、锯末一一混合，然后观察实验现象，并引出溶解的概念。本节课为下一节课中的“分离”奠定了基础。

五、实验教学目标

（1）知识与技能：通过指导学生操作“物体与水混合”的实验，引导学生初步了解溶解现象。让学生知道有些物体溶于水，有些物体不溶于水。

（2）过程与方法：从学生动手做实验入手让学生展开自主讨论，并把观察到的现象及时记录、分类，从而让学生真正成为学习的主人。

（3）情感态度价值观：体验探究的乐趣，培养学生小组合作与交流的协作精神，激发学生学习科学的兴趣。

六、实验教学内容

溶解。

七、实验教学过程

教师给学生播放《驮盐的驴》。

小视频《驮盐的驴》，故事大意是曾经有一头驴驮着几袋盐在太阳下行走，它突然看到前面有一条河，它准备去喝水，可是不小心摔在河里，它突然发现自己背上的盐轻了很多。从而提出问题：驴背上的盐为什么变轻了？盐到哪里去了？

学生会根据生活常识作出回答：盐溶在水里啦！

教师出示一包食盐和一杯水，让学生说说它们的形态。

学生说一说。

然后教师将食盐投入水中，轻轻搅拌，让学生观察发生的现象。

学生说一说。

导入新课：食盐消失了，水几乎没发生什么变化。那么，食盐到哪里去了呢？

学生：食盐混到水里去了。

教师：同学们说得不错，像这样把一种或几种物体和其他物体混在一起的过程就是混合。

猜想与假设：是不是所有的物体和水混合，都会像食盐与水混合一样，产生无色的液体呢？

活动：混合。

活动步骤：首先，学生预测物体与水混合后可能出现的现象；然后，进行混合，并观察混合后出现的实际现象；最后，与干净的水进行比较，看看混合后的水发生了什么变化。

师生活动。

(1) 提问：把沙子、红糖、食盐、白糖、锯末放入水中，用塑料棒搅拌，会有什么现象？大家先来猜一猜吧！

学生大胆猜测。

亲身体验，提出猜想。没有大胆的猜想就没有伟大的发明，在这过程中给每小组发放实验材料（白糖、食盐、锯末、红糖、沙子）。这些实验材料在学生日常生活中随处可见，学生对它们并不陌生，所以让学生根据自己的生活经验，大胆地猜想，当这些固态实验材料与水混合时，会发生怎样的变化。并完成表格第一栏（预计现象）。

谈话：到底是不是我们猜测的这样呢？可以通过实验来验证，现在，在小组里讨论，设计出实验方案。

学生分组讨论，设计实验方案。汇报讨论结果。

谈话：好吧！现在按自己设计的方案开始研究吧！

汇报研讨，拓展思维，设计实验。

提出问题，作出猜想，接下来就是验证猜想是否正确。

由于本节课的实验学生容易操作，实验器材也来自日常生活，所以学生面对这些实验器材时，有可能偏离实验主题。为了避免这一点，我将从以下几个方面给学生引导：一是熟悉实验材料（颜色、形状、气味、颗粒大小）；二是实验设计思路（实验前，大家要分工合作，不要随便品尝实验物品，注意卫生。为了保证实验合理，每烧杯中的水量、放入的固体量、搅拌的次数都要相同，注意观察物体在水中发生的变化，并及时把实验情况填入后两栏表格）；三是设计实验（利用所提供的实验器材，遵照设计思路，每个组自主设计实验，看看哪个小组做得最好，比一比哪组的实验现象更明显）。这样一来，学生对今天的实验过程就更加有目的性。

（2）讨论。

学生分组讨论，汇报讨论结果。边做实验，边及时记录实验现象（表格的后两栏）。经过小组讨论，我会请所分实验小组的代表来展示他们的实验现象（白糖、食盐、红糖在水中消失不见，沙子沉在水底，锯末浮在水面上）。

（3）理解溶解的含义。

讨论：物体在水中的变化有什么不同？食盐和白糖到哪里去了？

引出溶解，学生谈自己对“溶解”的理解。在这里有个问题，就是学生在展示成果时会说食盐、白糖在水中消失不见了。其实食盐、白糖并不是在水中消失不见，而是它们在水中化得非常非常小，以至于我们用眼睛看不到了（例如，日常生活中我们喝糖水的时候是不是每一口都是甜的？这就说明这些极小的颗粒是均匀分散在水中的），那么我们就说它们变成了极小极小的颗粒。对于牧区四年级的学生来说，对“均匀”这词的理解不是那么透彻，这时候我就利用我的秘密武器——红糖来给他们解释。边讲解边出示溶解的概念。在水中变成极小的颗粒，均匀分散在水中的过程，我们给它下了一个科学的定义叫作溶解。

溶解：像食盐或白糖这样，在水中变成极小的微粒，均匀分散在水中的过程。

八、实验效果评价

（1）预计：我教学的对象是牧区的学生，考虑到牧区孩子的接受能力、实验操作能力等各方面的因素，为突破在“均匀”一词上的理解，我准备在课堂上结合实验，通过视觉和味觉上的变化去帮助孩子理解。

（2）效果：在我们学校上了本堂课后，学生从提出问题开始，到进行实验、讨论问题、展示成果，最后得出结论，整个实验流程环环相扣，课堂活跃，得到了预期效果。

（3）改进：在确保学生安全的条件下，视觉与味觉（品尝糖水、盐水）相结合，有助于学生进一步理解“均匀”一词。

金属热胀冷缩吗

安徽省合肥市六安路小学中铁国际城校区　袁冰清

一、使用教材

教科版小学五年级《科学》下册第二单元第五课。

二、实验器材

酒精灯，铁、铜、铝等各种金属，自制金属热胀冷缩演示仪。

三、实验创新要点/改进要点

教材中本节课由两个实验组成。实验一是观察铜球的热胀冷缩。将加热前后的铜球依次放入金属环，观察是否都能通过，实验结果是加热前的铜球可以通过金属环，加热后的铜球由于体积膨胀不能通过金属环。将铜球放入冷水杯降温后，又可以通过金属环。但是在课堂上分小组进行实验时，发现以下几个问题：第一，金属球加热之后温度很高，铜球摆来摆去不安全；第二，很多学校给学生配备的铜球装置，手柄是塑料的，在加热时，由于金属导热性好，很容易将塑料熔化从而导致铜球脱落。

实验二是模拟桥观察钢条的热胀冷缩。加热钢条，通过大头针的倾斜来反映钢条的伸长量。同样，我们在实验操作过程中仍然发现一些问题。学生的实验记录单显示，各小组进行实验时普遍加热时间过长，有些用时5min，有些则更长。通过学生的记录，我们还发现有一部分同学没有观察到大头针的倾斜或者现象不明显。

针对以上两组实验的不足之处，我设计了一个金属热胀冷缩演示仪，可以用它来研究金属的热胀冷缩性质。创新点：实验采用了放大100倍的便携式显微镜与手机结合成的观察装置，使学生能通过手机显示屏直观地观察到显微镜头下金属热胀冷缩的变化量。

四、实验原理/实验设计思路

自制金属热胀冷缩演示仪是由支架、待加热的金属、酒精灯和一个观察装置组成。这个由显微镜和手机组成的观察装置是整个实验最重要的部分。金属的热胀冷缩现象并不明显，实验时用肉眼很难观察到，因此以往老师在教学时，往往是通过其他方式间接观察金属的热胀冷缩，而使用我所设计的观察装置能够直接观察到金属热胀冷缩的过程，并且加热时间短，效果明显。

五、实验教学目标

（1）设计并实施探究金属具有热胀冷缩性质的实验。

（2）通过归纳热胀冷缩的现象，得出结论。

（3）培养学生对已有结论的质疑精神。

（4）对探究各种物体的热胀冷缩现象表现出更浓的兴趣。

六、实验教学内容

教材中本节课由两个实验组成，实验一是观察铜球的热胀冷缩，实验二是模拟桥观察钢条的热胀冷缩。针对以上两组实验的不足之处，我设计了一个金属热胀冷缩演示仪，可以用它来研究金属的热胀冷缩性质。这个装置是由支架、待加热的金属、酒精灯和一个观察装置组成。这个由显微镜和手机组成的观察装置是整个实验最重要的部分。由于金属的热胀冷缩现象并不明显，实验时用肉眼很难观察到，以往老师在教学时，往往是通过放大法间接观察金属的热胀冷缩，而使用我所设计的观察装置能够直接观察到金属热胀冷缩的过程，并且加热时间短，效果明显。我们将显微镜的目镜与手机镜头对准，为了方便观察，我将铁丝右端粘上一根针，再将物镜对准金属一端使针尖在显微镜零刻度处。此时我们就能在手机的显示屏上看到这样的画面。点燃酒精灯，我们就能看到金属受热膨胀的过程。具体的操作我将在教学过程中展示。

七、实验教学过程

（1）创设情境，大胆猜想。

课前对学生进行初步调查：金属热胀冷缩吗？同学们对此进行了激烈的讨论，并且在课前寻找到了生活中金属热胀冷缩的例子，比如两条铁轨连接处为什么要留缝隙，大桥的一端为什么要架在滚轴上。但是由于金属的热胀冷缩不如液体和空气的现象明显，所以学生虽然通过查阅资料了解了一些现象，但是对这一过程的认识仍然处于一种模糊不清的状态。

（2）问题引导，制订计划。

那么金属的热胀冷缩到底是怎样的呢？我们如何才能观察到呢？下面

我们就一起来看看如何利用自制金属热胀冷缩演示仪来探究金属的热胀冷缩性质。

（3）小组合作，实验探究。

首先学生选择了铝丝来进行实验，我们来看一看实验如何操作。将实验仪器调节好，点燃酒精灯，我们发现指针在快速伸长。当学生看到这种景象时都惊叹不已，原本用肉眼观察不到的现象，在放大100倍的镜头下竟然如此清晰。熄灭酒精灯，我们发现指针立刻回缩。整个加热和冷却的过程只用了一分钟，效果却十分明显。通过实验我们知道铝具有热胀冷缩的性质，那么其他金属也具有热胀冷缩的性质吗？我将学生分成了几组，选择铁丝、铜丝来进行观察，还有的同学用条状的铝来进行实验。通过学生的记录我们发现这几种金属都具有热胀冷缩的性质。在记录中我们还能发现实验用时很短，现象明显。当然学生还可以利用这台演示仪观察更多的金属。

（4）思维加工，得出结论。

通过探究实验我们知道铝、铁和铜都具有热胀冷缩的性质，通过归纳和推理很多同学会得出这样的结论：所有金属都具有热胀冷缩的性质。那么究竟是不是所有的金属都具有热胀冷缩的性质呢？这个问题的提出是对学生科学素养的一种检测。有些同学对这一结论提出了质疑，他们通过阅读教材中的资料发现自然界中存在着像锑和铋这样热缩冷涨的金属。那么对于这种现象的发现，教师可以给学生留出更多的空间让他们在课下继续探究，来对已得出的结论作出修正。这可以进一步强化学生不可根据一两个事实而作出整体性概括的意识。

八、实验效果评价

本节课的创新之处主要体现在三个方面。

（1）新方法的使用。通过观察装置的创新，向学生展现了他们用肉眼看不见又急于想看到的现象，直观地观察到金属热胀冷缩的过程，加热时间短，现象明显。

（2）新材料的使用。本节课不局限于只研究教材中的一种或两种材料，我们采用了各种金属材料来进行观察，这也使得证据和结论之间的关系更加严密。

（3）新技术的使用。将单纯肉眼观察的实验进行改进，用显微镜与手机连接起来，使得现象更易观察，图像便于保存。

第二部分　中学物理

初中物理

液体压强

天津市汇文中学　董衍坤

一、使用教材

人教版八年级《物理》下册第九章第二节“液体压强”。

二、实验器材

自制仪器、弹簧测力计、水、刻度尺。

三、实验创新要点/改进要点

本节课大胆对传统教学方法进行改进，采用学生熟悉的控制变量法，使用自制仪器通过测量不同面积、不同深度的液体压力，得到液体压强的特点和液体压强大小的计算公式。通过实验对学生形成了视觉的冲击，让学生切实感受到液体压强的存在，探究出影响液体压强大小的因素。改变了传统的转换法和公式推导方法，通过数据的定量分析得到液体压强大小的计算公式。

四、实验原理/实验设计思路

原理：压强定义公式为 $P=F/S$。测量不同面积、相同深度液体的压力，计算相同深度处的液体压强；测量相同面积、不同深度液体的压力，计算不同深度处的液体压强。通过实验数据寻找液体压强的规律和影响因素。

五、实验教学目标

（一）知识与技能

（1）了解液体内部存在压强及液体内部压强的特点。

（2）了解液体压强的大小和哪些因素有关。

（二）过程与方法

（1）通过对演示实验的观察，了解液体内部存在压强。

（2）通过探究实验了解液体压强与哪些因素有关。

（三）情感态度与价值观

（1）在实验操作中培养学生的动手能力，提高理解、分析、解决实际问题的能力，培养学生的科学态度。

（2）让学生感受成功的快乐，体会实验的意义，激发学生学习物理的兴趣。

（四）教学重点

（1）研究液体内部压强的特点。

（2）液体内部压强的大小。

（五）教学难点

通过控制变量法定量分析得到液体压强的特点和液体压强大小的计算公式，让学生直观感受到液体压强的存在，通过实验培养学生的能力。

六、实验教学内容

（1）通过生活实例感知液体压强的存在，学生通过实验一、实验二完成体验过程。

（2）测量液体压强。通过实验三、实验四的具体操作，得到液体内部压强的特点，通过对数据的分析论证得到液体压强大小的计算公式。

七、实验教学过程

（一）感知液体压强的存在

（1）环节一：导入。

把水倒入底部和侧壁封有橡皮膜的圆桶中，发现橡皮膜会向外凸起，说明水对容器底部和容器侧壁都有压强。

（2）环节二：实验一。

在矿泉水瓶的侧壁开三个不同高度的孔，向瓶中注水后，发现最下方的水射出的距离最远，最上方的水射出的距离最近。水射出的距离不同说明同种液体不同深度水的压强不同。

（3）环节三：实验二。

为了让学生感受液体压强的存在，分别在无水和有水时拔起塞子。结果发现有水时塞子更难被拔起，说明水对塞子产生了压强，学生亲自感受到了水的压强的存在。水的深度由浅变深时，分别拔起相同的塞子，发现水越浅，拔起塞子的力越小，说明水对塞子的压力越小。学生们感受到相同面积不同深度处水的压力不同。在此基础上老师提出问题：能否通过测量一定面积上液体的压力得到液体的压强？这激发了学生探究的欲望和学习的兴趣。根据以上感受设计了本节课的实验仪器。

（二）测量液体压强

（1）环节一：实验仪器介绍。

本节课的自制仪器（见图 1）主要为了研究两方面问题。

1）研究相同深度不同面积上水的压力。为了达到目的，在圆筒表面上分别放置了四个面积为 $4cm^2$、$8cm^2$、$16cm^2$、$20cm^2$ 的塞子。实验操作时，为了防止气压影响，塞子上下都必须和大气接触，仪器使用的圆筒下表面未封闭。注水后，为防止浮力影响，塞子和圆筒必须密合，我们采用在圆筒平面和塞子下表面粘贴硅胶的方式解决这个问题，保证塞子提起前水不会流出，从而确保水的深度。

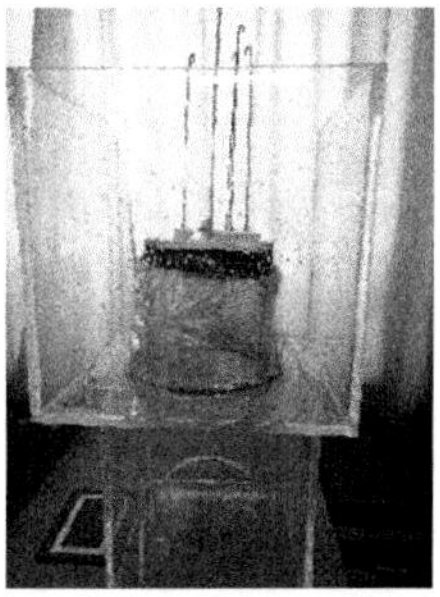

图 1

2）研究不同深度相同面积水的压力。为了改变水的深度，仪器通过上下移动圆筒改变圆筒表面在水中的位置。为了让学生在确定水的深度时操作更加方便，提前在仪器中间活动装置的外壁上分别标注了 10cm、15cm、20cm 三个高度，使实验更易操作，同时减小了实验误差。

当塞子拔起时，水会从圆筒表面的孔中流出，学生们合作探究解决了这一问题。一位同学提起塞子的同时，另一位同学通过向上提起活动装置，把水密封（为了保证密封效果，仍然采用粘贴硅胶的方法完成）。在实验的过程中培养了学生小组合作的意识。

（2）环节二：实验三。

由于塞子有自重（见表 1），水对塞子的压力等于弹簧测力计的拉力减去塞子的自重（$F_{压} = F_{拉} - G$）。首先把水的深度确定为 10cm，用弹簧测力计分别提起四个不同面积的塞子，记下弹簧测力计的示数（见表 2）。

表 1

面积 S/cm^2	4	8	16	20
重力 G/N	0.15	0.2	0.25	0.3

表 2

次数	液体深度 h/cm	受力面积 S/cm^2	拉力 $F_{拉}/N$	液体压力 F/N	液体压强 p/Pa
1	10	4	0.5	0.35	0.875×10^3
2		8	0.95	0.75	0.9375×10^3
3		16	1.7	1.45	0.907×10^3
4		20	2.05	1.85	0.875×10^3

对比发现，在误差允许的范围内相同深度处，液体压力与受力面积成正比，可见液体压强相等。

(3) 环节三：实验四。

改变液体的深度，液体的深度分别为 15cm（见表 3）和 20cm（见表 4），小组合作完成实验，并记录每次的拉力。

表 3

次数	液体深度 h/cm	受力面积 S/cm^2	拉力 $F_{拉}/N$	液体压力 F/N	液体压强 p/Pa
1	15	4	0.70	0.55	1.375×10^3
2		8	1.25	1.05	1.3125×10^3
3		16	2.45	2.20	1.375×10^3
4		20	3.00	2.70	1.35×10^3

表 4

次数	液体深度 h/cm	受力面积 S/cm^2	拉力 $F_{拉}/N$	液体压力 F/N	液体压强 p/Pa
1	20	4	0.85	0.70	1.75×10^3
2		8	1.75	1.50	1.875×10^3
3		16	3.15	2.90	1.8125×10^3
4		20	3.95	3.65	1.825×10^3

通过分析发现，液体深度改变后，在误差允许的范围内，等深度处液体压强仍然相等。以上三组数据的结果充分说明，在同种液体的同一深度，液体向各个方向的压强相等。

（4）环节四：分析液体压强与深度的关系。

分析相同面积上不同深度的液体压强，得到同种液体的不同深度，液体压强随深度的增加而增加〔以下是面积为 $4cm^2$（见表5）、$20cm^2$（见表6）不同深度处液体压强的实验数据〕。同时发现，同种液体的压强与液体的深度成正比 $p=kh$。

表5

次数	液体深度 h/cm	受力面积 S/cm^2	拉力 $F_{拉}$/N	液体压力 F/N	液体压强 p/Pa
1	10		0.5	0.35	0.875×10^3
2	15	4	0.7	0.55	1.375×10^3
3	20		0.85	0.7	1.75×10^3

表6

次数	液体深度 h/cm	受力面积 S/cm^2	拉力 $F_{拉}$/N	液体压力 F/N	液体压强 p/Pa
1	10		2.05	1.85	0.925×10^3
2	15	20	3.00	2.70	1.35×10^3
3	20		3.95	3.65	1.825×10^3

5. 环节五：液体压强计算公式。

液体压强与深度成正比的结论，提醒学生液体压强可以通过压强和深度的关系进行计算。小组之间继续讨论单位面积上的液体压力，根据液体压强的定义公式，发现四个不同面积上的压强与深度的比值接近，其平均数为 $9.05\times10^3N/cm^3$，而 $\rho_{水}G=9.8\times10^3N/cm^3$，在误差允许的范围内，通过评估实验的可行性和数据的可靠性得到液体压强的计算公式 $P_{水}=\rho_{水}gh$。

八、实验效果评价

本节课改传统的定性描述方式为定量描述。通过实验不但对学生形成了视觉的冲击，而且让学生直观地感受到不同深度处液体压力的大小。经历了从信息中分析、归纳规律的过程，培养了学生利用实验数据总结物理规律的能力。自制仪器对学生探究实验过程中的配合能力要求较高，通过实验的全过程，让学生学会了独立思考，并培养了勇于创新的能力。

探究光的反射规律

福建省福安市溪潭中学　黄葛鸿

一、使用教材

人教版八年级《物理》第四单元第二节。

二、实验器材

喷雾器，激光笔，小平面镜1个，光路组合实验台（含三束平行光光源、五束平行光光源、金属杆两个），光学器件（漫反射模拟面镜、凸面镜、凹面镜、凸透镜、凹透镜）。

三、实验创新要点/改进要点

（1）自制喷雾器呈现三维立体光路，建立学生对光线的直观认识（见图1）。

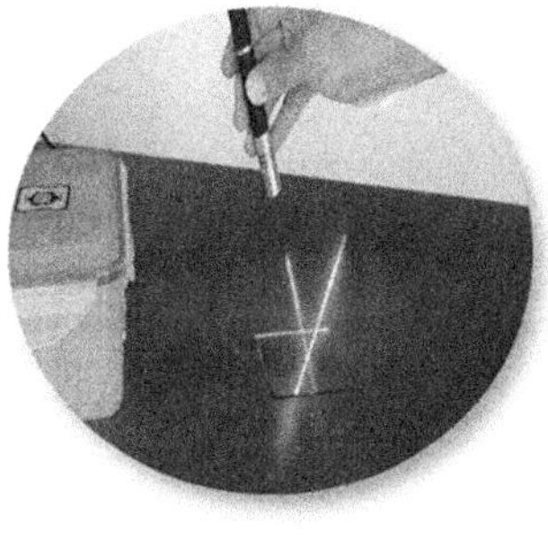

图1

（2）重构实验教学环节，启发学生思维，渗透物理学科素养。教材中实验的本质为验证光的反射规律，本人通过重构教学环节，使课程内容更加符合学生的认知发展规律，使学生真正从探究过程中学习物理的研究方法。渗透物理学科的内涵。

四、实验原理/实验设计思路

（一）原理

根据“丁达尔”现象，利用喷雾器显示光路。

（二）设计思路

（1）通过对三维立体光线的观察体验，建立学生的感性认识。

（2）将三维光路转移至二维平面，简化模型，渗透科学探究方法，提高实验教学效果。

（3）得出结论环节：根据学生的思维习惯，描述光的反射规律，发现问题，解决问题，引入辅助线，展现物理学科的简洁美。

五、实验教学目标

(1) 物理观念：认识光的反射规律。

(2) 科学思维：建立光线模型并简化模型，引入辅助线（法线）。

(3) 科学探究：根据已有现象提出问题、解决问题，并能对实验结论进行合理阐述。

(4) 科学态度与责任：培养创新精神。

六、实验教学内容

(1) 探究光的反射规律；反射角等于入射角；反射光线、入射光线分居法线两侧；入射光线、反射光线、法线三线共面。

(2) 漫反射与镜面反射。

(3) 反射规律在生活中的应用。

(4) 喷雾器应用的拓展。

七、实验教学过程

(1) 呈现三维光路，提出问题，并得出结论。

(2) 化繁为简，将三维光路转化为二维光路。

(3) 学生分组探究：角度关系；平面上的位置关系。

(4) 归纳总结，描述光的反射规律，发现问题，解决问题，引入辅助线，得出结论。

(5) 实验拓展。

八、实验效果评价

(1) 实验器材的创新让光屏上的二维光路跳出光屏，呈现在三维立体空间中，让学生享受更好的视觉体验。它还可辅助解决几何光学的一些教学难点。

(2) 教学环节的重构，更加符合学生的认知发展规律，让学生真正体验科学探究的过程与方法，从而提高学生的科学素养。

声音的传播

广东省中山市小榄镇菊城中学　卢发

一、使用教材

人教版八年级《物理》上册第二章第一节“声音的产生与传播”。

二、实验器材

抽气机、磁悬浮装置、玻璃罩、抽气盘、橡胶圈、压力真空表、蜂鸣器、煤气管、烟饼、打火机、手机、水槽、水、石块、课桌、铁架台。

三、实验创新要点/改进要点

(1) 利用磁悬浮原理将声源悬浮起来（见图 1），演示实验时声源仅与空气接触，从而排除固体因素对实验的影响，能定性地说明空气传播声音的性质。

(2) 在抽气管中增加一个压力真空表（见图 2），便于教师时刻知道罩内的气压值。

图 1

图 2

(3) 往玻璃罩内注入烟雾（见图 3），让学生在抽气过程中能直观地观察到空气随烟雾一起被抽出。

图 3

四、实验原理/实验设计思路

(1) 利用磁悬浮原理将声源悬浮起来，演示空气可以传声。实验时声源仅与所要演示的空气接触，从而在无其他传声因素影响的前提下演示证明：空气可以传播声音，真空不能传声。这符合物理实验探究中控制变量法的基本原理。

（2）让学生利用生活中常见的物品探究固体和液体是否可以传播声音，激发学生的学习兴趣和培养学生的探究能力。

五、实验教学目标

（1）知识与技能：知道声音的传播需要介质。

（2）过程与方法：会描述实验现象，收集有效的信息并根据信息归纳总结，能利用常见的物品进行探究实验，培养学生的探究能力。

（3）情感态度与价值观：激发学生的学习兴趣和求知欲望，使学生乐于探索自然界和日常生活中的物理知识。

六、实验教学内容

（1）演示实验：真空罩中的蜂鸣器：空气可以传播声音，真空不能传声。

（2）学生自主探究实验：固体（见图4、见图5）和液体传声（见图6）。

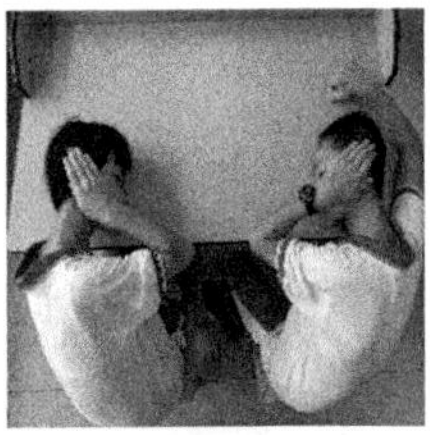

图4

图5

图6

（3）拓展实验：真空罩中的手机（见图7），验证电磁波可以在真空中传播。

图7

七、实验教学过程

实验教学过程如图 8 所示。

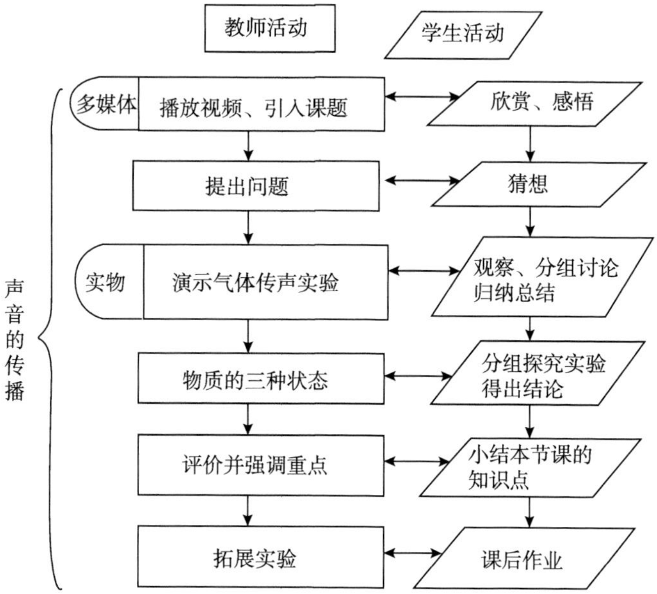

图 8

八、实验效果评价

（1）改进后的实验装置操作简单，效果明显，科学合理地演示并说明气体可以传播声音，真空不能传声。

（2）本节课的设计按照“创设情境——发现问题——观察现象——自主探究”的思路进行，符合学生的认知规律，调动了学生学习的积极性，培养了学生观察、比较、归纳、总结的能力和探究意识。

声音是什么

江苏省南通市第一初级中学　沈翔

一、使用教材

苏科版八年级《物理》上册第一章“声现象”。

二、实验器材

计算机及录音软件、普通耳机、有源蜂鸣器、玩具塑料弹簧圈、皮筋、铁盒、A4 纸、玻璃杯、手电筒、空饮料瓶、铁皮尺、注射器。

三、实验创新要点/改进要点

（1）使用可视的方法呈现声源的振动。

（2）制作发声浮沉子直观体验液体传声。

（3）使用注射器和蜂鸣器改进真空不能传声实验。

（4）使用计算机软件采集声音，采用时差法测量声速。

（5）使用玩具弹簧模拟声波，制作空气炮演示声能。

四、实验原理/实验设计思路

（1）利用浮沉子便于控制悬浮状态的特点制作电子声源。

（2）利用大号注射器抽气法获取近似真空环境，简化原有实验。

（3）利用普通耳机的两个耳塞做麦克风，分别录制两个声道的声音。通过测量耳塞的距离和比较两个声音信号的时间差计算声速。

五、实验教学目标

（1）实验感知发声的物体在振动，验证声音的传播需要介质。

（2）了解声音是以声波的方式传播的，声波具有能量，在模拟声波的实验中发现回声现象。

（3）通过计算机辅助实验知道声音的传播需要时间，知道空气中的声速。

六、实验教学内容

(1) 板块一：声音的产生。

利用身边的物体，使其发声。在设计上考虑到实验的结构化，涵盖了弦乐器、管乐器和打击乐器，同时巧妙的设计使振动现象更明显。

(2) 板块二：声音的传播。

用棉线系住钢尺，另一端塞入耳朵，体验固体传声。用装有电子发声器的浮沉子，使之悬浮在水中，体验液体传声。将电子发生器装入注射器内，封闭开口后抽气，体验真空不能传声。并开展小组活动。

(3) 板块三：声波和声能。

将弹簧一端贴在音响喇叭上，另一端拉长，开启音响，会看到明显的纵波。学生通过塑料弹簧圈模拟声波的传播，同时观察并思考声音的反射现象——回声。通过课上趣味实验、课后的 DIY 空气炮活动了解声能。

(4) 板块四：声音的速度。

将耳机接在计算机上，两个耳塞分开 0.6m 的距离，并在一端敲击发声。两个耳塞分别将收到的声音信号录制到计算机软件中，经过放大和计算得出空气中的声速。在拓展活动中还可以将其和固体中的声速进行对比。

七、实验教学过程

(1) 声音的产生：感知来自生活，体验获取真知。

使用生活中的物品，使其发出声音，比一比谁的方法多。通过对发声物体的观察，你能有所发现吗？

1) 箍在铁皮盒上的皮筋——弦乐器。

2) 吹放有泡沫屑的瓶子——管乐器。

3) 敲打水杯观察水面的振动——打击乐器。

设计意图：将这一组实验生活化、可视化、结构化。生活中司空见惯又常被忽略的现象被巧妙地呈现，帮助学生发现规律。

归纳总结声音的产生和声源的定义。

(2) 探究声音的传播。

1) 声音在固体中的传播。

体验：敲击钢尺实验，体验声音在固体中的传播。

实践：制作土电话活动。

拓展：固体传声在生活中的应用。

2）声音在液体中的传播。

实验改进：通过把电子蜂鸣器装入小瓶中，并使之悬浮，构建纯液体传声路径。

3）声音不能在真空中传播。

创新小组活动：将电子蜂鸣器装入大号针筒中，并向外抽气，听到声音明显减小，几乎听不到。

改进的意义：实验产生的负压小，发声单元结构简单，实验效果明显。

实验小型化，材料生活化，方法趣味化。适合开展小组探究活动，创设完整直观的科学探究体验。

（3）声波。

建模演示：在低音喇叭的驱动下，金属弹簧将波动向外传播。

学生活动：利用玩具塑料弹簧圈，模拟声波的振动。

活动发现：声波的反射现象——回声。

（4）声速。

问题：声音的传播需要时间吗？

常规教学：常以图片、视频展示，学生缺少直观体验。

教学反思：如果能在课堂上直接观察并测量声音在空气中传播的速度，必将给学生留下终生难忘的印象。

实验原理：耳机的两个耳塞分别接收声音，录制到左右两个声道并在软件上显示出来。通过放大和比较两个声道的信号时间差显示并计算声速。

实验方法：①将两个耳塞并排放置，敲击木块，两个耳机录到的声音没有时间差；②将两个耳塞间隔一段距离放置，敲击木块，两个耳机录到的声音有明显的时差。

实验特点：计算机记录声音直观、精确，效果明显。器材简单，成本低廉。软件功能多，可拓展研究，且是中文版免费软件。设计巧妙的计算机辅助实验创新了实验方法，拓展了师生的思维。

实验拓展延伸：①将耳机贴在桌面上，可以观察到固体传声速度比空气快；②通过计算机显示的时间差，可以计算出空气中的声速；③制作成声电门精确计时器。

（5）声音的能量。

动手做：空气大炮。

震撼版——课堂演示；标准版——3D 打印；DIY 版——课外活动。

（6）课堂小结，构建体系。

学习小组归纳总结并描绘本节内知识点的思维导图，构建知识体系。

八、实验效果评价

通过一系列的实验探究，学生对声音的产生、传播，声能等知识有了系统的认识。声音产生的一系列可视化实验使学生有了直观的感知。声音在水中传播的实验改进，排除了所有的干扰因素，使实验结论更有可信度。真空不能传声的实验解决了长期以来的实验困难，效果更加明显，更加适合小组合作探究。

模拟声波实验让学生能直观地看到声波的传播方式，同时能够引导学生发现回声现象。声能实验现象直观，效果明显。计算机对声速的测量大大降低了测声速的难度和知识要求，学生能理解，会操作，懂含义，易拓展。

家庭电路

广西壮族自治区桂林市奎光学校　唐凌峥

一、使用教材

2013 年人教版九年级《物理》第十九章第一节。

二、实验器材

自制 12V 模拟家庭电路操作板：整块木板、12V 直流电源、直流空气开关 1A、自制直流多功能电表、钕铁硼强磁铁、电炉丝、12V 风扇、模拟触电人偶、两孔插座、三孔插座、保险盒、自制电冰箱、12V LED 灯、自制风扇（见图 1）。

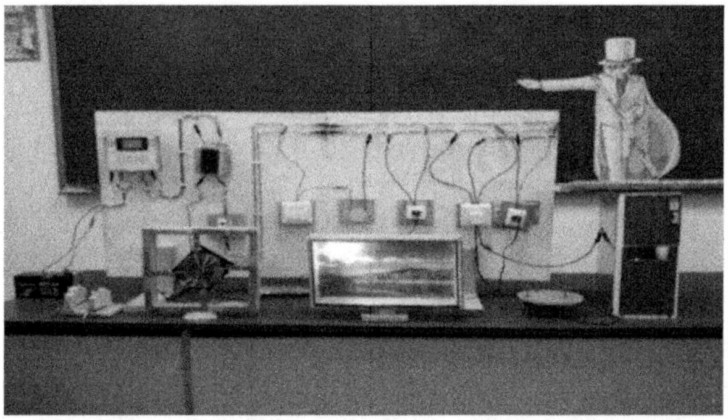

图 1

三、实验创新要点

（1）自制 12V 直流模拟家庭电路操作板（见图 2），能安全地让学生组装家庭电路，从而学习各元件的连接和功能。

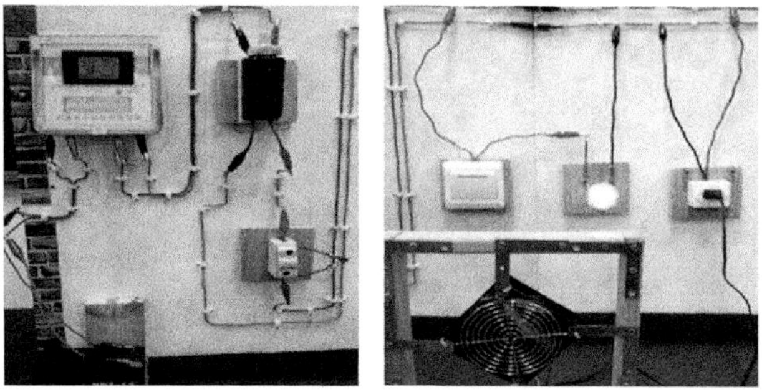

图 2

(2) 设计活动：利用万用表直接测量火线、零线、地线之间的电压（见图 3），使学生更容易理解漏电、触电和接地保护。

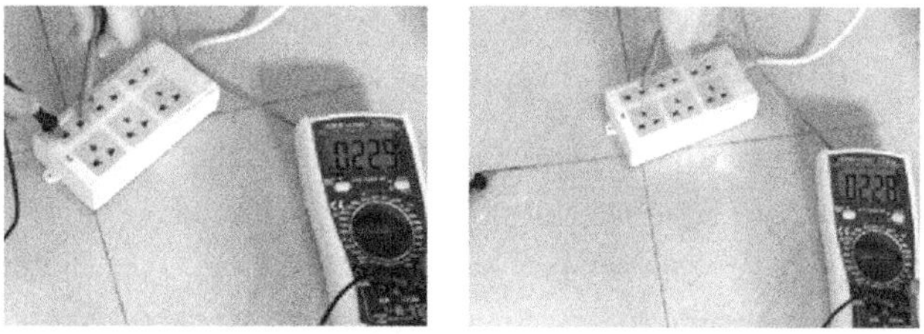

图 3

(3) 用口香糖纸代替保险丝来演示短路的危害（见图 4），还能让学生结合欧姆定律和焦耳定律来分析保险丝的作用。

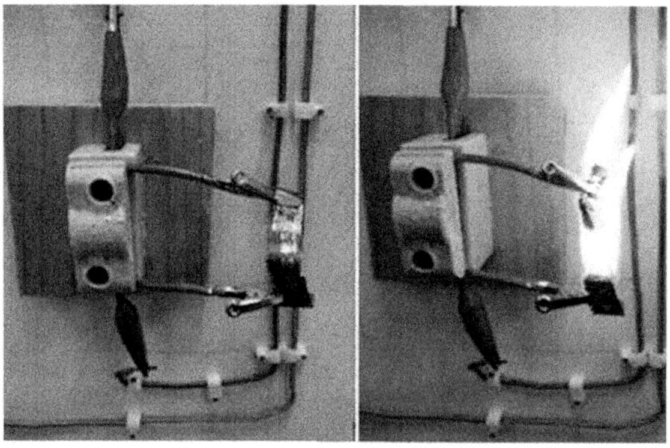

接保险丝　　　　短路烧断

图 4

（4）能安全方便地演示短路导致空气开关跳闸的现象（见图5）。

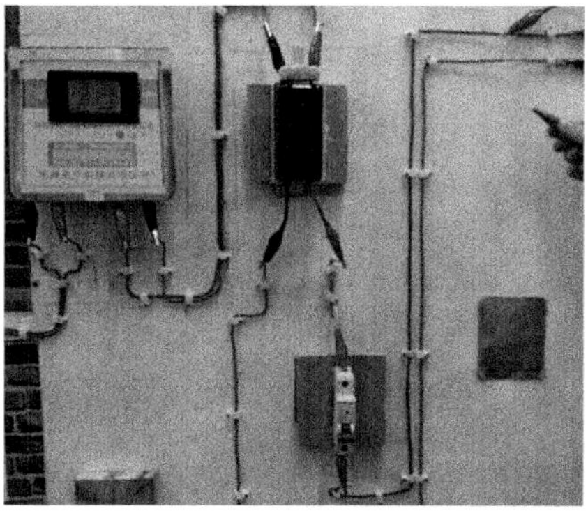

图5

（5）利用自制的多功能电表能演示总功率过大导致电流过大，空气开关跳闸的现象以及导线分压导致电压下降的现象（见图6）。

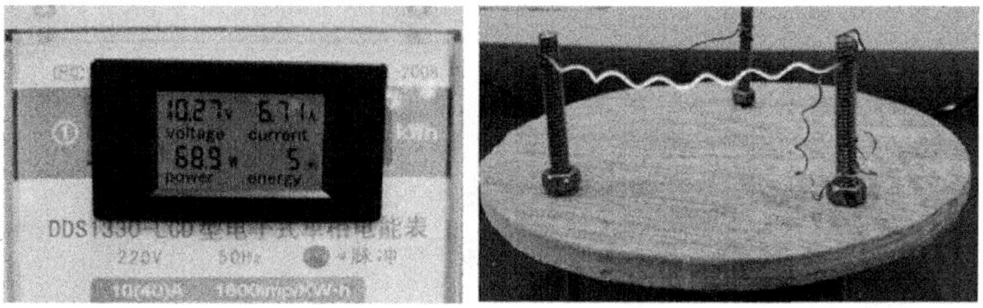

图6

（6）通过自制的电冰箱，更容易演示和讲解外壳漏电和接地保护的原理以及作用（见图7）。

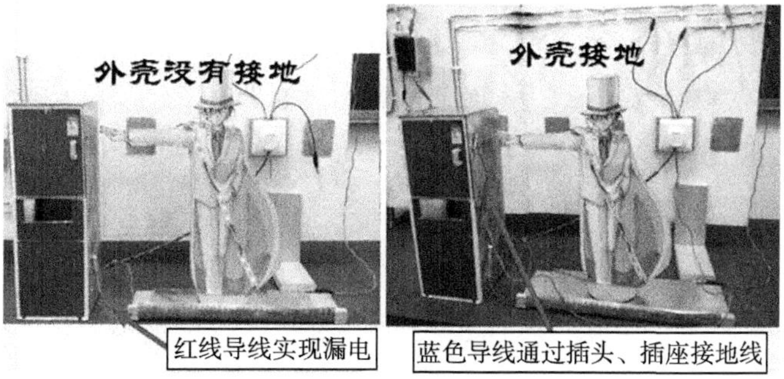

图7

四、实验原理/实验设计思路

（一）实验原理

利用12V直流电源模拟220V家庭电路，正极引出一根线模拟火线，负极引出两根线，一根模拟零线，一根模拟地线与铁板制成的大地相连。

（二）设计思路

“家庭电路”是九年级物理教材中将电学知识应用于生活实际的典型课例，通过本节课的学习，可以使学生了解家庭电路的组成和日常生活用电常识。这节课的内容同生活实际联系较密切，应让学生多观察，多讨论发言。由于大多数知识学生有常识性了解即可，课堂容易变得平淡、乏味。现在的学生多居住在楼房里，在生活中对于家庭电路的组成缺少直观观察机会，影响了学生获得感性认识。因此家庭电路的呈现必须充分、直观，以引发学生的疑惑，激发学习的欲望。

五、实验教学目标

（一）知识与技能

（1）了解家庭电路的组成及其作用，有初步的安全用电常识。

（2）了解三线插头与接地保护和安全用电的关系。

（3）了解用试电笔判定火线与零线的方法。

（二）过程与方法

（1）通过观察和实验，学习家庭电路的组成及各部分的功能，从而培养学生主动参与研究问题的能力。

（2）通过学习活动，提高学生对事物的观察能力和分析能力。

（三）情感、态度与价值观

通过对家庭电路各组成部分的学习活动，激发学生的学习热情，帮助他们树立安全用电的意识，帮助他们培养学生理论联系实际的能力。

六、实验教学内容

（1）认识进户线。

（2）试电笔。

（3）家庭电路的组成及各元器件的功能：①电能表；②总开关；③保险盒。

（4）用电器、插座、开关的连接方式。

（5）短路的危害和保险丝的作用。

（6）空气开关跳闸的原因：①短路；③总功率过大。

（7）三孔插座与接地保护。

七、实验教学过程

（一）引入新课

通过一个模拟触电的实验来提高学生的学习兴趣。提问：为什么这两根进户线中只有一根会使人触电，这根是什么线？同时你们还知道家庭电路由哪些部分组成吗？这节课我们就来学习家庭电路的组成。

（二）进行新课

（1）认识进户线——火线和零线：让学生自学火线和零线的概念，教师演示利用万用表测量火线、零线、地线之间的电压。

（2）试电笔：展示 PPT，同时让学生进行小组实验，拆装试电笔，了解试电笔的构造和测电原理，同时演示正确的使用方法，让学生用试电笔辨别火线和零线。

（3）家庭电路的组成：展示模拟家庭电路示教板。引导学生实验探究家庭电路的组成，让学生实验后上讲台展示家庭电路的组成元器件及其相应名称。

（4）家庭电路各元器件的功能：分别介绍电能表、总开关、保险装置、用电器、开关、插座等装置，并让学生小组讨论各元器件的功能。电能表：安装在干路上，在总开关之前，测量用电器消耗电能的多少；总开关：串联在干路中，控制室内全部电路的通与断；保险盒：电路中电流过大时，保险丝熔断，自动切断电路，起到保护作用。

（5）重点：让学生自主实验探究开关与灯泡、插座的连接方式。①为什么开关只安在火线和灯泡之间。②两孔插座的接线方法。③各用电器（插座）怎样接在电路中。

（6）演示保险丝的作用以及演示短路的危害（用锡纸代替保险丝来演示短路的危害）。提问：锡纸为什么燃烧起来？锡纸烧断后能起到什么作用？思考分析：为什么保险丝要接在火线上？

（7）演示短路导致空气开关跳闸的现象。提问：空气开关起到了什么作用？与保险丝相比有什么优点？

（8）重点：演示三孔插座的接线方式，以及电冰箱外壳漏电和接地保护的作用。根据观察交流讨论以下问题：①为什么有时候外壳会漏电？②三孔插头的上端与什么相连？两孔插座的接线方法是什么？③为什么家用电器的金属外壳接地后，即使外壳带电，人接触了外壳也不会对人体造成危害了？

（三）课堂小结

小结 PPT 演示。

（四）课堂高效训练

10min 内完成分发的训练。

八、实验效果评价

（1）利用自制教具大大提高了课堂效率。通过自制教具能直观呈现家庭电路，让学生在观察、思考、讨论和动手实践中掌握知识，降低了理解的难度，体现了“从生活走向物理，从物理走向社会”的课标理念。

（2）课堂上还设计了大量探究性的问题，比如，为什么保险丝要接在火线上，为什么家用电器的金属外壳接地后，即使外壳带电，人接触了外壳也不会对人体造成危害了，等等。这些问题提高了学生的兴趣，淡化了知识点的传授，强化了对疑难问题的探究。

声音的特性

辽宁省锦州市第八中学　张士良

一、使用教材

人教版八年级《物理》上册第二章第二节“声音的特性”。

二、实验器材

自制发音齿轮（减速电机，有机玻璃齿轮），自制演示用六孔横笛，风筒，饼干盒（马口铁，不同规格），薄厚不同的橡皮膜，粗细不同的橡皮筋，吸管，透明胶，剪刀，钢板尺，啤酒瓶，示波器，竹筷子。

三、实验创新要点/改进要点

（一）创新点

（1）授课过程中使用了大量的自制教具，丰富了实验内容。

（2）使用生活中常见的物品进行实验，使实验更加贴近学生，使实验具有延伸性，学生喜闻乐见，体现了“物理来源于生活”的科学理念。

（3）发挥了学生的主动性，创设了大量的开放性实验，由浅入深建构学生的知识体系。

（二）不足之处

（1）因为实验过于强调学生的主观能动性，所以有部分同学的实验最终目的和教师设计的教学目的有差距。

（2）由于课时限制，有的实验小组对教师准备的实验用品没有完全用到，另外学生展示时间不充分。

（三）改进方法

（1）实验前先让学生讨论一下用桌面上的器材可以做成哪些小“乐器”，给学生一个总体方向。

（2）应该不拘泥于课时限制，真正让学生成为课堂的主人，把培养学生的发散思维和创新意识放到第一位，必要时可以增加半课时。

四、实验原理/实验设计思路

让每个学生在物理课上都能有一次成功的体验作为设计理念。将实验作为整个教学过程的主线，教师作为一个平等的参与者和引导者。通过发现、搜集、设计甚至是创造实验器材来培养学生的操作能力和科学素养，帮助他们树立“身边处处有物理”的意识，鼓励学生养成利用生活中的常见物品进行科学探究的好习惯。

五、实验教学目标

（一）知识与技能

(1) 知道响度、音调、音色是声音的三个特性。

(2) 知道响度与振幅（距离声源远近）的关系、音调与频率的关系，了解音色与发声体材料、结构和振动方式有关。

（二）过程和方法

(1) 通过演示、观察、探究、讨论等方法，培养学生亲力亲为和比较、归纳、总结问题的能力。

(2) 通过探究“响度与振幅的关系”和“音调与频率的关系”，能从中体验转换法与控制变量法等科学探究的方法。

（三）情感态度与价值观

(1) 从活动中激发和培养学生的学习兴趣，学生通过参与和体验调动起学习的积极性并获得成功的体验。

(2) 体会现实世界中物体的发声是丰富多彩的，培养学习声乐基础知识的兴趣，提高音乐审美能力。

(3) 通过介绍我国在研究声现象方面的成就，渗透中华民族文明史的教育。

六、实验教学内容

(1) 实验一：教师和学生课堂上用不同乐器演奏《小星星》，引导学生发现声音的大小、高低和各种乐器听起来感觉不同，引入课题。

(2) 实验二：学生利用教师准备的生活中常见的物品，自制一些简单的小“乐器”并进行展示，从感官上初步发现发声体发声部分大小、松紧、长短等对音调的影响，发现声音的大小与演奏时所用力度有关，发现所做的乐器音色不同。

(3) 实验三：教师和学生合作进行自制发音齿轮的演示实验，使学生知道振动得越快音调越高，振幅越大响度越大。

（4）实验四：用示波器演示同学们的“乐器”发出声音的波形，加深学生对频率和波形图的理解。

七、实验教学过程

具体教学过程主要包含四个环节：引入新课，音调频率，响度音色，总结反馈。

（一）引入新课

在课题引入环节，我邀请学生和我一起演奏乐曲《小星星》。在演奏过程中，我故意将音调提高一个八度，同时发出的声音的响度比较小一些。

邀请学生演奏，给学生搭建平台，提供一次展示自己的机会，使学生得到音乐和物理课给自己带来的快乐。演奏后教师请学生对三个乐器从声音的角度进行评价，引导学生说出吉它听起来调高、声音小，得出声音有大小和高低不同、而且每种乐器听起来感觉不同的结论，从而引出本节课的课题。

（二）音调频率

第二环节音调频率教学过程中采取从感性到理性、逐步深入的方式，具体分为四步完成。

（1）第一步：感性认识音调的高低特点。

在讲解音调高和音调低的特点时，我找了多位平时不太爱发言、学习物理暂时有困难的同学，让他们都说“张老师你真帅”这句话。这六个字中包含着老师的良苦用心：第一，可以增加这部分同学的存在感，让他们感受到自己也是物理课上的一员，拉近他们和老师及物理课堂的距离，把一部分同学拉回到课堂上，同时增加趣味性；第二，通过同学们总结可以得出音调高的特点是尖细，音调低的特点是低沉；第三，感受不同人的声音特点，为音色的讲解奠定感性认识基础。

（2）第二步，分组实验探究短小薄细紧的物体音调高。

给学生提供生活中常见的物体，让学生自主讨论、设计实验方案，根据教师提供的材料自主决定探究方向。物理教学当然要紧跟时代科技的发展，关注前沿科学，使用一些“高大上”的特定实验仪器，但物理又来源于生活，服务于生活，提供生活中常见的物体，可以使实验更加接地气，使学生感受到自己就生活在物理中，只是自己不善于发现和总结物理现象。另外，这也使实验教学具有了延伸性，学生在家也可以自己开发学习资源，自主进行实验探究的过程，达到提高学生实验素养的大目标。再有，没有特定的研究方案，使实验具有开放性，有利于培养学生的发散思维。当然也有部分同学比较茫然，这时就需要教师进行引领和指导。

探究结束后，以小组为单位到台前展示实验成果，主要完成的实验有：

1）大小相同的饼干盒和厚度不同的橡皮膜，用相同的力度敲击，感受音调的不同，得出薄的物体发出的音调高。

2）大小不同的饼干盒、厚度相同的橡皮膜，用相同的力度敲击，感受音调不同，得出小的物体发出的音调高。

3）用啤酒瓶装不同深度的水，用筷子敲击和用嘴吹风，感受音调的不同，得出短的物体发出的音调高。

4）用吸管和剪刀制成吸管笛子，边用剪刀剪短边感受音调的不同，得出短的物体发出的音调高。

5）用长度相同、宽度不同的橡皮筋做成橡皮筋琴，感受音调的不同，得出细的物体发出的音调高。

6）用长度不同、宽度相同的橡皮筋，感受音调的不同，得出紧的物体发出的音调高。

7）改变钢板尺伸出桌面的长度，用相同的力度拨动钢尺，感受音调的不同，得出短的物体发出的音调高。

通过探究实验，让学生在会判断音调高低的基础上，进一步知道，越短、小、薄、细、紧的物体发出的音调越高。

（3）第三步，我和学生共同完成了发音齿轮的演示实验。

这个实验使学生们知道，音调高是因为发声体振动得快，也为频率概念的引入铺平了道路。在讲解波形图的知识环节，我依然是按照从感性到理性的过程，首先让学生观察物体振动的慢镜头播放，再讲解波形图的波峰、波谷、波长、振幅的概念。

（4）第四步：认识音调是由频率决定的。

让学生用自己所做的乐器检验波形图的疏密程度和音调的关系。虽然有的乐器由于学生弹奏方法的问题，波形变化不是特别理想，但学生还是乐此不疲。然后教师用音叉进一步验证同学们得出的物体振动频率越快、波形图越密、音调越高的结论、再让同学用麦克风发出声音，观看波形图，知道音调是由频率决定的。

（三）响度和音调

因为学生对声音已经有了充分的感知和认识，对音调的理解深入骨髓，所以在响度和音色的教学过程中，水到渠成，不会遇到任何麻烦。

（四）小结反馈

课堂小结后，带领学生进行练习，反馈教学成果。

在练习过程中，能用实验验证的尽可能不用语言进行空洞的解释。比如在讲解一道习题的过程中，我用自制的六孔横笛演示器，让学生真正看到笛子中空气是如何振动的，学生一目了然，记忆深刻。

八、实验效果评价

学生在探究操作的过程中获得了知识和快乐，体验到了成功的喜悦，对物理和身边的世界产生了兴趣，教学效果很好。

声音的产生与传播

新疆维吾尔自治区石河子市第十中学　张菀玉

一、使用教材

人教版八年级《物理》上册第二章第一节“声音的产生与传播”。

二、实验器材

计算机、PVC 管、土电话、播放器、磁悬浮组件、真空罩；皮筋、泡沫盒、手摇鼓、气球、音叉、乒乓球、棉线、松香、纸杯、铁架台、水、黄豆、水槽、抽气机。

三、实验创新要点/改进要点

（1）发音盒这个装置是在书本实验的基础上改进的。泡沫盒就是咱们实验室装电流表的盒子。用泡沫盒将橡皮筋绷紧，在拨动橡皮筋时可以明显看到振动。而且利用泡沫盒的摩擦力可以方便快捷地改变橡皮筋的松紧程度，在产生声音的同时还会产生音调的变化，为后面学习“声音的特性”做好铺垫。这个装置在“声音的特性”一节也可以重复使用。

（2）在讲述真空不能传声时，书本上的实验中虽然用泡沫塑料将闹钟与底座隔开，但从视觉上，学生会想到依然能够听到微弱声音的原因是泡沫带动底座，固体传声。因此对书本的实验进行了改进，利用磁悬浮原理，将声源放在悬浮物体上，声音接收器放在玻璃罩内，利用声波传感器将声音的变化显示在屏幕上。让学生一边听声音的变化，一边看波形的变化。

四、实验原理/实验设计思路

（1）发音盒这个装置是利用泡沫盒的摩擦力，可以方便快捷地改变橡皮筋的松紧程度，在产生声音的同时还会产生音调的变化。

（2）检验真空不能传声时，利用磁悬浮原理，将声源放在悬浮物体上，声音接收器放在玻璃罩内，利用声波传感器将声音的变化显示在屏幕上。

五、实验教学目标

（1）知道声音是由振动产生的。

（2）知道声音的传播需要介质，知道声音在不同介质中的传播速度不同。

（3）初步了解一些物理方法。

六、实验教学内容

（1）学生对声音的产生与传播的探究。

（2）设计简单探究实验。

（3）声现象的简单分析、解释。

七、实验教学过程

引课：学生做小游戏“你做我猜”（写字，看书，在十中我精彩，我快乐）。

引入课题：声音是怎样产生和传播的？

学生活动：①学生做小游戏“你做我猜”（写字，看书，在十中我精彩，我快乐）；②小组进行一些振动发声实验，讨论声音产生的共同特征。③学生讨论怎样将不明显的振动转化成我们看得到的现象来观察（转化法）。

（1）声音的产生。

小组自主设计一些创意发声实验，重点观察发声物体和发声关键动作，讨论声音产生的共同特征。

小结：发声体的共同特征：声音是由物体的振动产生的。

质疑：发声物体真地在振动吗？你能清楚地观察到吗？

学生讨论，并观察振动。

演示实验（师生共同演示）：①敲打音叉，放入水中、旁边放乒乓球；②握住振动的音叉，用手感觉振动等；③敲鼓，鼓面上洒水溅起水花（强调物理方法：转换法）。

指导学生分析归纳，得出结论：声音是由物体的振动产生的。

（2）声音的传播。

寻找声源：学声闭上眼睛找出老师发声的位置。

提问：你们是怎么发现老师的位置的？那老师的声音是怎样传过去的？

引出：声音可以在空气中传播。

学生讨论：声音还可以在哪里传播？并找到现象证明（可以根据生活中的经验或者小实验）。

学生举例：钓鱼、伏地听声、敲桌子、游泳等。

实验：①土电话；②播放器放在液体中发声。

得出：固体、液体可以传播声音（固体、液体、气体统称传声介质）。

提问：没有介质还能传声吗？

实验演示：真空罩、磁悬浮。

小结：真空不能传播声音。

指导学生分析归纳，得出结论：声音的传播需要介质。固体、液体、气体都能传播声音，真空不能传声。

学生活动：①小组讨论声音除了在气体中还可以在哪里传播；②学生合作演示土电话实验；③观看真空罩实验。

八、实验效果评价

通过这节课，培养了一些学生的学习兴趣，学生的动手能力有所提高，实验的规范性也得到了提升，同时也渗透了科学的研究方法。当然，综合素养的提高需要一个漫长的过程，让我们一起行动，坚持重视实验教学，重视孩子们的能力培养，孩子们的综合素养一定会得到提高。

光源　光的传播

黑龙江省哈尔滨市旭东中学　赵晓娟

一、使用教材

教科版八年级《物理》上册第四章第一节“光源　光的传播”。

二、实验器材

自制光学演示箱，不均匀糖水溶液，自制平行光源，加湿器，强磁体若干，红绿色激光笔。

三、实验创新要点/改进要点

（一）光学演示箱

（1）就地取材制作教具，在一个实验箱中能够完成本节课需要的光在空气中、水中、玻璃中的传播，以及光从空气斜射入水中、光从空气斜射入玻璃中、光斜射向镜面、光垂直射向介质表面七个实验，节省时间，大大提高了课堂效率。还有多个拓展试验，比如：探究光的反射定律，反射角与入射角的关系；反射时光路的可逆性，红绿两种颜色的笔光线重叠对比，学生很容易就明白了在反射时什么是光的可逆性，直观形象；可以演示玻璃砖的错位现象；探究光的折射规律；轻松呈现镜面反射现象；漫反射现象；凸透镜的会聚作用；比较凸透镜的会聚能力强弱；凹透镜的发散作用。这个装置能用于整个光学内容的学习，能轻松呈现多个光学现象，非常实用方便。

（2）不需要准备很多仪器，且器材集中安全，便于携带。如果按常规方法，需要准备很多仪器。把需要的器材集中在一个箱子中，便于携带，玻璃器皿固定，安全性大大提高。

（3）用加湿器代替蚊香，更加安全环保。雾量随时可控。

（4）实验效果明显，增加了实验的可视性、真实性，可操作性强，很实用。

（二）不均匀糖水溶液的配置

光在不均匀介质中的传播实验难度较大，一直是困扰我们的问题。多年以来，总是借助图片或者视频，学生没有感性认识，缺乏真实感受。尤其不均匀介质的配置，一直没有更好的办法，有人试过但配备过程复杂，时间长且不易成功。我们也是经过多次试验，不断地尝试，从食盐，蜂蜜，一直到白糖，最后终于成功，而且方法简单很容易成功。变演示实验为分组实验，配备一个班的实验糖水，可以全学年重复使用，只要不搅动或者剧烈晃动，实验现象一直很明显，增强了学生的真实体验，实验效果好！

改进要点：我们的做法是，用开水把白糖溶化成糖稀状态，再配置成四种左右浓度不同的糖水溶液，用实验室的长颈漏斗先注入清水，再按浓度从小到大分别把溶液逐层注入水槽，使溶液分层。方法简单，容易成功，且实验效果非常明显，顺利突破教学难点。

四、实验原理/实验设计思路

（一）实验目的

实验探究光总是沿直线传播吗？

（二）设计思路

问题的设置符合学生的认知规律。通过由浅入深的三个问题的逐一解决，层层递进地突破了本节课的教学重点，从而完善了学生的原有认知，顺利完成了教学任务，使学生知道自己原有的认知是错误的，并明确得出了光沿直线传播的条件是：光在同种均匀介质中沿直线传播。

（1）问题一：如何显示光路？

利用身边常见的器材小喷壶和激光笔进行演示，引导学生借助水雾的环境看到光在空气中的传播路径。并由此获得灵感，在水中滴入少许牛奶或墨水，也可以显示光的传播路径。

（2）问题二：光是如何传播的？

利用改进教具，使学生分组实验，小组合作记录观察现象，收集证据，分析论证。

（3）问题三：光总是沿直线传播的吗？

渗透分类思想，根据收集的证据归纳总结出实验结论。

五、实验教学目标

(1) 知识与技能：理解光沿直线传播的条件，能解释光沿直线传播的一些现象及应用。

(2) 过程与方法：通过实验探究经历实验活动，通过观察讨论与分析过程，认识光沿直线传播是有条件的。

(3) 情感态度与价值观：通过实验情境教学，使学生体会物理来源于生活，再应用到实际中。培养孩子对生活和物理科学的热爱，培养他们的探究能力，使他们获得成就感，建立自信。

(4) 重点：设计与组织关于“光总是沿直线传播吗”这一问题的探究活动，作为本节的教学重点。

(5) 难点：突破光在不均匀介质中的传播实验，改变学生认为光总是沿直线传播的原有认知，这是教学难点。

六、实验教学内容

(1) 环节一：激情设疑，引入新课。

在引入新课环节，播放一段精彩的激光舞表演，让学生思考：你都看到了什么？光又是怎样传播的呢？从而很自然地引入课题，引出了光源的定义。

(2) 环节二：巧妙点拨，实验探究。

问题一：如何显示光路？

利用身边常见的器材小喷壶和激光笔进行演示，使学生借助水雾的环境看到了光在空气中的传播路径，并由此获得灵感，在水中滴入少许牛奶或墨水也可以显示光的传播。

问题二：光是如何传播的？

实验改进1：自制光学实验箱。学生进行实验，观察现象，收集证据。

(3) 环节三：对比梳理，归纳总结。

学生通过实验发现光在空气中、水中、玻璃中都是沿直线传播的，而当光遇到物体时，在两种介质的表面传播方向发生了改变。由此归纳得出，光在同种均匀介质中沿直线传播。

(4) 环节四：敢于质疑，大胆创新。

问题三：光总是沿直线传播的吗？

从而引出不均匀糖水的配置。

实验改进2：不均匀糖水的配置。学生进行实验，光在不均匀糖水中传播方向发生弯折。现象对比明显，引起学生认知冲突，使学生明白在同种介质中光不一定沿直线传播，只有在同种均匀介质中光才能沿直线传播。并使学生对于“均匀”这一条件有了透彻的理解。

至此，通过三个问题的逐一解决，层层递进地突破了本节课的教学重点，从而完善了学生的原有认知。顺利完成了教学任务，使学生知道自己原有的认知是错误的。并明确得出了光沿直线传播的条件是：光在同种均匀介质中沿直线传播，

（5）环节五：实践应用，关注生活。

小结与作业：思考题留作课后作业，并自学完成光速等剩下的内容。

七、实验教学过程

教学过程分为如下五个方面：激情设疑，引入新课；巧妙点拨，实验探究；对比梳理，归纳总结；敢于质疑，大胆创新；实践应用，关注生活。

下面我将重点阐述实验探究环节。

（一）环节一：激情设疑，引入新课

首先在引入新课环节，播放一段视频，一段精彩的激光舞表演，带给学生强烈的视觉震撼。并让同学们在观看视频的同时思考，你都看到了什么？光又是怎样传播的呢？对于光我们并不陌生，如果没有光，我们什么也看不见，我们要看见物体，必须有光进入我们的眼睛，但光从哪里来？很自然地引入课题，并引出了光源的定义。

光源发出的光是沿怎样的路径传播的呢？带着这样的疑问，就进入了实验探究环节。

（二）环节二：巧妙点拨，实验探究

在观看视频时，有的学生会说，在舞台上我还看到了烟雾，这是为什么呢？引导学生知道这是因为要利用烟雾看清光在空气中的传播路径。生活中大多数情况下都看不到光路，学生缺少直观的感性认识。怎样才能看清楚光在空气、水等介质中的传播路径呢？

问题一：如何显示光路？

针对这一问题，我的做法是，利用身边常见的器材小喷壶和激光笔进行演示，学生借助水雾的环境看到了光在空气中的传播路径。这一做法器

材易得，而且现象直观，对比明显。学生印象深刻，并由此获得灵感，在水中滴入少许牛奶或墨水也可以显示光的传播路径。这时候学生的热情已被调动起来，跃跃欲试想马上动手实验。（教师演示借助水雾的环境显示出光的传播径迹。）

解决了显示光路的问题，那么，光究竟是怎样传播的呢？

问题二：光是如何传播的？

根据刚才的激光舞视频、我的现场演示以及小学的知识储备，学生不难得出光在空气中是沿直线传播的。那么光在玻璃、水等其他介质中，也总是沿直线传播的吗？教材中采取的方式是将激光束分别射到如桌面、平面镜、玻璃等光滑物体表面，观察光的传播径迹。传统做法所需器材多，实验时间长，不便于操作，尤其在光的反射和折射上效果不明显（打出教材片段放大）。所以我进行仪器改进，自制光学实验箱。最后在一个实验箱中就能把这节课所需要探究的实验基本都能演示，而且现象非常明显，大大提高了课堂效率。把演示实验变成分组实验，让学生亲身体验，激发出学生学习的原动力。

实验改进1：自制光学试验箱。

优点：①在一个实验箱中能够演示多个实验，节省时间，提高课堂效率；②不需要准备很多仪器，且器材集中安全，便于携带；③用加湿器代替蚊香，更加安全环保；④实验效果明显，增加可视性，可操作性强。

（三）环节三：对比梳理，归纳总结

图1　光在空气中

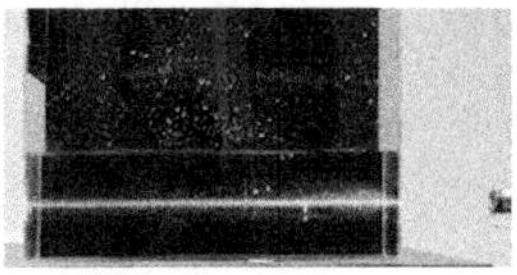

图2　光在水中

图3　光在玻璃中

光在空气中（见图1）、光在水中（见图2）、光在玻璃中（见图3）都是沿直线传播的（教师演示）。请看现象，清晰全面。可以得出，光在空气、水、透明固体中沿直线传播。

教师继续实验，演示光从空气斜射入水中的折射现象（见图4）、光从空气斜射向小平面镜的反射现象（见图5），以及光从空气进入玻璃砖的现象（见图6），同时配有学生实验的图片。我们发现光在空气、水、玻璃中都是沿直线传播的，但在两种介质的交界面光的传播方向发生了改变，对实验现象进行分析归纳，学生很容易得出光在同种介质中沿直线传播。这个偏折现象也为后面的光的折射的学习留下了伏笔。

图4　空气斜射入水中

图5　空气斜射小平面镜

图6　空气斜射入玻璃

一定还有学生有所质疑，这时候就给出问题三。

（四）环节四：敢于质疑，大胆创新

问题三：光总是沿直线传播的吗？从而引出不均匀糖水的配置。

实验改进2：不均匀糖水的配置。

光在不均匀介质中的传播实验难度较大，一直是困扰我们的问题。这么多年以来，总是借助图片或者视频，学生没有感性认识，缺乏真实感受。尤其不均匀介质的配置，一直没有更好的办法，有人试过但配备过程复杂，时间长且不易成功。我们也是经过多次试验，不断地尝试，从食盐、蜂蜜，一直到白糖，最后终于成功，而且方法简单很容易成功。变演示实验为分组实验，增强学生的真实体验。

教师演示：光在均匀的水中沿直线传播，在不均匀糖水中发生弯折（见图7），对比强烈，引起学生认知冲突，使学生明白在同种介质中光不一定沿直线传播，只有在同种均匀介质中光才能沿直线传播。使学生对于“均匀”这一条件有了透彻的理解，也让学生有了强烈的感性认识（见图8），大大提高了课堂效率。

图7　光在不均匀糖水中的传播

图8　学生实验的图片

借助教具的改进，使教学难点得以顺利突破。至此，三个问题逐一解决，层层递进地突破了本节课的教学重点，从而完善了学生的原有认知，顺利完成了教学任务，使学生知道自己原有的认知是错误的。并明确得出了光沿直线传播的条件是：光在同种均匀介质中沿直线传播。

（五）环节五：实践应用，关注生活

思考：安装电梯时，需要电梯轨道装得又正又直，如果从极高的楼顶系一条重垂线，这样的操作并不容易。请你利用今天所学的知识帮工作人员解决这个难题。

小结与作业：上面的思考题留作课后作业，山并自学完成光速等剩下的内容。

物理是一门以实验为基础的学科，而实验教具一直是为教学服务的。对于不均匀糖水的配置，可以与各位同仁共享一下。

（1）不均匀糖水溶液的配置。

装置简介：①亚克力板制作的水槽,建议不要过宽过高（见图 9）；②配置浓度不同的糖水,用长颈漏斗分别注入（见图 10）。

图 9

图 10

我们是用开水把白糖溶化，变成糖稀状态。再分别配置三到四种浓度不同的糖水，加上一杯清水，用长颈漏斗注入把溶液分层。最先注入的是清水，然后浓度逐渐增大，分别注入。静置一段时间就可以用了。配置方法简单易行，很容易成功。而且配备一个班的分组实验，全学年都可以使用。只要不是剧烈晃动，现象一直非常明显。

下面展示光学实验箱，除了本节课外它还有其他拓展应用。

（2）光学实验箱的拓展应用。

教师开始演示。

1）请看可以探究光的反射，应用于反射角和入射角关系的教学（见图 11）。

2）反射时光路的可逆性。两种颜色的笔光线重叠对比，学生很容易就明白了在反射时什么是光的可逆性。

3）可以演示玻璃砖的错位现象（见图 12）。

4）下面用平行光入射到小平面镜上，镜面反射现象直观呈现（见图13）。

5）入射到不平的平面镜上，漫反射现象明显（见图14）。

6）可以演示的折射现角（见图15）。

图11　光的反射，反射角和入射角关系

图12　玻璃砖的错位现象，反射时光路可逆性

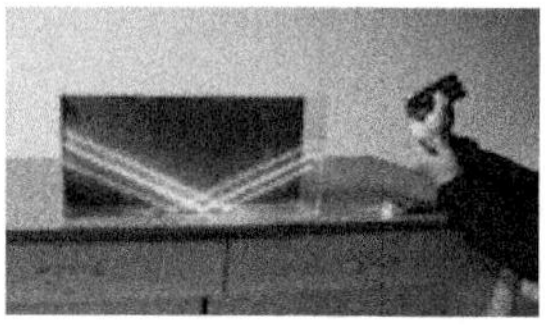

图13　镜面反射

图14　漫反射

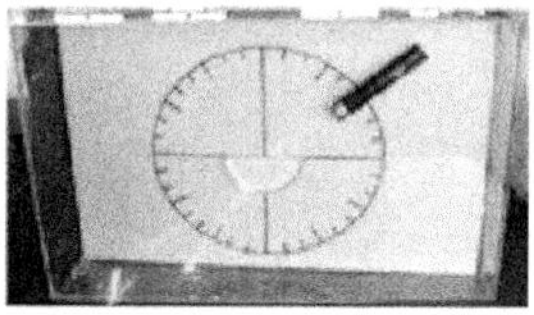

图15　光的折射

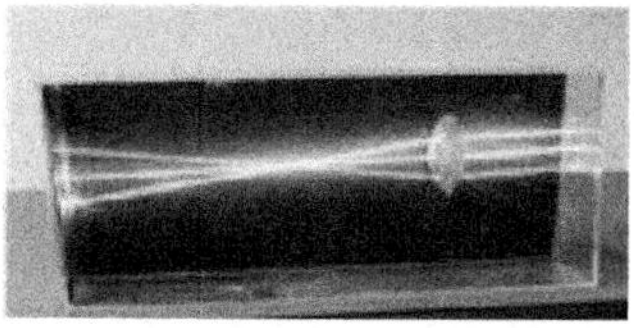

图16　凸透镜的会聚

图17　凹透镜的发散

7）可以演示透镜对光的会聚作用、发散作用（见图16、见图17）。两个器材上下对比，上凸下凹。教师用点光源演示，还可以比较两个口径相同但薄厚不一样的凸透镜的会聚能力，厚透镜焦距小，会聚能力强。

这个箱子可以应用于整个光学内容的教学，将抽象的物理知识直观化、形象化，增强物理实验的可视性和真实性，大大提高课堂效率。物理来源于生活，也将应用于生活。利用身边常见的以及实验室都有的器材稍加改进，就把看似神秘的物理知识呈献给学生，破除物理的神秘感，加强学生科学素养的培养。在以后的教学中，我将会继续改进教具来为教学服务。

八、实验效果评价

本节课的最大亮点是，就地取材制作教具，实验效果明显，大大提高课堂效率。①以学生原有认知为基础,突出重点，大胆取舍。②加强实验探究设计的教学,着眼于学生能力提升。③倡导小组合作探究,构建学习共同体。④渗透分类思想,培养质疑精神，注重学生思维训练。⑤加强体验追求生命的阳光,关注学生成长。

我们知道物理是一门以观察和实验为基础的学科，许多物理知识都是通过观察实验总结出来的。俗话说“百闻不如一见，百看不如一做”，实验器材的改进，不仅可大大提高课堂效率，也变一些演示实验为分组实验，使学生通过亲身参与体验得出结论，从而获得学习的成就感，激发学习的原动力。

作为教育者的一员，我将继续思考、行动，设法为学生搭建一些平台，展现我们物理学科的魅力，破除物理的神秘感，努力促进学生知识、能力和健康人格的和谐发展！

液体的压强

福建省厦门市金尚中学　庄莹莹

一、使用教材

沪科版八年级《物理》第八章第二节“科学探究：液体的压强”。

二、实验器材

（1）液体压强影响因素探究管（有机玻璃管、塑料薄片、细线、水、酒精）。

（2）托里拆利裂桶实验变形仪（有机玻璃管、橡胶塞、漏斗、气球、油桶、杯子）。

（3）液体对容器底部压力演示仪。

三、实验创新要点/改进要点

（1）内容创新，通过使用实物薄片帮助学生理解液柱对下方液片产生的压强。

（2）教具创新，通过两个形状可变的自制教具，纠正两个常见的错误前概念：①液体重力越大,对容器底部压强越大；②液体对容器底部的压力等于液体受到的重力。

四、实验原理/实验设计思路

设计主要以学生思维难点和易错点为中心，自制简单教具让现象直观化，给予学生视觉上的冲击和思维上的引导，以达到降低思维难度和纠正错误概念的目的。

五、实验教学目标

（1）通过实验探究，了解液体压强与哪些因素有关。巩固控制变量法的使用，体验转换法，进一步提高实验设计能力，养成实事求是的科学态度。

（2）通过理论推导液体压强公式，理解液体压强公式，初步形成建模意识，提高逻辑推理能力。

六、实验教学内容

（1）液体压强影响因素猜想的实验引导。

（2）液体压强影响因素的实验探究。

（3）液体对容器底部产生的压力不等于液体受到的重力。

七、实验教学过程

（一）实验引入新课（5min）

（1）原教材处理。

提供三幅图（见图1）引导学生猜想液体压强与什么因素有关，猜想目标只指向“深度”。

图1

（2）学情分析。

对于初二的学生来说，液体压强是比较抽象的概念。

（3）处理对策。

我用自制教具让现象直观化，为学生猜想提供更多感性素材。

如图2所示，用细线吊着一个塑料薄片，挡在两端开口的小号圆筒的下端，把它们一起竖直地插入水中。松开细线，塑料薄片受到重力作用而不下沉。往小号玻璃圆筒里倒入染成红色的水，此时塑料薄片没有马上下沉。什么时候下沉呢？当筒内外液面相平时，塑料薄片刚好下沉。接着，换成底面积较大的大号圆筒，重复上述实验，发现当筒内外液面相平时，塑料薄片刚好下沉。如果是染成蓝色的酒精呢？实验发现，当筒内外液面相平甚至筒内液面更高于筒外时，塑料薄片却不下沉。通过认真观察上述实验现象，学生容易得出猜想：液体内部有压强，压强大小可能与液体深度、密度有关。学生对实验设计跃跃欲试。

图 2

（二）科学探究：液体压强影响因素（30min）

（1）实验探究。

本实验设计的关键点在于：①如何直观比较液体压强的大小？②如何改变液体深度、液体密度？

学生经过小组讨论后提出：在探究液体压强与深度关系时，应该保持密度不变；在探究液体压强与密度关系时，应该保持深度不变。巩固了控制变量法的使用，成功解决了第二个问题。

而针对第一个问题，教师拿出 U 形管压强计，介绍其主要构造和原理（见图 3）。学生体验转换法的使用，并将所获取的数据记录在表格中，得出如下定性结论：①同种液体，液体深度越大，压强越大。②同种深度，液体密度越大，压强越大。

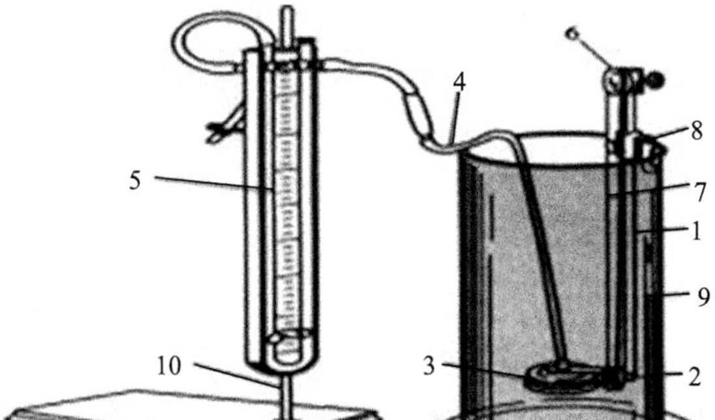

图 3

（2）理论推导。

为了得到定量结论，学生模仿教材推导出液柱对下方液片产生压强的公式：$p=\rho gh$。有学生进一步思考，这个公式是否适用于各个方向的压强呢？为了验证公式的普适性，学生利用压强计实验操作来验证。同种液体，同一深处，朝各个方向压强相同！

（三）巩固拓展（10min）

虽然学生理论推导出液体压强只与液体密度、深度有关，但是受到固体压强的影响，在今后解液体压强题时学生仍存在根深蒂固的两个错误前概念："液体重力越大，液体压强越大""液体压力等于液体重力"。而课本并未正面纠正这两个错误。为此，我设计了两个自制教具进行补充，以帮助学生更深刻地理解液体压强公式。

（1）教师创设情境（见图4）。这是一个下端蒙着薄膜的容器，容器中装了这么多水，膜还不是鼓得很明显。提醒学生记住此时膜的鼓涨程度。如果从里面取出一小杯水，只用这一小杯水，有没有办法使得薄膜鼓得比原来更明显呢？学生根据液体压强公式提出，要想使膜鼓得更明显，就要增大膜受到的压强，根据 $p=\rho gh$ 的公式，ρ 一定，所以选用细长的容器增大深度就可以了。教师根据学生的设计演示实验，膜果然鼓得比原来大得多。本实验可帮助纠正第一个错误前概念。

图4

（2）教师创设情境（见图5）：这是液体对容器底部的压力演示仪。容器底部直接由压力计的托盘构成，容器侧壁是两个可以自由合上和展开的叶片，它们被架在亚克力板上，与容器底部分离，里面装有塑料薄膜以装液体，这样在改变容器形状过程中，压力计的读数不发生改变，确保压力计读出的是液体对容器底部的压力。首先，往里面加水，用箭头记录此时指针和液面位置。然后，请同学观察压力计示数随容器形状发生的变化。如果合上又发生什么变化。学生观察后分析，发现随着容器形状的改变，液体的重力并没有变化，但是压力计的示数，即液体对容器底部的压力一直在改变。

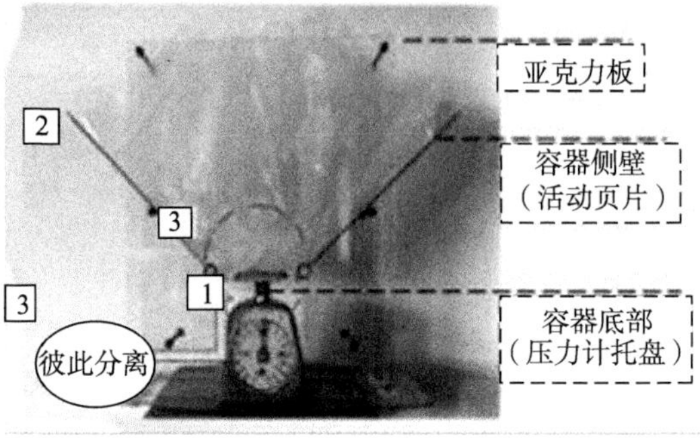

图 5

本实验帮助纠正第二个错误的前概念。那液体对容器底部的压力为什么会改变呢？教师进一步引导学生思考。可以从公式上进行理论分析，也可以从受力形象解释。

教师留一道课后思考题：当容器变成特殊柱状，液体对容器底部的压力和液体受到的重力有什么特殊关系，你能推导出来吗？

八、实验效果评价

本节课遵循新课程理念，以学生为主体，在内容设计和实验设计上均有所创新，让学生经历较为完整的科学探究过程，满足学生提升设计能力的需要，突出了学科特色。

这两个教具取材简单，效果直观，能给予学生视觉上的冲击和思维上的碰撞，能较好达到纠正错误前概念的目的。教学目标顺利达成。

涡流、电磁阻尼和电磁驱动

河北省唐山市第一中学　龚志会

一、使用教材

人教版普通高中课程标准实验教科书《物理选修3－2》第四章“电磁感应”。

二、实验器材

磁铁，铜管；带铁心的线圈两套，学生电源两个，蜡块、竹签和重物两个，手持红外温度计，铁架台，铁夹，导线若干；可拆变压器铁心；相同倾角的铝板两个，铁块；小汽车，倾斜轨道，铜环若干；带轴的铝质圆盘。

三、实验创新要点/改进要点

（一）蜡块融化实验

传统教学中，直接给出涡流的概念，非常抽象。我的设计思想是化抽象为具体。涡流的特征是热效应强，可通过金属中涡流生热使蜡块融化的过程体现涡流的存在及特征。有学生提出：“是不是电流的焦耳热使蜡块融化了呢?”为此，我设计了对比实验的方式，选择了有效值相同的交流电源和直流电源，生成的焦耳热相同，由此排除了焦耳热的影响。

（二）电磁阻尼实验

实验设计分成三步走：观察、感受和探究、创新设计电磁制动模型。观察磁铁在铜管中下落，了解电磁阻尼。分组实验，研究磁铁在铝板下滑过程中的电磁阻尼现象。引导学生开拓创新，设计了电磁制动的模型。小车带着磁铁穿过铜环区域有明显的减速过程。若是在实际生活中应用，铜环中涡流的电能也可以收集起来再利用。

（三）电磁驱动实验

仍然采用对比法，研究安培力的驱动效果。创新设计：根据电磁驱动原理，可以制作速度计。

四、实验原理/实验设计思路

（1）处在变化磁场中的金属会产生涡流，但是直接观察比较困难，所以我设计了“蜡块融化实验”，既体现了涡流的存在，也验证了热效应强的特征。

（2）磁铁与铜管出现相对运动时，铜管中产生涡流，阻碍它们的相对运动。所以，设计了让磁铁在铜管中提升、下落、靠近等实验过程。在这些过程中磁铁与铜管间有安培力的作用，阻碍相对运动，即电磁阻尼和电磁驱动。

五、实验教学目标

（1）通过磁铁在铜管中提升的实验，引入涡流概念，激发学生兴趣。

（2）利用涡流热效应的“蜡块融化实验”感受涡流的存在及特征。

（3）观察电磁阻尼的存在，感受并探究电磁阻尼的作用，设计并应用于电磁制动。

（4）感受电磁驱动与电磁阻尼是安培力的两种作用效果。

六、实验教学内容

（1）处在变化磁场中的金属，内部会出现涡流，由于金属电阻较小，涡流的热效应很强。涡流的利用很广泛，包括真空冶炼炉、金属探测器等等。当然，有时要防止涡流，例如变压器工作时铁心生热越少越好。

（2）传统教学直接分析磁电式电流表的原理，难度比较大，所以我设计了“三步走”教学过程来认识电磁阻尼。这样可以由易到难，帮助学生理解电磁阻尼的原理。

（3）电磁驱动是安培力的另一种作用效果。所以在电磁阻尼之后，直接观察实验，分析原理就可以了。

七、实验教学过程

（一）课堂导入

为了激发学生兴趣，设计了一个小活动。发布任务——将带手柄的磁铁从铜管中迅速提出来。学生在提磁铁过程中，铜管跟随上升，后又掉落。通过这个活动，引入涡流的概念。

（二）涡流

（1）蜡块融化实验。将两组相同的带铁心的线圈分别接到有效值相同的交流电源和直流电源上，在铁心底部涂蜡，将竹签倾斜插入蜡块中。由于涡流的作用，接在交流电源的竹签角度逐渐变到竖直，后来掉落，断开电源，随后用手持红外温度计测量，发现温度差异很明显。

（2）介绍涡流在生产生活中的利用以及防止情况。

（三）电磁阻尼

（1）观察实验。磁铁在铜管中的下落过程非常缓慢。翻转铜管，磁铁可以跟随不落到桌面上。当铜管向磁铁滚动时，铜管会减速，并不会撞上磁铁。

（2）分组实验，探究原理，合作学习。磁铁与铁块同时沿相同铝质轨道由静止释放，下滑过程对比非常明显，磁铁下滑比铁块慢很多。磁铁的底部与铁块的底部都贴有相同的纸，保证了下滑过程动摩擦因数相同。所以磁铁下滑慢就是由于电磁阻尼的影响。

（3）创新设计，电磁制动。第一步，倾斜轨道，小车加速下滑。第二步，在轨道末端放置一排铜环，小车下滑到铜环所在区域时，加速过程不再持续，甚至减速。第三步，将铜环放置到轨道的中段，小车经历加速、减速、加速的过程到达底端。以上实验证明电磁制动完全可行。而且，铜环中产生的涡流还可以回收再利用，减少能量损耗。

（四）电磁驱动

采用对比法观察和感受电磁驱动。将中间有轴的铝质圆盘竖直放置，手持铁块靠近铝盘并转动，铝盘不动。换用磁铁重复，铝盘跟随磁铁转动起来。这就是电磁驱动。创新设计，可以应用到生活中，制作速度计。

八、实验效果评价

本节课的实验设计有四个层次，分别是观察、感受、探究、开拓创新寻求技术应用。实验教学设计采用了对比法，例如涡流部分“蜡块融化实验”中的交流电源与直流电源有效值相同，电磁阻尼部分磁铁与铁块通过贴纸使动摩擦因数相同，以及相同倾角、相同材质的轨道，同时由静止释放等条件的控制，还有电磁驱动部分，铁块和磁铁分别带动同一个铝盘等。

实验教学的设计符合新课标提出的 STS（科学 Science、技术 Technology、社会 Society）理论。以学生为本，以实验为载体，培养学生的科学素养以及创新能力。

引导学生辩证地看待问题。例如对涡流既有利用也有防止，电磁阻尼和电磁驱动是安培力的两种作用效果等。

伽利略研究自由落体

江苏省张家港市乐余高级中学　黄卫良

一、使用教材

人教版高中《物理必修 1》第二章。

二、实验器材

如图 1 所示。

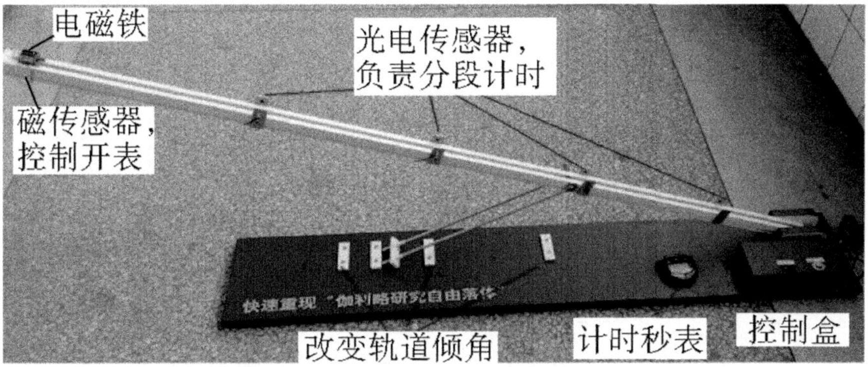

图 1　自制"伽利略研究自由落体创新实验装置"

三、实验创新要点/改进要点

"伽利略研究自由落体实验"是十大经典物理实验之一，高中物理教材中单独设立了一节新课，有 4 个版面。但教材中，它不是演示实验，也不是探究实验！

为什么？因为用传统方法在课堂上重现该实验研究，装置非常庞大，过程非常繁琐，一节课根本来不及啊！所以绝大多数物理教师都不会去尝试在课堂上通过类似的实验让学生体会伽利略的科学研究方法。

创新改进要点：

（1）自制一体化实验装置，即拿即用。以学生最熟悉的秒表为核心，利用廉价的工业磁场传感模块（3 元多一个）、光电传感模块（4 元多一个）、继电器控制模块（7 元多一个），构成了完整的自动测量系统。依据和伽利略研究自由落体一样的实验思路，但只要 20min 就能获得 4 个倾角的实验数据进行分析，从而可以合理外推出自由落体运动为匀加速运动。

（2）不仅能让学生在一节课时间内通过实验深刻体会到伽利略的科学研究方法，还能有效破除学生对传感器实验系统、传感器和自动控制的高科技畏惧心理。因为本创新实验装置的原理，学生完全可以看得懂！

四、实验原理/实验设计思路

为了破除学生对传感器实验系统、传感器与自动控制系统的高科技畏惧心理，本创新实验装置的原理也是教学内容的一个重点。具体实验原理请看下面的教学过程中的图文介绍。

设计思路：

（1）自制倾角可调小球下滑轨道，整合所有检测装置，无须安装，即拿即用。

（2）利用磁场触发传感模块检测电磁铁释放动作，实现自动开表计时。

（3）利用光电触发传感模块检测小球是否通过指定位置，实现自动分段计时。

（4）对电子秒表进行改装，引出开表控制线和分段计时控制线，配合控制模块实现自动开表和分段计时。

（5）一个倾角只要小球下滑一次就能获得多组数据，用时小于 2min。完成全部实验过程不会超过 15min。

五、实验教学目标

（1）用成熟廉价的工业传感、控制模块搭建一体化实验装置，明显缩短实验时间、明显提高实验精度。确保学生能在课堂上深刻体会到伽利略研究自由落体的科学研究方法。

（2）以学生最熟悉的秒表为核心，搭建学生看得懂的实验装置，破除学生对传感器和自动控制的高科技畏惧心理。

六、实验教学内容

（1）让学生了解实验装置的设计原理，破除学生对传感器与自动控制的高科技畏惧心理，了解一些新实验手段和实验技术。

（2）用自制创新实验装置，在课堂上快速重现伽利略对自由落体运动的科学研究思路和方法。

七、实验教学过程

（一）向学生介绍实验装置原理

（1）原理框图（见图2）。

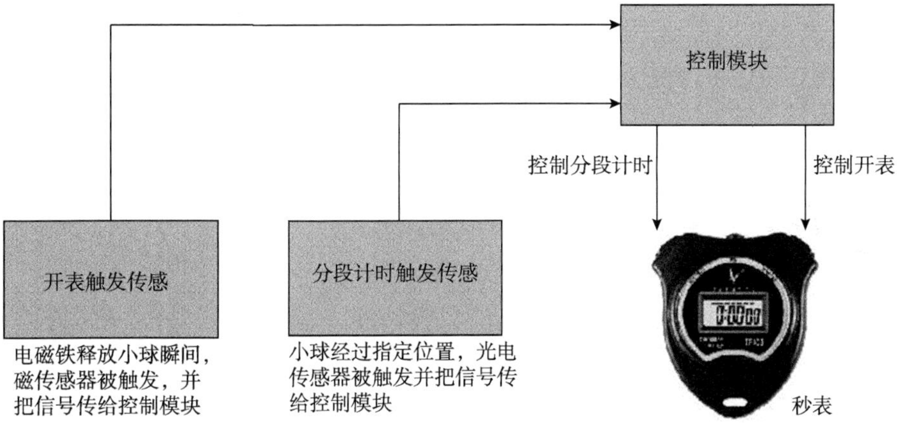

图2　实验原理

（2）实验器材实物如图1所示。

（3）具体控制原理如图3所示。

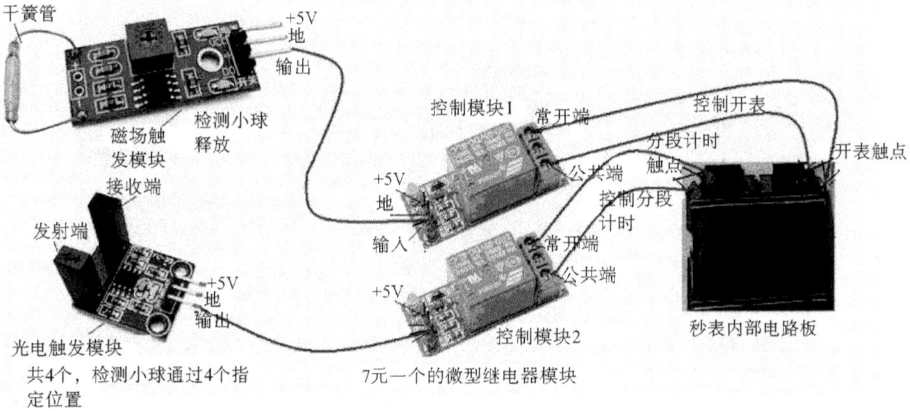

图3　控制原理

电磁铁断电释放小球瞬间，电磁铁附近的磁场触发模块检测到磁场消失，就发出一个信号给控制模块，控制模块使得秒表的开表触点闭合（相当于按下了右键开表），秒表自动开始计时。

小球经过轨道上的4个指定位置时挡住了红外线，被光电触发模块检测到，就发出信号给控制模块，控制模块使得秒表的分段计时触点闭合（相当于按下了左键分段计时4次），秒表自动记录了小球经过4个指定位置的时刻。

学生：原来传说中的传感器与自动控制如此易懂，并没有想象中的高科技啊……

（二）让学生领略伽利略的科学研究方法

（1）自由落体太快，难于精确计时怎么办？

改为斜面上下滑，冲淡重力的影响。

（2）用第一个倾角（最小）进行实验。开启装置电源，把小球吸附在电磁铁上，把秒表归零。按下装置上的“释放小球”按钮，小球开始下滑，可听到“滴、滴、滴、滴、滴”5个秒表自动记录的声音，不到2s，数据全部被秒表记录下来。按秒表的查询键，即可记录下小球经过4个指定位置的时刻。实验数据和处理如图4所示。

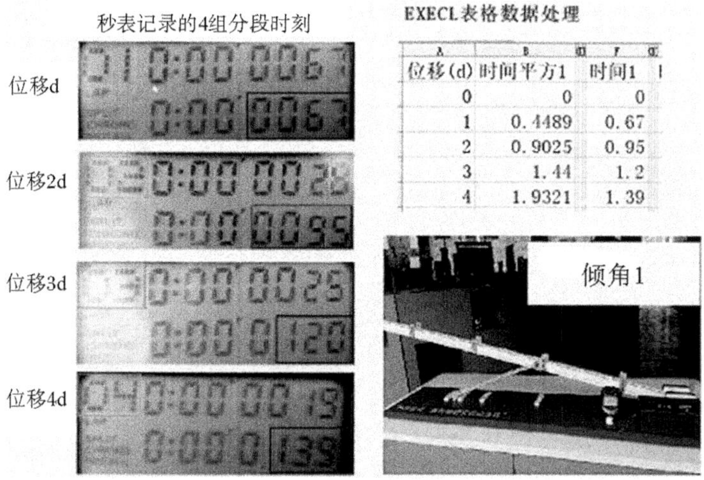

位移(d)	时间平方1	时间1
0	0	0
1	0.4489	0.67
2	0.9025	0.95
3	1.44	1.2
4	1.9321	1.39

图4　第一个倾角的实验数据

Execl中拟合图像如图5所示。

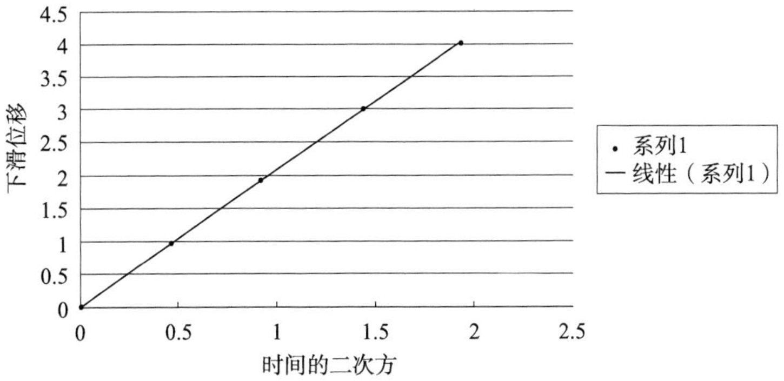

图 5　Execl 中拟合的图像

实验结论：小球在第一个倾角轨道上下滑，时间的二次方和位移成正比，是匀加速运动。

（3）增大轨道倾角，再做 3 次实验，过程同上。

结论：全部是匀加速运动！

（4）四个倾角的实验数据汇总分析（见图 6）。

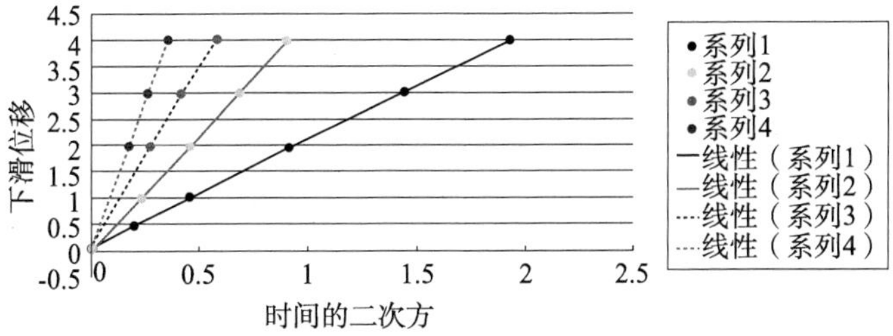

图 6　四次实验结果汇总

实验总结：逐渐增大轨道的倾角，小球的下滑都是匀加速运动。

（5）伽利略在实验的基础上进行了合理外推。当倾角逐渐增大到 90°，仍然是匀加速运动。由于倾角 90°时就是自由落体运动，所以自由落体运动也是匀加速运动。

至此，学生在短短 15min 内，就能体会到伽利略对自由落体运动的科学研究思想（在实验的基础上合理外推），充分领略到大师的风采。

八、实验效果评价

（1）顺利实现了实验教学目标，学生领略了伽利略的研究方法，并了解了一些利用传感器和自动控制的实验新方法。

（2）对培养学生的创新实践能力有一定作用。一位学生受此启发进行了创作，在校运动会上实现了6个秒表的同步开表计时，并申请了专利。

（3）破除了学生对传感器等新型实验器材的畏惧心理，有利于今后实验教学的顺利开展。

（4）装置还需进一步改进，显示屏最好大一些，下滑轨道应该更长一些。

（5）不能片面强调新实验器材而忽略了传统实验方法，很多情况下，传统实验方法更能让学生体验到前人的研究历程，必要的误差、出错、失败，更加有利于学生的成长。

关于闭合电路欧姆定律的实验探究及其拓展

上海市复旦大学附属中学　赖佳颖

一、使用教材

教科版高中《物理选修 3－1》第二章。

二、实验器材

该实验的主要器材是可调内阻电池（J23060），它由电解槽、电解液、正负极板（A、B）、探针（C、D）、气嘴（E）、气室等构成（与外电阻等连接后便构成闭合电路见图 1）。实验需用到的其他器材有：电压传感器（2 个），数据采集器，计算机，定值电阻，导线若干，针筒，可乐饮品等。

三、实验创新要点/改进要点

可调内阻电池为传统实验器材，但其电解液通常为稀酸，对探针的腐蚀性会影响实验结果，增加失败率，且同时存在危险，因此在教学中很少使用。经过反复思考后，笔者进行了大胆改造，既保留传统实验的优点，又大幅提升了稳定性，使其使用率增加。

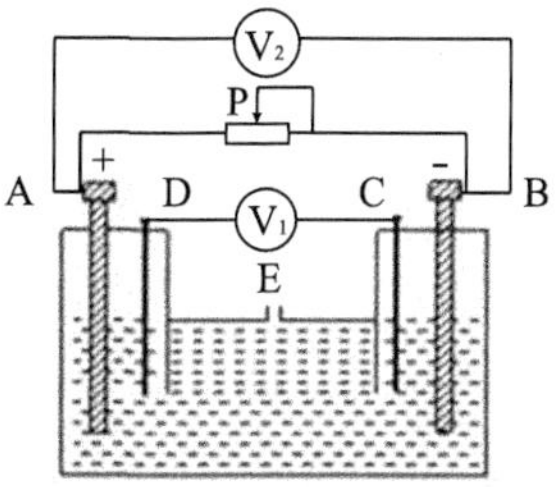

图 1

（1）改进一：创新性地将电解液更换成可乐。可乐的酸性环境可以提供较好的导电性能及较高的电动势（相对其他电解液）。改进后优势如下：

1）安全性提升。使用可乐作为电解液相当安全，所以教师可以将该器材用于学生探究性实验。

2）实验稳定性提升且效果显著。首先，可乐腐蚀性小，实验效果相当稳定，教学中两个实验的误差都很小。图 2 为教学时学生改变内电阻，内、外电压的实验数据，不难看出，无论内外电压如何变化总和几乎为一定值；其次，可乐颜色较深，在学生观察内电阻改变时（中间液面下降），效果更佳。

3）教学趣味性增加。教师可让学生当堂制作一节“可乐电池”，以此展现物理课堂的趣味及奇妙所在。

	A	B	C	D
1	计算表格数据			
2	计算表格	U1	U2	U1+U2
3	1	0.29	0.75	1.04
4	2	0.30	0.74	1.04
5	3	0.34	0.71	1.05
6	4	0.42	0.62	1.04
7	5	0.54	0.52	1.06
8	6	0.76	0.29	1.05
9				

U_1为内电压、U_2为外电压

图 2

（2）改进二：使用数字化传感器来代替传统的电压表，利用自制定值电阻串（见图 3）作为外电阻。改进后优势有如下：

1）提升教学效率。首先，数字化的测量仪器操作简单，可视化的窗口方便学生获取信息，是一种突出教学重点，弱化其他干扰问题的方法。

2）扩大数据范围。“可乐电池”内阻较大，将普通滑动变阻器作为外电阻，会因为其阻值太小，使外电压的变化效果不明显，所以笔者自制了定值电阻串（每个电阻阻值为 200 ~ 1000Ω 不等），其阻值较大，可扩大内外电压变化范围。

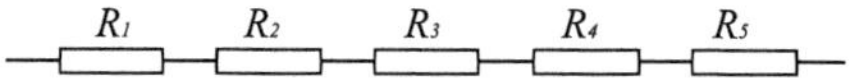

图 3

3）提升实验准确性。数字化的测量仪器可以很大程度上提升测量的精确程度（小数点后两位），改善教学效果；同时，由于“可乐电池”内阻约为 2kΩ，而某演示用电压表（2. 5V 档）内阻为 19kΩ，所以将其直接测量内电压，会使测量值明显偏小，但数字化电压传感器自身电阻相当大，与内阻相比可视为理想电压表。

四、实验原理/实验设计思路

可调内阻电池的本质是一个化学电池，当外电路连通后，闭合电路中将出现电流。正负极板间连接的电压表 V_2 可测量外电压，而探针间连接的 V_1 表可测内电压，实验时通过调节滑动变阻器来改变外电阻，或者对着正负极板间的气嘴（E）吹气，使其间电解液液面下降，来增大内电阻。学生通过总结内外电阻改变时内外电压的变化规律，最终可推导出闭合电路欧姆定律，同时正负极板与周围电解液薄层间的电势差值也可借助探针大致测得，有助于理解闭合电路中电势变化的情况。

五、实验教学目标

（一）知识与技能

（1）借助实验，知道闭合电路欧姆定律。

（2）能利用实验结果对实际问题进行简单分析。

（3）知道闭合电路中各点的电势高低，加深对于电动势及回路中能量转化的理解。

（二）过程与方法

（1）懂得使用电压传感器，学会测量电源电动势的一种方法。

（2）通过实验，学会处理实验数据，归纳、总结的科学研究方法。

（三）情感、态度与价值观

（1）了解电池的结构，感受物理贴近生活、联系实际。

（2）结合实验和探索过程，学会观察、勤于思考，体会科学研究方法，提高科学素养。

六、实验教学内容

改造后的可调内阻电池，主要开展两个实验。

（1）探究闭合电路规律。实验步骤如下：①连接可乐电池与外电阻等，构成闭合电路；②分别连接正负极板及探针间的电压传感器，以便测量内、外电压；③采用控制变量法，依次改变外电阻、内电阻，观察并记录内、外电压数据；④采用分析归纳法，处理数据，得出结论。学生从该实验中可以发现，闭合电路内、外电压无论如何变化，其和始终为一定值，而教师可在引导下帮助学生一同推导出闭合电路欧姆定律。

（2）测量闭合电路中各关键点间电势变化。第二个实验在教学上实现了创新。实践中，不少学生在上一实验时，所测内电压读数为负，于是他们互换了电压传感器接线柱继续实验，虽然结果无误，但这表明学生对闭合电路中各点电势高低并不清楚。因此进行实验二，步骤如下：①连接“可乐电池”的闭合电路，通过建模法，将该电路抽象成物理模型，并为正负极板及探针标为 A、B、C、D（见图 1）；②使用电压传感器，依次测量 A→B、B→C、C→D、D→A 间的电势高低。该实验的意义在于，通过测量，学生可“亲眼”看到闭合电路中各点间的电势高低，这比教师用言语所表示的要更加清晰和形象。最重要的是，电势高低意味着能量转化的方向，只需稍加引导，学生便能领悟电动势的物理意义。

七、实验教学过程

（一）教学流程图

如图 4 所示。

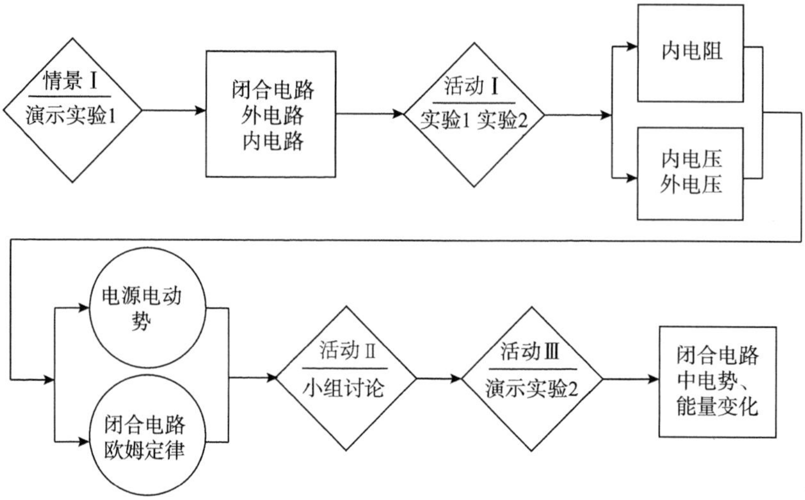

图 4

（二）教学环节

（1）第一环节：设疑激趣，引入新课。

观察液晶屏与伸出两根金属片的神秘盒子连接前后的不同情况，猜想盒中物品究竟是什么，并拿出物品（土豆电池），验证猜想，如图 5 所示。

连接前后，液晶屏从无示数到有示数）（盒中原来装有一颗土豆电池）

图 5

（2）第二环节：探究总结，释疑解惑。

活动Ⅰ：学生实验。

学生实验 1：学生通过测量 A、B 盒中电池两极间电压，猜测小灯

（额定电压为1.5V）分别与盒中电池连接后的亮暗情况，并实验验证猜想（引起认知冲突），见图6。

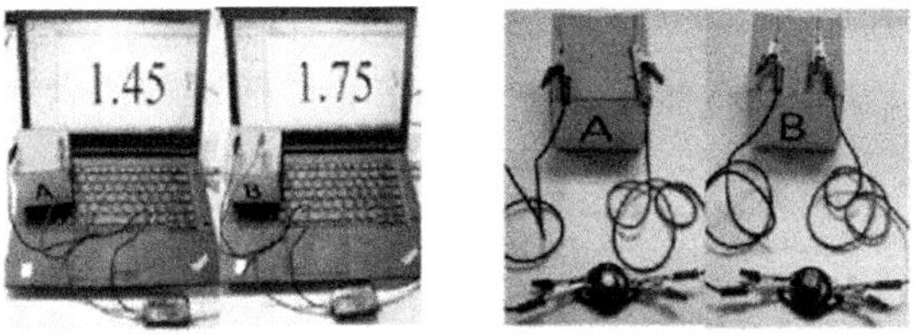

（A盒两极间电压为1.45V
B盒两极间电压为1.75V）

（与A盒连接小灯点亮
与B盒连接小灯不亮）

图6

学生实验2：首先由学生当场制作“可乐电池”，接着通过小组合作，测量电池所在的闭合电路内、外电压，随 内、外电阻变化的情况（见图2），总结规律，推导出闭合电路欧姆定律，最后在此基础上给出电动势的概念。

活动Ⅱ：小组讨论。

打开A、B盒，见图7。通过讨论，学以致用，利用闭合电路欧姆定律，解释B盒无法点亮小灯的原因（“可乐电池”内阻过大）。

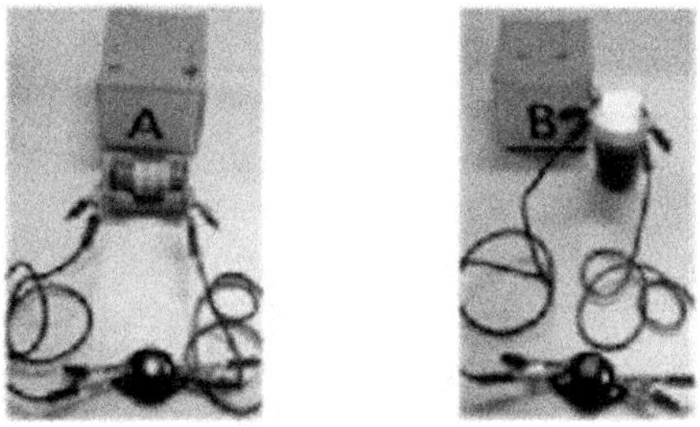

（A盒中为1号干电池）（B盒中为可乐电池，两级为铜片、锌片）

图7

（3）第三环节：再次实验，深化认识。

活动Ⅲ：演示实验2。

测量闭合电路中各关键点的电势变化，根据测量数据，如图8，可认知闭合电路的电势既有升高又有降低，且总量几乎相同，其中电势降低意味着电能转化为其他形式能的过程，那么升高的意义也就轻松类比，最终从能量转化

A→B	0.73	V	降低
B→C	-0.29	V	升高
C→D	0.31	V	降低
D→A	-0.73	V	升高

图8

的角度认识电动势的物理意义。

八、实验效果评价

改进后的实验稳定性大幅提升，因此笔者能在教学上实现突破和创新（一套器材、两个实验），即利用同一实验器材在探索闭合电路欧姆定律的同时，又攻破闭合电路中能量转化的问题，从而加深学生对于电动势物理意义的理解。以上的一些改进和创新均解决了实际教与学的需求，并取得很好的教学效果。

同时，笔者还有以下反思。①实验装置的改进既要尊重传统，更要服务教学。对可调内阻电池的结构改变不大，主要是考虑到其已是成品，若能够保留它作为传统实验的优势，又能够在现代科技的帮助下发挥更大的魅力，是实验改进的意义所在。②课堂教学内容不宜过多。笔者建议如果在平时，可以将这节课拆分成两节课，第一堂课得出闭合电路欧姆定律，而第二堂课则深化闭合回路中能量转化的情况，使知识点更加完整，也夯实学生的认知结构。

探究功与速度变化的关系

宁夏回族自治区银川市第二中学　李志军

一、使用教材

本节课是人教版高中《物理必修 2》第七章第 6 节的内容。本节课具有承前启后的作用。本节课之前的两节课，学生已经学习了重力势能、重力做功与重力势能变化的关系，弹力做功与弹性势能变化的关系，之后教材安排了动能、动能定理的内容。

本节课围绕探究功与速度变化主题展开。教材安排了多种方案供学生学习参考，但主要环节还是三个：一是功的测量，尤其是变力的功的量化；二是关于速度及其速度变化量的测量；三是关于数据的处理。通过实验探究，体会实验过程，认识到理论与实际相结合的重要性。

二、教学重点

（1）试验方案的设计，主要包括变力的功的量化和速度的测量。

（2）实验数据的处理，学会“画曲为直”的数据处理方法。

三、学情分析

在必修 1 中，学生接触过探究性实验，例如“探究小车速度随时间变化的规律”和“探究加速度与力和质量之间的关系”，学生对探究性学习不是很陌生。但不同的实验课有不同的实验目标和要求，并不能全部照搬，所以只有通过提高学生的探究能力，才能解决这一问题。

本节课，要求学生解决变力的功的问题，因为橡皮筋的功在高中阶段难以计算，这就是摆在学生面前的首要难题；其次，速度的变化怎么计算，需要教师通过引导和启发使学生完成实验。

另外，本实验的两个物理量功和速度的变化并不是简单的线性关系，要求学生能够利用“画曲为直”的思想，使用 Excel 巧妙地来处理。对学生能力要求很高。

四、教学难点

(1) 将变力的功量化。

(2) 速度变化量的测量。

(3) 通过图像坐标函数的转变来确定不明确物理量之间的关系。

五、教学目标

(1) 能通过实验操作，领会功与速度变化的关系的设计意图；会用多种方法测量速度。

(2) 通过控制橡皮筋的条数来实现变力的功的量化，体验科学研究的奥妙。

(3) 通过团队协作，利用 Excel 表格，找到功与速度变化的关系，培养团队合作意识。

六、教学设计

(一) 实验目的

探究橡皮筋的弹力对静止小球做功与小球末速度之间的关系。

(二) 实验方法

(1) 利用逐个增加相同长度的橡皮筋的条数获得倍增的变力的功，实现变力的功的量化。

(2) 利用对小球平抛运动的水平位移的测量代替小球平抛初速度的测量。

(三) 实验的改进

(1) 变力做功的完善：实验采用直径为 0.7mm 的圆形截面橡皮筋，长度相同，实验中将橡皮筋拉伸到相同的位置由扳机固定，定位释放扳机，得到精准操作，实现不同倍率的功，有效解决了变力的功的量化问题，如图 1 所示。

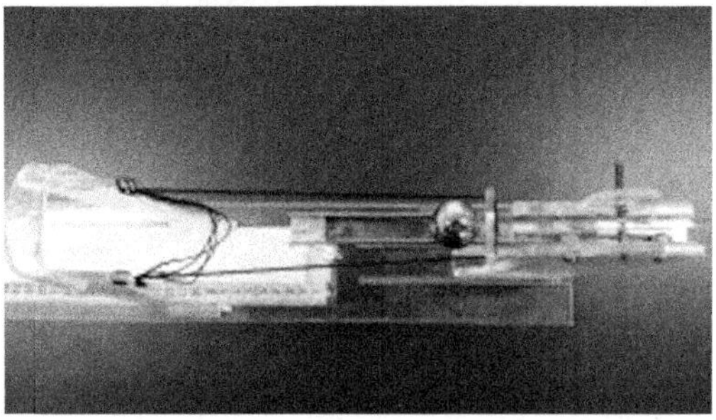

图 1

（2）平衡摩擦力的改善：本实验将小车改为金属小球，将木板改为金属轨道，大大地减小了摩擦力，使得摩擦力对实验的影响可以忽略。在实验中，只需要将轨道调成水平即可，使实验操作变得简单，易于操作。

（3）速度测量的改善：本实验利用平抛运动来测速度，因为在高度相同的情况下，小球的水平位移与平抛初速度成正比，可以利用平抛运动的水平位移来替代速度，有效解决了速度测量的问题，如图 2 所示。

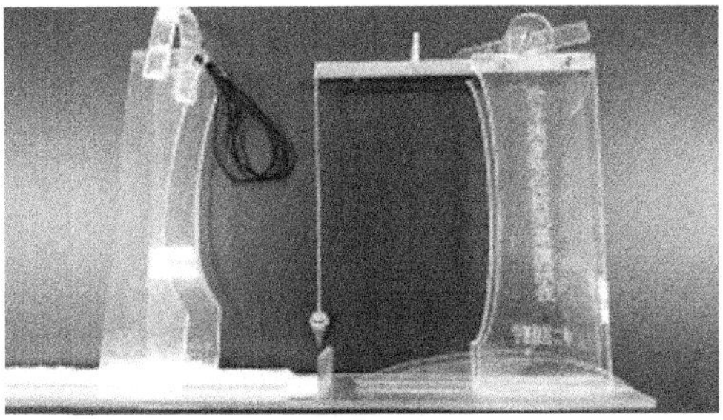

图 2

（4）利用双面胶接小球，使小球不再跳动，打点更准确，通过仪器上的刻度尺可快速读出水平位移数值，便于多次测量取平均值，解决了利用平抛运动求速度的技术难题，如图 3、图 4 所示。

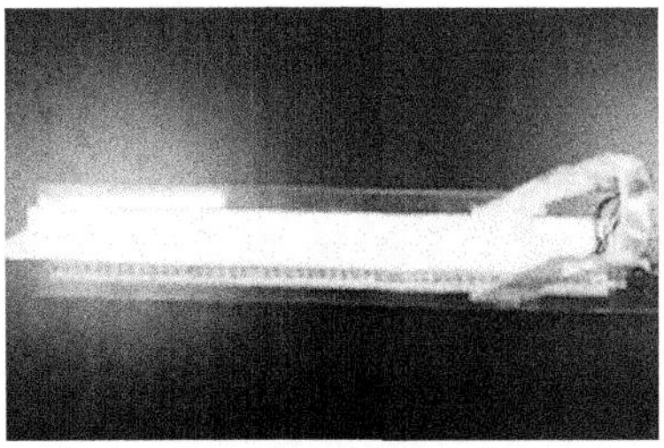

图 3

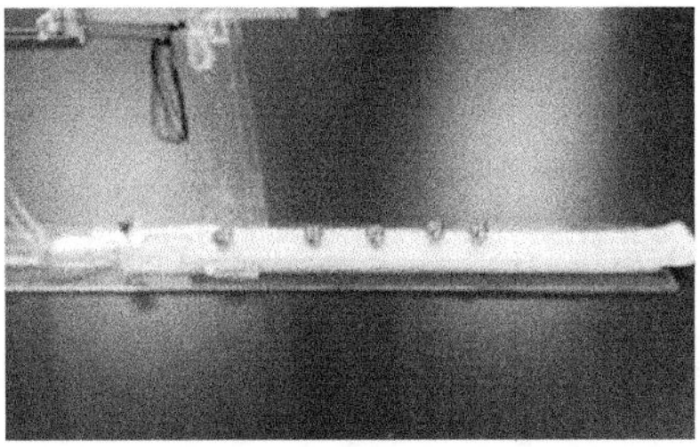

图 4

（四）实验步骤

（1）将实验装置放到水平桌面上，将粘有双面胶的刻度条平铺在水平台面上，用重锤线标好 0 刻度位置。

（2）调节装置底座上的旋钮，使小球可在水平轨道上静止。

（3）将 5 根橡皮筋套在小球卡槽上，拉伸到扳机处固定。

（4）将小球放在小球卡槽上，扣动扳机释放小球。记录小球的水平位移；多做几次取平均值。

（5）分别改用4、3、2、1条橡皮筋，重复第（3）（4）步骤。

（6）实验结束，整理实验仪器。

（7）利用Excel表格处理数据，得出结论。

七、课后作业

思考课后第1、2两道小题，第3题做在作业本上。

向心力的探究实验设计

云南省昆明市第一中学　马红蕾

一、使用教材

人教版高中《物理必修 2》第五章第六节“向心力”。

二、实验器材

电源、铁架、编码器电机、数显电子秤、转盘、刻度尺、小球、细线、配重。

三、实验创新要点/改进要点

可以定量探究向心力表达式，测量误差小。

四、实验原理/实验设计思路

从向心力表达式 $F = m\omega^2 r$ 可以看出，误差贡献最大的物理量是角速度。本实验设计利用带编码器的电机驱动物体做匀速圆周运动，避开了角速度测量，只需测量长度、质量和力。转速能通过编码器显示屏直接读出，利用数显电子秤的“去皮功能”测量向心力。用控制变量法进行研究，得出向心力表达式，最后代入数据算出向心力与实际测量值比较，在误差允许范围内验证向心力表达式的正确性。

五、实验教学目标

（1）知识与技能：使学生理解向心力与哪些物理量有关，培养学生的动手能力、探究能力、数据分析处理能力。

（2）过程与方法：使学生深入体会控制变量法的应用，利用 Excel 分析数据拟合图像，作出 $F-\omega^2$ 图、$F-r$ 图和 $F-M$ 图，让学生体验怎样合理选择变量作图。

（3）情感态度与价值观：能使学生共同参与、合作与交流。由于实验器材都比较常见，趣味性强，使学生感到科学研究并不是那么遥远。

六、实验教学内容

在前一节课中，学生已经通过数学推导得出向心加速度的表达式，这节课再根据牛顿第二运动定律推导出向心力的表达式，先理论探究，再实验探究。用控制变量法对做匀速圆周运动的小球的向心力与圆运动半径、转速（角速度）、质量之间的两两关系进行探究，分别用 Excel 快速处理数据，画出相应图像，初步得出结论，再代入测量数据定量计算出理论值，与实际测量值比较，验证结论。

七、实验教学过程

观察日常生活中做圆周运动的物体，引导学生猜想做匀速圆周运动物体的向心力可能跟哪些因素有关。复习前一节课向心加速度的表达式，结合牛顿第二定律从理论上推导向心力表达式，得出向心力大小跟小球质量、角速度、绕圆半径等因素有关。

设计实验测量向心力的大小、小球质量、角速度和绕圆半径，控制两个变量不变，研究向心力与第三个变量的关系。控制小球质量、绕圆半径不变，探究向心力与角速度的关系。控制小球质量、角速度不变，探究向心力与绕圆半径的关系。控制角速度、绕圆半径不变，探究向心力与小球质量的关系。

把测量数据输入计算机，用 Excel 快速处理，分别作出 $F-\omega^2$ 图、$F-r$ 图、$F-M$ 图像，修正完善结论，分析出向心力表达式。将以上探究过程中得 到的数据代入计算向心力大小与测量值比较，得出在误差允许范围内，验证了向心力表达式。

八、实验效果评价

（1）本实验教学设计体现了新课程理念，教学贯穿观察、思考、猜想、探究实验、反思完善、得出结论、验证等。

（2）实验设计直观、操作简便，实验测量原理较简单，学生容易理解，除半径测量用刻度尺读数外，其余量的测量均为数字显示，节约了时间。

（3）测量误差小，能定量探究向心力表达式，保证了匀速圆周运动的稳定性与持久性。电子秤测量精度为 1g，比普通拉力传感器精度高、成本低，能控制误差在 6.5% 以内。

（4）不能完全解决摩擦和偏心问题。在拉力较大时，摩擦产生的误差相对要小些，可以在与小球对称的凹槽中放置同等质量小球解决偏心问题。

（5）探究向心力范围有限。要保证连接小球和配重之间的细绳不能扭转，为此在细绳末端安装了一个可以转动的滑扣。但如果细绳拉力过大，滑扣就不能灵活转动，绳上拉力的变化较大，读数不准确。

（6）设计这个实验测量仪时，还多设计了一个功能，可以让小球做圆锥摆运动，粗略验证向心力表达式。

基于“互联网 +”的远程控制实验——定量化光电效应实验

浙江宁波市第二中学　魏莉

一、使用教材

人教版高中《物理选修 3 – 5》。

二、实验器材

光电效应显示仪（光电管、底座、光源、集成电路等），远程控制设备（摄像头、计算机、网络、服务器等）。

三、实验创新点

（1）“互联网 +”的远程控制实验：仪器经过改造后，不受时间和空间限制，可以通过计算机、手机、平板计算机等电子产品远程操控，放在实验室，学生可以在教室甚至是家里操作，仿佛人就在实验仪器旁边，具有很强的操作性和真实性，学生能够真切地看到所发生的一切。

（2）定量化：原先光电效应实验无法定量测定光电流和正向电压、反向电压的关系，只能定性判断光电流随正向电压的增大而增大，随反向电压增大而减小。现在增加了一个数字化集成电路后，可以精确地测量电流和电压的大小，结合计算机软件可以作出图像，获得饱和电流和遏止电压，较为直观，有说服力。

四、实验原理/实验设计思路

（1）“互联网 +”思维应用于实验教学，建设基于真实实验的远程控制实验，即引入互联网、物联网、移动通信技术，将传统的教学仪器进行技术改造，让学生利用身边的计算机、手机和 iPad 等电子产品，远程操控实验仪器，身临其境做一些真实的实验。

（2）增加数字化的灵敏电压电流表，并且结合数字化集成电路和计算机技术，能够实时获取各个物理数据，制作图像，简单直观有效。

五、实验教学目标

（1）知识技能：获得光电效应的四个实验规律：①任何一种金属，都存在截止频率（极限频率）ν_c；②对于一定频率的光，入射光越强，饱和电流越大；③遏止电压大小与光的强度无关，与光的频率有关；④光电效应瞬时性，产生光电流的时间不超过 10^{-9}s。

（2）过程与方法：①实验探究的基本方法是问题——猜想——实验——结论；②实验与逻辑推理相结合，通过实验规律来分析蕴含的原理（粒子性）；③控制变量法；④学会图像分析，直观简洁，有说服力。

（3）情感态度与价值观：①实事求是的科学精神；②质疑和创新精神。

六、实验教学内容

通过问题的提出，让学生提出合理的方案进行实验，得到实验结论，能够发现新的问题继续探究，直至四个规律的得到。同时质疑光的波动性，提出粒子性。

七、实验教学过程

光的粒子性（第 1 课时）。

实验引入：光究竟是什么？

物理学史回顾：微粒说和波动说。

（1）伟大转折：光电效应现象。

实验：将一块不带电的锌板与一验电器连接，由于锌板不带电，所以验电器指针闭合。用毛皮摩擦过的橡胶棒接触锌板，发现验电器张角增大（见图 1）。

思考 1：说明锌板带了什么电？

思考 2：打开紫外线灯，注意观察，发现验电器张角________，说明什么？

结论：物理学中，把光照射到金属表面，____________称为光电效应，其中逸出的电子称为________。

（2）光电效应的实验规律。

1）光电效应能否发生与哪些因素有关。

图 1

问题：光电效应能否发生与哪些因素有关？

猜想：____

实验：____

结论：____

2）关于光电流大小。

思考：要使从阴极逸出的光电子都能到达阳极，怎么改进电路？（画在图 2 上）

思考：要很方便地控制电压大小，怎么改进电路？在图 2 的框中画出改进后的电路图。

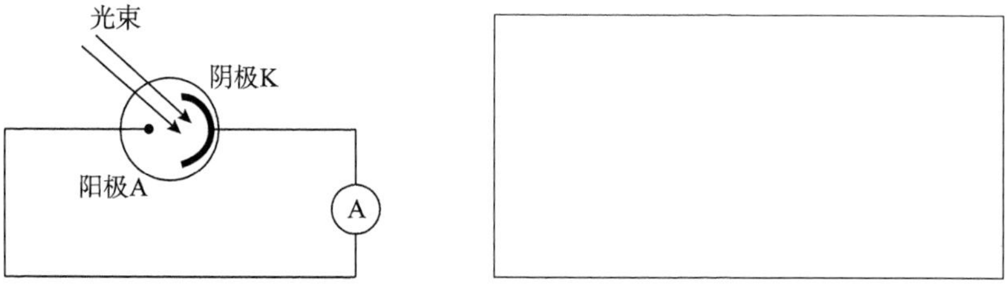

图 2

实验后得到结论：____________________，把实验数据画在图 3 中。

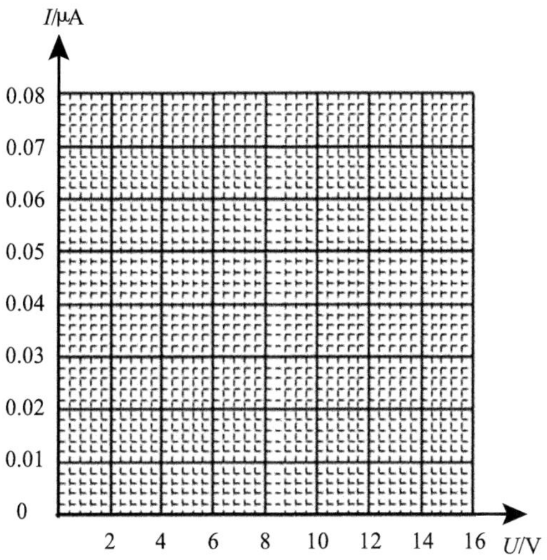

图 3

3）遏止电压大小与哪些因素有关。

问题：遏止电压大小与哪些因素有关？

猜想：____

实验：____

结论：____

4）光电效应的瞬时性：产生光电效应的时间不超过__ s。

（3）光电效应解释中的疑难（见表 1）：众多的疑难呼唤着新的观念、新的思想、新的理论！

表 1

光电效应实验规律	经典波动说认为	能否解释
规律 1：存在截止频率 ν_C		
规律 2：光越强，逸出的光电子数越多		
规律 3：遏止电压 U_C 与入射光的频率有关，与光强无关		
规律 4：具有瞬时性		

八、实验教学效果与评价

可以不受空间和时间的限制反复操作该实验。在实验室、教室甚至在家里都能够反复操作该实验。在课前，给出学案，让学生提前操控体会也可以课中一起探究，甚至是课后，让学生回家体验不同颜色、不同强度光的饱和电流和遏止电压。另外该实验精度较高，定量化得到图像，直观简洁。

唯一不足之处：市面上的光电管大都采用铯这个材料，如果能找到不同材料的光电管，得到极限频率与材料有关就更好了。

声波干涉演示实验

北京景山学校　吴广国

一、使用教材

人教版高中《物理先修 3 – 4》。

二、实验器材

自制教具、功率输出信号发生器、拾音器、示波器、电池组、开关、导线等。

三、实验创新要点/改进要点

（一）创新点

（1）找相干声源：一分为二，确保频率相同、相位差恒定。

（2）采用拾音器将干涉声音信号转化成电信号，便于显示、观察和定量测量。

（3）定量计算声波波长。

（4）画出干涉加强点双曲线。

（二）后续改进

（1）画双曲线的声源改为小喇叭，可用功率输出信号源驱动以达到可连续改变声源频率的目的。

（2）画双曲线的一分为二的两个声源可以利用 PVC 管的伸缩连续改变两声源间距。

四、实验原理/实验设计思路

（一）演示实验一：定性感知声波干涉加强和减弱

如图 1 所示，教材中给出了水波机械波的干涉加强和减弱的图片，而作为机械波的声波干涉没有进行详细的论述。声波的干涉最重要的是找相干声源，本实验采用一个蜂鸣器产生声源，然后一分为二产生相干声源在 PVC 管出口处干涉。右侧较长的 PVC 管可以在较长的范围内自由伸缩从而改变两声源到相干处的波程差，从而可以听到声音强弱明显变化的干涉现象。本实验也可以将出口处干涉声音信号通过拾音器输到示波器中进行定量观察和研究，通过 PVC 管伸缩的距离来定量测量声波波长。

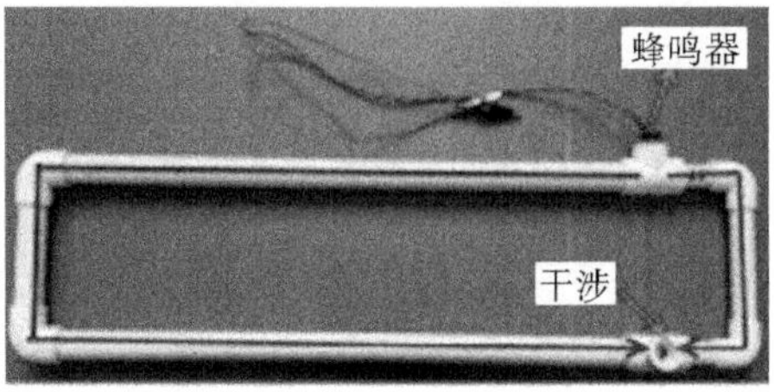

图 1

（二）演示实验二：定量测量声波波长

图 2 为定量测量声波波长的实验，利用 PVC 管在同一水平面上制作三个完全相同又互相靠近的轨道，两边轨道上左端各固定一个相同的小喇叭，中间轨道上右端固定一个拾音器。利用功率输出某频率正弦交流信号，通过输入变压器给两个小喇叭供电，两个小喇叭振动频率相同，相位差恒为零，从而达到干涉条件的要求，在空间产生声波干涉现象。拾音器所在位置到两个声源距离相等，因此为干涉加强点。拾音器将声音信号转化为电信号输入到示波器中来观察。沿轨道移动其中一个小喇叭，改变两声源到拾音器的波程差，从而在示波器中显示振动加强点和振动减弱点。同时根据小喇叭移动的距离可以定量测量声波波长。

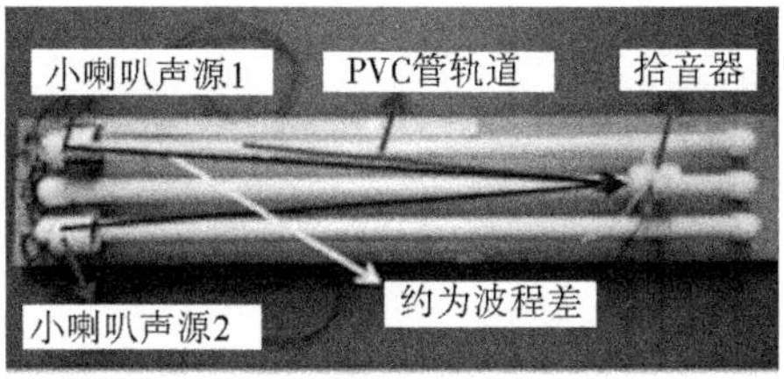

图 2

（三）演示实验三：定量画出某级干涉加强点双曲线

如图 3 所示，利用直流电给 2. 68kHz 蜂鸣器供电，声源一分为二，两声源为相干声源，间距为 25. 4cm（2 倍波长），沿平行于两声源连线方向画多条平行线，分别沿各个平行线上用拾音器拾音，然后输入到示波器中观察信号的强弱，找出同一级加强点，描点作出双曲线。

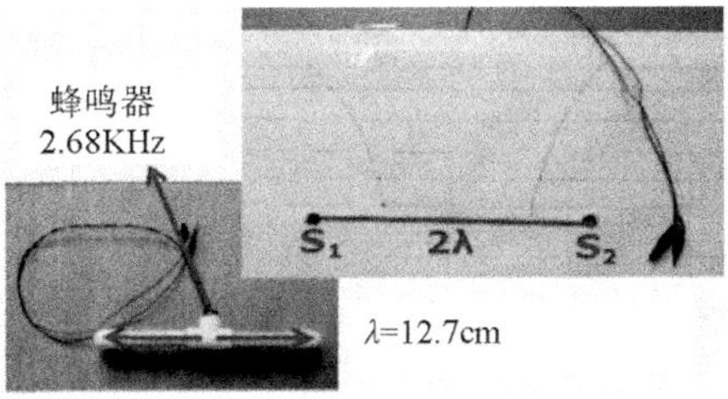

图 3

五、实验教学目标

(1) 通过具体、科学的实验感知声波的干涉现象，培养学生的科学思维和实验探究能力。

(2) 认识一分为二来找相干波源的重要物理思想和方法，定性感知声波的加强和减弱。

(3) 通过定量测量验证声波的干涉加强点和干涉减弱点的条件。

(4) 作出某一级干涉加强点双曲线的部分图像。

六、实验教学内容

(1) 定性感知声波干涉的加强和减弱。

(2) 利用声波干涉加强点和减弱点的条件和空气中的声速来定量测量某一频率的声波波长。

(3) 利用动点（某一级加强点）到两定点（相干声源）的距离差为定值（λ）的函数曲线为双曲线，画出某一级干涉加强点的部分函数曲线。

七、实验教学过程

问题提出：干涉是波所特有的性质，前边已经学习了机械波干涉的条件和干涉加强点、干涉减弱点的条件，那作为机械波中纵波的声波是否能够发生干涉？如何找相干声源并设计实验演示声波干涉？

通过讨论分析：①用同一个信号源驱动两个完全相同的小喇叭。②用一个蜂鸣器作为声源，一分为二产生两个频率相同、相位差恒定的声源。

思考 1：能否根据声波干涉加强点和减弱点的特征，计算出声波的波长？设计实验并测量出声波波长。

思考 2：两相干声源固定，空间中与声源同一平面上的任一点到两声源波程差为λ（同一级）这一定值，该函数图像是什么？能否画出？设计实验并画出双曲线。

八、实验效果评价

本系列实验做到了可听、可视、可定量测量，操作简单，效果显著。

教学反思。①演示实验较多,要更好地厘清思路，以学生为主体，发挥学生的主动性，引导学生进行实验的设计。最好能给学生提供实验室课余时间进行动手制作和实验。②仪器的改进:可连续改变频率和两声源间距。

自我评价：①通过声波的干涉演示实验,使学生对机械波干涉的条件、干涉加强点和减弱点的条件有了更准确和深入的理解。②相干声源的一分为二的方法是最大的亮点。③希望后续实验改进工作能够更准确地测定不同频率的声波波长和画出不同频率下的多条干涉曲线。

磁感应强度

天津市实验中学　谢静

一、使用教材

人教版高中《物理选修 3－1》。

二、实验器材

铁架台（带铁夹）、马蹄形磁铁、小磁针、滑动变阻器、导线、电键、电源、可调匝数的线圈、定滑轮、曲别针、天平（带砝码）、电流传感器、力的传感器、强磁铁。

三、实验创新要点/改进要点

（1）利用二力平衡将通电线圈在磁场中的受力表现出来——原理简单。

（2）通过悬挂曲别针的多少体现受力大小——操作便捷，现象直观。

四、实验原理/实验设计思路

通过力的平衡，使通电线圈在磁场中受到的平均作用力与所悬挂的曲别针的重力相等。

五、实验教学目标

（1）通过实验得出磁感应强度的定义，知道其大小及方向。

（2）通过科学探究过程，树立科学探究意识，掌握控制变量法、实验观察法、归纳总结法。

（3）通过探究实验培养学生严谨求真的科学态度，激发学生对科学实验的浓厚兴趣，培养学生勇于质疑、敢于创新的精神。

六、实验教学内容

（1）利用微型实验小磁针在磁场中的受力实验定义磁感应强度的方向。

（2）利用分组实验定性分析通电线圈在磁场中的受力与其影响因素间

的关系。

（3）利用创新实验定量分析通电线圈在磁场中的受力与其影响因素间的关系。

（4）利用拓展实验将结论完成由特殊到一般的推展。

（5）利用应用实验——自制电流天平测一元硬币的质量，将理论与实际相结合，如图 1 所示。

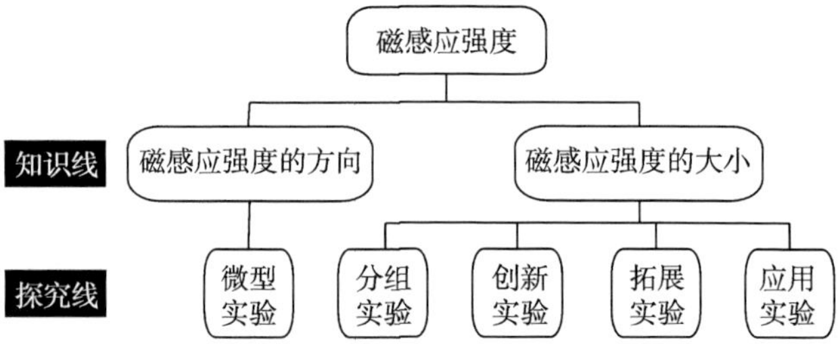

图 1

七、实验教学过程

围绕磁感应强度的方向和大小两条教学主线，共设计了五组实验。

（1）在磁感应强度的方向的教学环节中，采用了动静结合的呈现方式，将小磁针放置于磁场的不同位置，让学生观察其受力方向的特征，改变磁场方向时，小磁针的受力方向也会随之改变。

（2）研究磁感应强度大小的教学环节中，先利用分组实验对通电导线的受力情况做定性分析，然后利用创新实验做定量研究，将得到的结论利用拓展实验进行推展，完成由特殊到一般的归纳总结。最后，利用应用实验将理论与实际相结合。四个实验层层递进，帮助学生完成从感性认知到理性思索的思维过程，如图 2 所示。

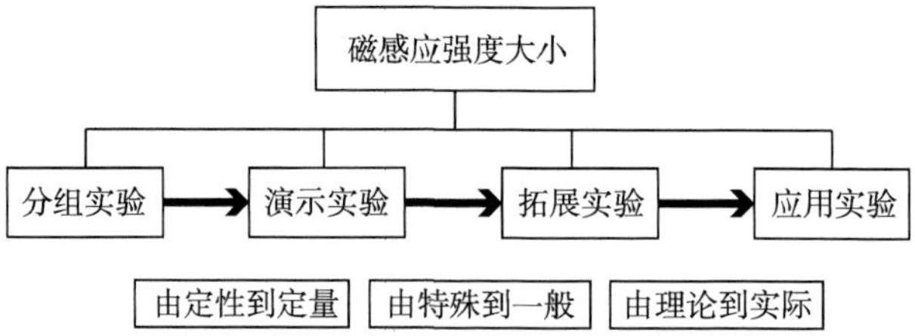

图 2

具体教学设计如下：

1）通电导线受力与其影响因素关系的定性分析：利用通电线圈在磁场中受力后偏转的角度大小，通过控制变量法来探究通电导线受力与其影响因素的关系。最终得到“在同一磁场中，通电导线的受力大小与导线长度、通电电流正相关”的结论。

2）通电导线受力与其影响因素关系的定量研究。

改进实验装置如图3所示，在线圈不受力时，导线位于竖直位置，与标尺重合；一旦受力，线圈会偏离竖直位置。将线圈上的轻质细线绕过滑轮，在另一端依次挂上质量都相等的曲别针，直到线圈重新回到竖直位置。根据二力平衡原理，此时曲别针的重力的大小应该等于线圈在磁场中所受平均作用力的大小。这样，间接地用曲别针的个数变化来反映线圈在磁场中受力的变化。

图3

利用该装置，将学生在分组实验中得到的结论进行进一步验证。

首先，保持通电线圈面积、磁场和电流不变，依次改变线圈匝数为10匝、20匝、30匝，发现受力平衡后曲别针个数分别为3个、6个、9个，如图4所示。

图4

然后，依然保持通电线圈面积、磁场和线圈匝数不变，依次改变电流大小为 I_0、$2I_0$、$3I_0$，线圈受力平衡后所悬挂区别针的个数分别为 3 个、6 个、9 个，如图 5 所示。

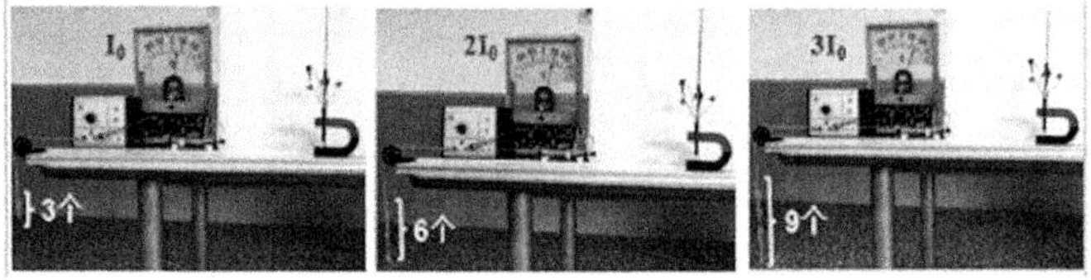

图 5

学生对两组数据进行分析，可以得到“在匀强磁场中，通电导线受力与电流大小成正比”和“通电导线受力与导线长度成正比”的结论。进而利用比值定义法推导出通电导线受力与电流大小、导线长度的乘积之比为一个定值，用这个比值就可以定义匀强磁场的磁感应强度了。

该实验原理简单，操作便捷，现象直观，同时在其他因素变化时保证了测量的位置始终不变，最大程度地减小了误差。此外，我们经过反复实验，使得线圈的受力恰好是单个曲别针重力的整数倍，理想的实验效果帮助学生更加容易发现规律，用最简单直观的方法解决复杂抽象的问题。

3）利用拓展实验定义非匀强磁场的磁感应强度：保持线圈面积、通电电流、导线长度不变的情况下，改变通电导线在非匀强场中的位置，导致悬挂曲别针的个数发生了变化，如图 6 所示。

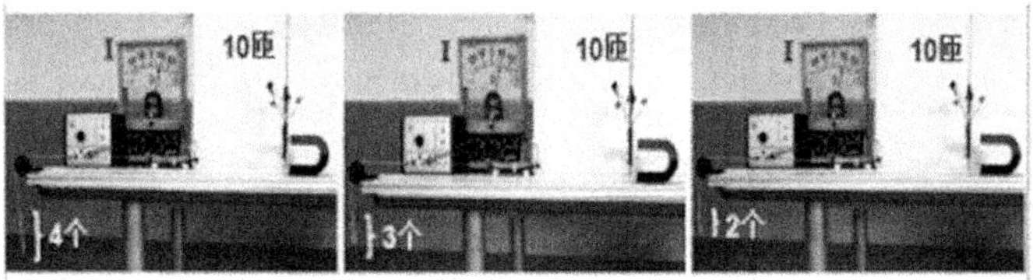

图 6

这一现象说明在非匀强场中的不同位置，通电导线受力与电流和导线长度的乘积的比值是不同的，这意味着在匀强磁场中得出的比值可以用来定义一般场的磁感应强度。

4）应用实验——利用自制电流天平测定一元硬币的质量：该实验中，

我自制了简易电流天平。初始状态时，托盘中砝码的重力和线圈的重力平衡。在托盘中增减砝码后，天平失去平衡，可以通过调节电流大小使天平再次恢复平衡。学生先利用磁感应强度的定义公式推导出电流与被测物体的质量成正比的关系，再按照给定的方案进行实验，如图 7 所示。

图 7

5）课堂延伸——利用 PASCO 设备连续采集数据，验证磁感应强度定义式。

我向学生提供 PASCO 设备，将线圈与电流传感器、力的传感器连接，让学生在课后继续探究通电线圈受力与其影响因素之间的关系，在连续采集数据的情况下得到磁感应强度的定义式，利用精密的仪器验证课上所得的结论，如图 8 所示。

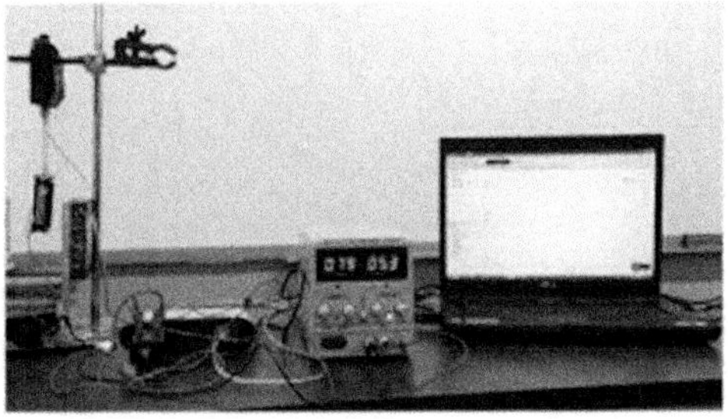

图 8

八、实验效果评价

（1）凸显实验特色，注重实验创新。

本课中五个实验分别从实验原理、实验方法、实验装置、呈现方式等多方面进行创新，它们之间既环环相扣又各有侧重；既培养了能力，又形成了方法；既树立了意识，又塑造了精神。

微型实验——利用直观现象，锻炼观察能力；

定量实验——经历科学过程，形成科学方法；

定性实验——改进实验原理，树立创新意识；

拓展实验——归纳总结规律，培养思维能力；

应用实验——理论联系实际，塑造科学精神。

（2）掌握科学方法，形成学科思维。

本节课的教学中渗透了类比迁移法、实验观察法、归纳总结法、控制变量法等多种科学方法，锻炼了学生抽象概括、逻辑分析等方面的学科思维。

（3）关注学习体验，提升核心素养。

本节课通过定性、定量两方面的实验让学生不断发现、思考、研究并最终解决问题，获得成功，更使得学生在脉络化、情境化的学习中完成了知识的自我建构，提升了获取知识的能力。

楞次定律

黑龙江省哈尔滨市第九中学　赵桂香

一、使用教材

人教版高中《物理选修3－2》第四章“电磁感应”。

二、实验器材

实验1：自制铝片跳跃演示器（铝片、直流脉冲高压、线圈）。

实验2：自制楞次定律探究仪（圆柱形强磁铁、方形强磁铁）。

实验3：自制楞次环演示实验（圆柱形强磁铁、易拉罐、细线）。

实验4：铝管、玻璃管及缠有发光二极管的玻璃管（圆柱形磁铁）。

实验5：自制“增缩减扩”演示实验（紫铜铜管、圆形纸片、方形强磁铁）。

三、实验创新要点/改进要点

给学生提供体验和探究的机会，通过对教材实验器材的改进，并尽量放大效果，使得学生对所学内容由复杂到清晰，由抽象到直观。

四、实验原理/实验设计思路

导入新课，引出研究课题，实验分组探究，得出并理解楞次定律的含义，通过设计问题和演示实验使学生会用楞次定律判断感应电流的方向，会用楞次定律解释相关现象。

五、实验教学目标

（1）知识目标：使学生理解楞次定律的内容，会用楞次定律判断感应电流的方向，会用楞次定律解释相关现象。

（2）能力目标：培养学生的探究能力，观察、归纳、总结的能力。

（3）情感目标：培养学生的团队协作精神、科学创新意识。

六、实验教学内容

（1）创设情境，激趣引入。跳跃铝片演示实验引出课题。

（2）合作探究，建构新知。探究感应电流方向，得出楞次定律内容。

（3）演示实验，强化巩固。强化理解楞次定律“阻碍”的含义。

（4）回顾引课，学以致用。体现物理知识来源于生活，服务于生活。

七、实验教学过程

用铝片跃起作为引课。再利用磁铁相对线圈运动，观察并联二极管的发光情况，打开模拟磁感线开关显示磁场，并用磁铁与线圈的相互作用——“来拒去留”，让学生“看见”感应电流的磁场，将原磁场方向、原磁通的变化、感应电流的方向、感应电流磁场的方向等记录到表格中，归纳总结楞次定律的内容。用四个小实验巩固所学的内容，最后引申到楞次定律在生活中的应用。

八、实验效果评价

学生能很好地理解楞次定律的内容，会用楞次定律判断感应电流的方向并解释相关现象。

探究安培力

福建省福州市格致中学鼓山校区　郑健

一、使用教材

鲁科版高中《物理选修 3－1》第六章第一节“探究磁场对电流的作用”。

二、实验器材

三套自制教具：

（1）基于手机音频应用的电流与磁体相互作用现象说明器；

（2）跳动的铝箔－安培力方向探究器；

（3）安培力大小定量实验器。

三、实验目标

结合本节课的教学目标，设置三个实验分别与之对应：

（1）从安培力的应用实例创设实验情景，引出安培力的概念；

（2）通过探究实验发现安培力的方向，掌握左手定则的使用方法；

（3）用控制变量法设计实验，探究安培力的大小与其影响因素的定量关系，理解安培力计算公式。

四、实验设计

（一）实验 1——安培力的概念

基于手机 App，输出可定量调节频率、幅值的脉冲音频电流；通过放大器放大输出到线圈，线圈中心放置圆柱形强磁体。若固定线圈，则线圈电流的磁场将对磁体产生作用使磁体跳动；反之，若固定磁体，磁体产生的磁场将对线圈电流产生作用使线圈跳动。跳动的频率与输出电流频率一致，且发出声音。说明磁场是使电流和磁体相互作用的媒介，电流对磁体的作用叫作电流的磁效应，磁体对电流的作用力叫安培力，这符合牛顿第三定律，也是自然规律的对称统一。本实验结合了生活中扬声器的应用，深刻地说明了安培力的实质。

（二）实验2——安培力的方向

基于课本中的铝箔实验改造，制作简易支架便于固定和操作铝箔对象，设置微动开关便于控制电流的通断操作，在支架上钻孔插入方向指示针探究三维空间关系。在分组实验中实用性强，且探究过程有相当的开放性。学生操作时可以自由操控磁场方向靠近铝箔，从而发现当磁场方向与电流方向成不同角度时安培力的情况。可以根据学生能力情况安排自主探究或在老师规导下探究垂直情况，促使实验中探究生成。

（三）实验3——安培力的大小

用创新实验器定量探究公式，F、B、I、L 都在测量面板上进行数字显示。

（1）改变B：本实验设计最困难的是磁感应强度 B 的控制和测量。通过步进电机驱动竖直滑台轨道，负载线圈跟随滑台上下移动进出磁场，在磁场中不同位置磁感应强度不同。改变线圈在磁场中的位置来改变作用于有效导体部分的磁感应强度 B，它的数值直接通过霍尔传感器测量显示在面板上。

（2）改变 L。缠绕漆包线圈 $n=50$ 来代替单根导线做成各边长度为3cm、6cm、9cm、12cm 的方形线圈。它在竖直平面上绕中心每转过 90°测量，即改变四次 L，转动过程用单片机驱动步进电机自动控制，保证实验精度。

（3）改变 I：采用恒流电源模块，它通过高精度电位器可以准确地调节和读取所需要的电流大小，0.2～2.0A 连续可调。同时用一个换向开关和“红”“绿”LED 指示灯显示电流方向。

（4）改变 θ：自由转动磁体底座，改变线圈和磁场方向所成的夹角，圆形角度盘读出角度 θ。

（5）测量 F：安培力测量根据牛顿第三定律，用电子压力传感器称出通电线圈对磁铁底座的反作用力，即安培力 F 正比于磁铁底座的质量变化 Δm。这样就可以避免直接测量线圈受力时线圈受干扰摆动这些问题。

五、实验效果与评价

（一）实验1——安培力的概念

通过演示实验，说明电流和磁体可以通过磁场发生相互作用，从而使学生真正认识到安培力的实质内涵，体会到自然规律的对称统一。实验采用手机 App 与瓶瓶罐罐相结合，可以观察到磁块与线圈相互作用，发出与电流频率一致的振动声音，这也就是在九年级学习过的扬声器的应用原理，从而很好地衔接了初高中的概念。

（二）实验 2——安培力的方向

实验从课本中的“小实验”改进而来，使其具有学生分组探究的可操作性。简易教具，方便自主探究安培力的方向与哪些因素有关，对比归纳概括为左手定则。有很好的师生互动，促使课堂生成。

（三）实验 3——安培力的大小

突破传统教学难点，实现全定量探究 B、I、L、θ 各因素与安培力 $F_{安}$ 的定量关系。

基于单片机驱动电机滑台自动控制操作实验，用高精度力传感器、霍尔传感器、恒流电路等模块整合，控制变量与精确调节，减小误差，操作便捷。

第三部分　中学化学

初中化学

铁丝在氧气中燃烧的再探究

安徽省合肥市六十一中学　陈晓峰

一、使用教材

人教版九年级《化学》上册第二单元。

二、实验器材

学生电源、滑动变阻器、测氧仪。

三、实验创新要点

（1）通过电加热方式进行的三组并联实验。

（2）采用“中值法”探究一定规格的铁丝燃烧所需氧气的最低浓度。

（3）不同规格的铁丝棉在空气中燃烧。

（4）还原性铁粉在空气中的燃烧。

（5）纳米铁粉在空气中的自燃。

四、实验原理/实验设计思路

“铁丝在氧气中燃烧实验是人教版九年级《化学》上册验证氧气性质的实验。教材是把铁丝缠绕在火柴棒上用酒精灯点燃，但火柴伸入的时机不当，会导致实验失败。改变传统的引燃方式，同时进行多组实验，既可提高实验的成功率又具有较强的对比性。

采用数字化实验和传统实验相融合的方式，用“中值法”科学探究铁丝燃烧所需氧气的最低浓度，并进行铁丝棉、铁粉在空气中燃烧实验，更全面地认识“铁燃烧”。同时，为后续学习化石燃料的利用、化学反应速率做铺垫。

五、实验教学目标

学生通过学习，初步认识铁燃烧的条件；通过“中值法”探究铁丝燃烧所需氧气的最低浓度，初步学会科学探究的一般方法；通过探究过程，形成深度思考的科学品质和勇于探究、敢于质疑的科学精神。

六、实验教学内容

（1）通过电加热方式进行的三组并联实验。

（2）采用“中值法”探究一定规格的铁丝燃烧所需氧气的最低浓度。

（3）不同规格的铁丝棉在空气中燃烧。

（4）还原性铁粉在空气中的燃烧。

（5）教师自制的纳米铁粉在空气中的自燃。

七、实验教学过程

提出问题 1：“引燃铁丝有没有更好的方法”“铁丝燃烧一定需要纯氧吗”采取电加热的方式，用自行车闸线中的铁丝，控制电源电压、滑动变阻器的阻值、铁丝的长度及圈数不变，保证加热铁丝的温度恒定。

创新实验 1：通过电加热方式进行的三组并联实验。将铁丝分别放在空气、氧气体积分数约为 60% 的气体、纯氧三种气体中，并联在电路里进行实验。

提出问题 2：“这种铁丝燃烧所需氧气的最低浓度为多少”如何科学地测定最低浓度呢？采用 POE 教学法，让学生猜测铁丝燃烧所需氧气的最低浓度，提高学生的探究热情。

为什么采用氧气体积分数为 60% 的气体进行实验呢？铁丝在空气（20%）中不能燃烧，而在纯氧（100%）中能够燃烧，因此通过简单、科学的中值法，探究铁丝在氧气体积分数为 60% 的气体中燃烧的现象。学生经过讨论中值法，确定了后面的实验方案。

创新实验 2：利用中值法探究这种规格的铁丝燃烧所需氧气的最低浓度。学生通过课前微课的学习，得到收集一定体积分数氧气的实验数据，并依据数据收集氧气体积分数为 40% 的气体。在学生收集氧气体积分数为 40% 的气体后，进一步用测氧仪测定了氧气的浓度，接着用铁丝进行实验。

依据“中值法”依次进行铁丝在氧气体积分数为 30%、35% 的两种气体中的燃烧实验，铁丝在两种气体中燃烧后又用测氧仪测定剩余氧气的体积分数。最终得到这种规格的铁丝燃烧所需氧气的最低浓度在 32% 左右。

实验结论：一定规格的铁丝要发生燃烧，需要达到一定浓度（最低浓度）的氧气，而且氧气浓度越大，燃烧越剧烈。

列举实例：火柴在酒精灯上加热能够燃烧，但粗木条却不行，让学生直观体验物质的燃烧与物质和氧气的接触面积有关。

提出问题3：铁丝能否在空气中燃烧呢？如何设计实验呢？

创新实验3：不同规格的铁丝棉在空气中的点燃。（学生实验）

提出问题4：铁丝棉更小又会出现什么样的现象？

创新实验4：学生进行还原性铁粉在空气中的燃烧实验。

提出问题5：如果能够获得粒径更小的铁粉又会出现什么样的实验现象？

创新实验5：师生共同进行纳米铁粉在空气中的自燃实验。

联系社会生活，播放成都富士康操作间铝粉爆炸的新闻、加油站中严禁烟火的标识，帮助学生树立实验安全意识。

实验结论2：铁燃烧与铁的颗粒大小有关。铁的颗粒越小，表面积越大，越容易发生燃烧反应；虽然铁丝在空气中不能燃烧，但铁粉在空气中可以燃烧。

八、实验效果评价

本节课从解决"有没有更好的、更科学的引燃方式"开始，不断地提出问题、创设情境，进行实验创新，并将传统实验与现代数字化实验深度融合，让学生体验探究过程，寻找科学方法，改变学习方式，构建知识体系，培养敢于质疑、勇于探究的科学精神，恰好符合教育部提出的中国学生发展核心素养的要求。

通过一系列的实验探究，学生能够较好地理解铁燃烧的相关因素，为后续学习化石燃料的利用、化学反应速率提供了帮助。

燃烧的条件

江苏省如皋市外国语学校　郭建虹

一、使用教材

人教版九年级《化学》上册第七单元。

二、实验器材

具支试管、U 形管、三通管、锥形瓶、广口瓶、铁架台、导管、橡皮塞、气囊、气锤、氮气、氧气、白磷。

三、实验创新要点/改进要点

宋心琦教授认为化学实验体系含三个要素：①经过优选后确定的化学体系,通常以影响因素或变量尽可能少的实验体系为首选，因为实验现象或结论的不确定性越低，越有利于初学者获得比较确定的结果，以便认知过程更好地符合循序渐进和少而精的原则；②合理并有明确探究目标的实验步骤和安全措施;③必需的试剂、仪器装置及合乎规范的操作技术。他认为三者不可或缺，但从学科教育的角度来看，它们的重要性并不等同的，而是依次递减。

（1）优选实验体系。

宋心琦教授认为：对燃烧条件的实验探究至少应当包括与燃烧现象的发生、控制和终止等有关的三个方面。学生体验过燃烧的发生和终止，但对其控制却少有探究。“水落磷燃”“可控火焰”实验均现象明显、对比清晰、反应可控，既可验证可燃物燃烧的必备条件，又能让学生初步体会控制化学变化的一般思路，这正是本实验的优点所在。

（2）创新源于问题。

对于实验，教师更看重的是实验操作要求，本实验活动化学原理较简单，操作技能要求也不高，还存在安全隐患。因而在实际教学中，常被教师的演示实验替代。但做实验不等于科学探究，科学探究必须以学生为主体，科学探究对学生发展科学素养具有不可替代的作用。而科学探究的能力不是与生俱来的，必须在“做科学”的活动体验中才能得到发展和提高。这正是本节课的亮点所在，学生通过探究，发现问题而推进课堂，推动实验的创新，学生始终是实验活动课堂的主体。学生思维活跃，他们在实验中特别好奇“水与火”这对冤家的关系，引课“水下火”，解密“水中火”“水上火”，一系列“水与火”的实验，激发学生的问题意识。对不能解决的问题，如“没有棉线，蜡烛为什么不能燃烧等”，我推荐拓展阅读《化学教学》《燃烧 3 + 1》这篇文章。

四、实验原理/实验设计思路

本课题在第一学期最后一个单元出现，教材中已经多次出现对比实验探究，学生已具备一定的实验操作技能、探究能力。燃烧反应是一个多变量的系统，对其条件的探究，难的不是操作，而是优选反应体系。

“水落磷燃”：该实验装置变形于简易的启普发生器，鼓气，水面下降，白磷开始燃烧，产生大量白烟，停止鼓气，氧气量减少，反应减慢，继续鼓气，白烟迅速逸出，剧烈燃烧。

“可控”的“火焰”：U 形管，三通管，氮气和氧气的对比，在实现单一变量的同时，更为安全环保，且可实现烧灭间的控制，体会控制化学变化的一般思路。引课“水下火”，解密“水中火”“水上火”，有趣的实验激发学生探究、解密的欲望。系列“水与火”的实验，让学生既认识水的灭火原理，又了解其灭火的适用情况，体现化学学科价值。

五、实验教学目标

（1）过程与方法：引导学生运用控制变量的思想设计对比实验，进一步理解燃烧条件和灭火原理。

（2）知识与技能：通过控制燃烧的过程，初步体会控制化学变化的一般思路；通过实验探究活动，领会控制变量的思想方法，培养创新精神，增强安全意识。

（3）情感态度与价值观：辩证认识燃烧现象，感受化学对改善个人生活和促进社会发展的积极作用。

六、实验教学内容

燃烧是生活中最常见的现象，学生积累了较多的感性认识。人教版上册教材中涉及“燃烧”的实验就有 11 组之多，其中学生探究活动两个，这一系列实验，从不同角度，建构学生科学的物质变化观。

“实验活动 3——燃烧的条件”是课标中学生必做 8 个化学实验之一，是其中唯一的以探究为目的的学生实验，其目的是突出新课标的要求——科学探究。化学实验探究对培养学生科学探究的能力、动手的能力及科学的素养都有着不可取代的作用。

燃烧实验对于初中学生来说，虽让他们兴趣盎然，却包含着重大的不安全因素。因此，在设计和选取实验体系时，首先必须着眼于安全。在运用控制变量思想设计、交流评价方案时，引导学生从现象明显、过程环保、影响因素或变量尽可能少的角度考虑实验体系的选择。

“水落磷燃”“可控火焰”“水中火”“水上火”等系列实验，既生动有趣，又暗含奥秘，激发学生探究热情。作为学生实验课，突破对课本实验的“模仿”，做“有思想”的探究实验，是本节课实验设计的亮点所在。在研究课标、教材、学生情况的基础上，提供实验用品，学生自主设计三组实验探究物质燃烧的条件，既有对教材实验的沿袭，又有创新。学生自主设计并完成实验的过程中，必定伴随问题的产生、发现，这些问题推动了师生的实验创新活动，学生始终是实验活动课堂的主体。

“科学实验的结论（或由此推出的理论）一定存在着不确定性，就是不言而喻的了。所以，发现实验结论或科学理论的不确定性，并设法减少或去除不确定性的探究性思维和实践，是一切科学活动的核心内容，也是科学的魅力所在！”——宋心琦

七、实验教学过程

（一）情境引入：创新实验活动——水落磷燃（见图 1）

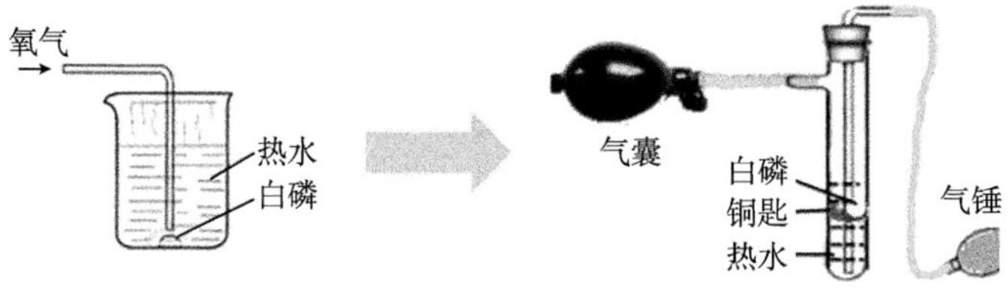

图 1

实验装置变形于简易的启普发生器，鼓气，水面下降，白磷开始燃烧，产生大量白烟；停止鼓气，氧气量减少，反应减慢；继续鼓气，白烟

迅速逸出，剧烈燃烧，反应可控。

设计意图：在新授课知识基础上的课后拓展作业，巩固对燃烧条件认识的同时，激发学生思维，提升探究能力。

（二）活动与探究一：合作探究

以“探究燃烧需要氧气”为实验目的，利用提供实验用品，学生自主设计、完成多种实验方案（见图2），并交流评价。

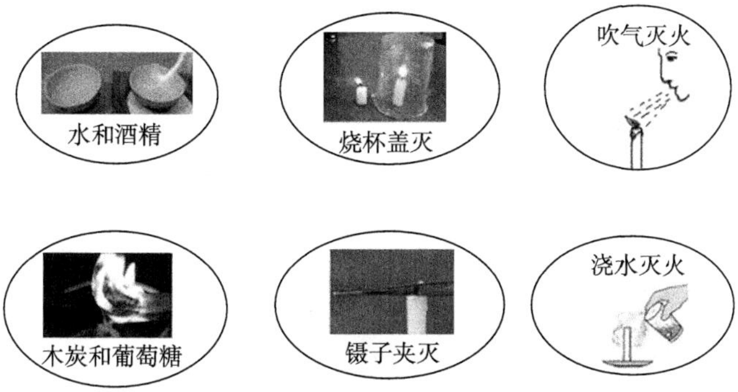

图2

针对上述方案，学生在评价交流时提出了一些问题。有学生认为：在“镊子夹灭”实验中，存在多个变量，不能得出“燃烧需要氧气”这一结论，可能是金属导热，降低温度，并且用实验“镊子侧灭火”观察到火焰逐渐微弱并熄灭，证明自己猜想正确。接着，我们以趣味实验“火焰切割”进一步验证金属导热性对燃烧的影响。燃烧反应是一个多变量的系统，对其条件的探究，难的就是变量的确定和控制。我们可喜地看到，学生这一设计虽小，但探究完整、分析到位、设计精当。学生大胆质疑，空气是混合物，存在多个变量，究竟是哪一种气体支持燃烧呢？实验未能实现单一变量的探究。

设计意图：学生运用控制变量的思想设计对比实验，加深对燃烧条件的认识，进一步了解灭火的原理；并通过控制燃烧的生灭，初步体会控制化学变化的一般思路；而对实验方案的交流评价，可帮助学生更深入理解控制变量的要义。

（三）活动与探究二：创新实验活动——“可控”的“火焰”

学生的问题，推动实验的创新设计（见图3）。

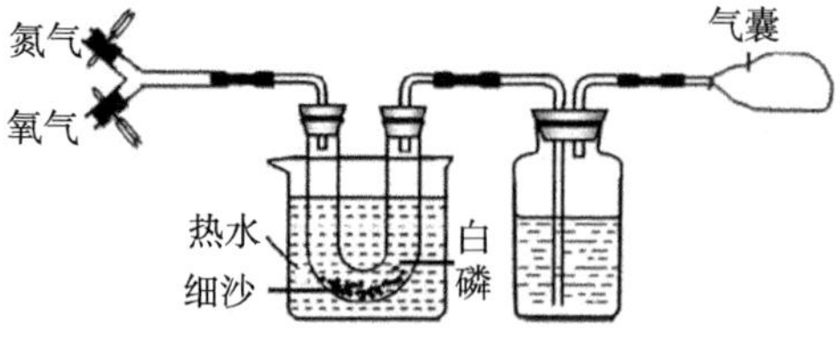

图 3

设计意图：宋心琦教授认为："对条件的实验探究至少应当包括与燃烧现象的发生、控制和终止等有关的三个方面。"这正是这一创新实验设计的优点：现象明显、对比清晰、反应可控、环保。

（四）拓展延伸

（1）实验解密："水中火""水上火"（见图 4）。

图 4

（2）拓展阅读：《燃烧条件 3 + 1》，选自《化学教学》。

八、实验效果评价

科学探究对学生发展科学素养具有不可替代的作用。而科学探究的能力不是与生俱来的，必须在"做科学"的活动体验中才能得到发展和提高。这正是本节课的亮点所在，学生通过探索和不断发现问题将推进课堂，教师的创新实验也源于学生的问题，学生始终是实验活动课堂的主体。

第一单元"蜡烛的探究"，练的是科学探究基本功，让学生学会观察、记录、描述。而在"氧气、二氧化碳性质"的学习中，学生也接触到科学探究的核心，搜集证据、分析、得出结论。本节课则是科学探究最为关键所在，提出问题、设计实验，可谓打通了探究的"任督二脉"，正所谓：学者有疑，小疑则小进，大疑则大进。疑者，觉悟之机也。一番觉悟，一番长进。

整个过程中，学生由依赖转化为独立，实验过程中火花不断，探究过程中学生思维的火花也不断迸发，学生思维始终处于活跃状态，思维品质产生质的飞跃。这正是实验活动 3 背后的智慧所在，也是教师驾驭课堂、驾驭学生的智慧所在，更是培养学生乐于钻研的品格和创新思维的关键所在。

可怕的烟草

山东省烟台龙口市七甲镇七甲学校　纪学磊

一、使用教材

鲁教版九年级《化学》第五单元第四节“远离有害物质”。

二、实验器材

抽气机、试管、导管、自制烟嘴、香烟、打火机、双孔橡皮塞、手机。

三、实验创新要点/改进要点

（1）数字信息技术的合理应用。

（2）实验装置的精心构建。

（3）学生自主设计实验思路。

四、实验原理/实验设计思路

通过香烟燃烧后烟气的进一步处理，探究烟气中有害物质。

五、实验教学目标

（1）知识目标：了解烟气中的有害物质及其对人体的危害。

（2）能力目标：①体会科学探究的一般过程，学会设计实验和操作实验的基本方法；②通过科学实验，避免危险，培养学生的实验安全意识和能力。

（3）情感目标：①培养合作求实的科学精神，体验科学探究的乐趣和独立探究成功的喜悦；②树立“不吸第一口烟”的坚定态度，培养学生的化学责任感和价值观。

六、实验教学内容

以实验的方式呈现烟气中有害物质，引发学生探究意识和远离烟草的态度。

七、实验教学过程

(1) 探究烟气中的焦油。

(2) 探究烟气中的重金属盐。

(3) 探究烟气中的一氧化碳。

八、实验效果评价

实验现象明显，对学生的视觉冲击强烈；实验过程极具启发性，有利于培养学生的探究意识；实验设计安全巧妙，对学生的保护性强，且对此类具有一定危险性的实验操作具有推广价值。

二氧化碳制取与性质的实验改进

福建省福州市闽江学院附属中学　姜淼

一、使用教材

科粤版九年级《化学》上册第五章第三节“二氧化碳的性质和制法”。

二、实验器材

自制玻璃管（2 个），500mL 广口瓶（带单孔橡皮塞），50mL 烧杯（2 个），酒精灯，导管，铁架台，木条，蓝色石蕊试纸，碳酸钙，稀盐酸，澄清石灰水，蒸馏水。

三、实验创新要点/改进要点

装置简单、操作简便、更换简捷。

四、实验原理/实验设计思路

教材设计的实验方案在实践中往往存在以下困难：第一，二氧化碳的性质实验很多，需要的器材比较繁杂；第二，老师们要进行多个班级的教学，气体制备量比较大；第三，制好的二氧化碳常因密闭性不强而流失，使得实验效果不佳。

针对以上问题，我在教学过程中进行了一个优化：化零为整，将多个演示实验整合为在一根玻璃管中完成的探究实验。考虑到需要增加一个进气的通道，我自制出一体化的装置，利用这个装置也可以完成其他的性质实验，这样在课堂上进行不同实验探究时，只需增加一个能够控制反应发生和停止的气体制取装置。

传统的制取方法虽然简单，但却无法做到随开随用、随关随停。于是我进行了第二个优化：化大为小，将气体的制备装置进行改进。利用启普发生器的原理，我用玻璃管加工出一个下面有孔的装置，再连接一个活塞，就可以通过旋转活塞，调节装置内的气压使液面升降，从而达到预期的效果（装置如图 1 所示）。

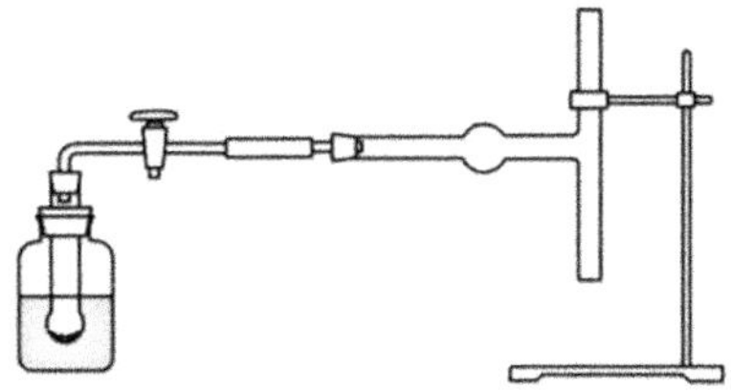

图 1

五、实验教学目标

（1）知识与能力：理解二氧化碳制取的原理及其相关性质。

（2）过程与方法：在实验探究中，认识对比研究等科学方法，并在建构好原理与性质检验的基础上，学会运用化繁为简的科学思想。

（3）情感、态度与价值观：在实验的过程中，培养学生的创新能力，激发学生勇于探索的科学精神。

六、实验教学内容

（1）二氧化碳的物理性质和化学性质。

（2）二氧化碳的检验方法和证明二氧化碳能与水反应。

（3）碳酸的不稳定性。

七、实验教学过程

（1）环节一：实验导课。

教师展示课前收集的两瓶气体，一瓶氧气和一瓶二氧化碳，演示二氧化碳的创新小实验。提出问题：通过刚才的实验你获得了关于二氧化碳的哪些信息？学生思考分析得出结论：二氧化碳不能燃烧也不能支持燃烧。

设计意图：提高学生兴趣，活跃课堂气氛。初步感受二氧化碳的性质，引入新课。

（2）环节二：关于二氧化碳你还想知道什么？

学生提出问题：①二氧化碳的密度比空气大还是小？②二氧化碳能溶于水吗？③二氧化碳能和哪些物质反应？

设计意图：通过提出问题，引领实验探究。

（3）环节三：实验探究。

实验 1：将两根燃着的木条同时放在玻璃管的上口和下口处，可以观察到上口木条火焰没有明显变化，而下口木条很快熄灭。由此可以说明：二氧化碳的密度大于空气，同时既不能燃烧，也不支持燃烧。

实验2：将上口用橡皮塞塞紧，在玻璃管的下口处放一个盛有澄清石灰水的小烧杯，通入二氧化碳，发现澄清石灰水逐渐变浑浊。说明二氧化碳可与澄清石灰水发生反应。

实验3：在玻璃管的下口处放一个塑料瓶，收集二氧化碳。再向瓶中加入少量水，振荡，观察现象。可以说明二氧化碳可溶于水的性质。

实验4：取一条蓝色石蕊试纸，两端用少量水润湿，中间保持干燥，然后将它放在玻璃管中，一会儿，观察到下部湿润的蓝色石蕊试纸变红，而其他部分的试纸不变色。再次说明二氧化碳的密度比空气大，可以像水一样向低处流，同时又可以说明使石蕊变红的并不是二氧化碳，而是二氧化碳与水反应生成了新物质——碳酸。

实验5：再观察刚才的石蕊试纸，可以发现试纸由红色重新变成蓝色。说明碳酸不稳定，很快发生了分解。

设计意图：利用改进的实验装置，引发学生的认知冲突，既使学生更深刻地理解实验原理，也培养了学生的观察能力、分析能力及对实验创新的兴趣。

八、实验效果评价

借助以上改进，与原有装置对比，实现了在一套装置中完成5组性质实验，既简化了仪器的使用，又简化了实验的操作，还提高了课堂效率，使现象对比更直观。同时经多次实验证明，可以节约药品用量70%以上。

特别要提醒的是，在实验操作过程中需要注意一些细节，比如气体产生的速率，如果过快则可能出现上下木条同时熄灭的状况，这时可以通过调节活塞或盐酸的浓度来控制气体生成的速率。

本节课以教材原有实验为起点，借助小小的玻璃管，将制备和性质实验进行了一系列的串联，从而实现了组装简便、控制简单、更换简捷的实验操作效果。课后，学生们利用该装置的原理，在家庭中开展了气体性质的探究，除了可以完成二氧化碳性质验证之外，还可以用于其他与空气密度差异较大的气体的性质检验。微型实验的魅力与强烈的参与感，大大地激发了学生进行化学实验的兴趣，或许这才是我们在实验教学中最终追求的意义。

多种方法认识火焰

重庆市巴蜀中学校　唐思嘉

一、使用教材

人教版九年级《化学》上册第一单元。

二、实验器材

蜡烛、酒精灯、滤纸、滴管、酒精、火柴、铁架台、导管、锥形瓶、试管、胶头滴管、坩埚、坩埚钳、三脚架、烧杯。

三、实验创新要点/改进要点

（1）学生发现了点燃蜡烛时，其火焰是由小到大，再小，再大，最后趋于稳定燃烧的动态变化。

（2）用滤纸设计简单实验证明外焰温度最高。

（3）使用外焰首选稳定的锥形部分。

（4）玻璃导管导出蒸汽，并点燃。

（5）将石蜡蒸汽导入锥形瓶。

（6）胶头滴管将石蜡蒸汽引出来，并燃烧。

（7）探究发现火焰中明亮的圆锥体里含有碳粒。

（8）没有棉线的蜡烛也能燃烧。

（9）火焰靠近管壁时会更加修长。

（10）蜡烛可以在水面下燃烧，直至形成深陷的凹槽。

四、实验原理/实验设计思路

（1）教学背景。

（2）教学目标。

（3）教学内容和方法。

（4）教学过程。

（5）教学反思及评价。

五、实验教学目标

（1）知识与技能：用多种不同实验方法认识蜡烛燃烧时的火焰。

（2）过程与方法：通过提出问题、设计实验方案、动手实验，掌握科学探究的一般方法。

（3）情感态度与价值观：通过实验，激发学生学习化学的兴趣，培养学生的发现意识和创新意识，体验科学探究的价值与快乐。

六、实验教学内容

（1）观察蜡烛燃烧的现象。

（2）探究火焰的结构。

（3）蜡烛燃烧的兴趣实验。

七、实验教学过程

情境引入："春蚕到死丝方尽，蜡炬成灰泪始干。"这是晚唐著名诗人李商隐的佳句，提倡人们要有春蚕和蜡烛的奉献精神。那么蜡烛的燃烧过程是怎样的呢？由此引出这一节实验探究课。

（一）课题一：观察蜡烛燃烧的现象

学生活动 1：点燃蜡烛，仔细观察火焰的形状以及变化。

交流与讨论：蜡烛的火焰是从小到大，再小，再大，最后趋于稳定状态（见图 1）。

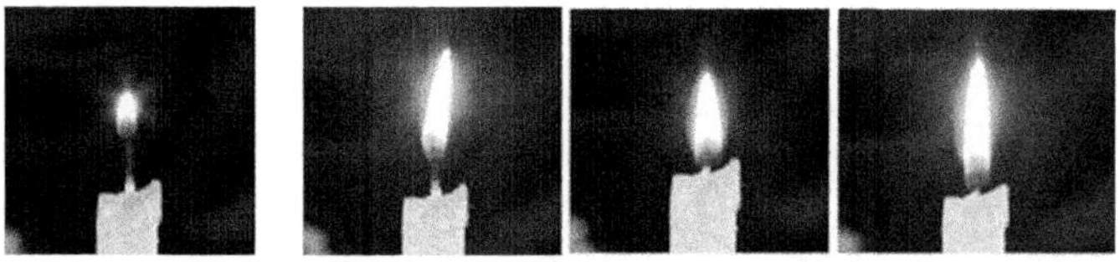

点燃时（由小到大）　　燃烧时（由大到小）　　稳定状态

图 1

思考与交流：为什么蜡烛的火焰是从小到大，再小，再大，最后趋于稳定状态呢？

我引导学生再一次进行细致的观察、激烈的讨论，然后达成共识：点燃前，灯芯被石蜡浸湿，刚点燃时，灯芯上的石蜡逐渐熔化燃烧，火焰由小到大，但很快燃烧完，火焰变小，当灯芯下部的石蜡开始熔化并提供稳定的液体石蜡时，火焰再变大并逐渐稳定。

（二）课题二：探究火焰的结构

学生活动 2：设计实验验证外焰的温度最高。

提出问题：据学生已有知识可知外焰温度最高，焰心温度最低，于是我引导学生从多角度设计方案来验证外焰温度最高。

设计方案：学生设计了很多实验方案，选了三个展示，如图 2 所示。

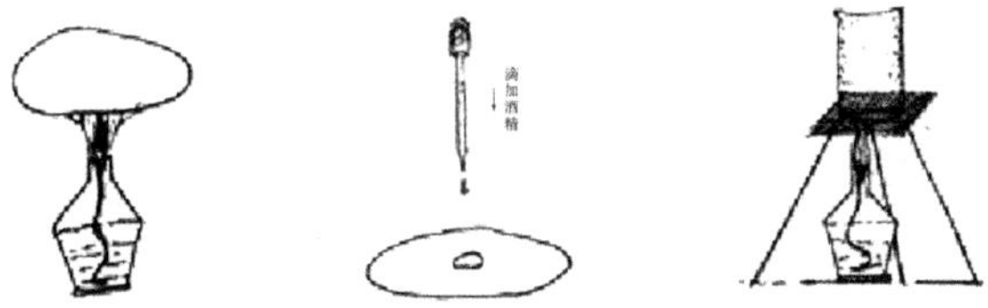

图 2

我及时肯定了同学们的设计，并优化得出两个可行方案，然后进行分组实验。

实验探究：

方案一：用一片滤纸从火焰的上方盖下，1 ~ 2s 后取出，观察滤纸炭化成的黑圈（见图 3）。

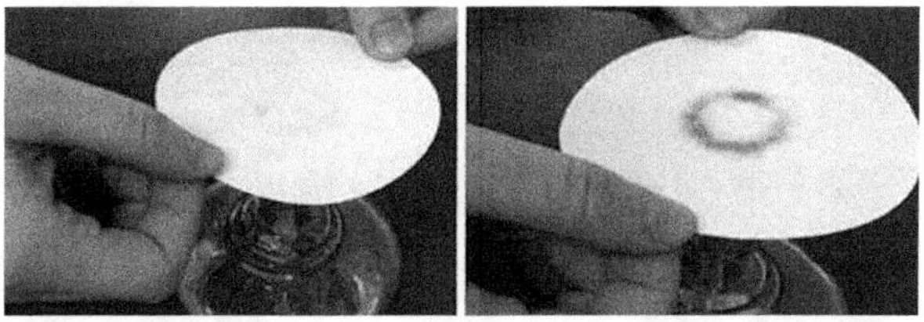

图 3

方案二：在滤纸中间滴 1 ~ 2 滴酒精，点燃并观察酒精燃烧后留下的黑圈。这黑圈正是火焰的外焰部分（见图 4）。

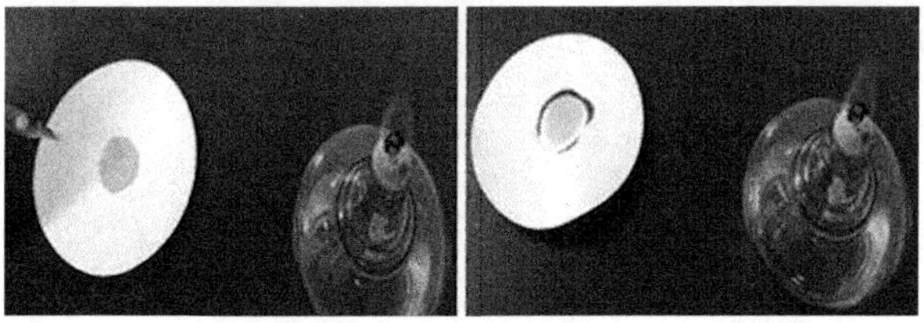

图 4

实验证明，外焰温度最高。

汇报交流：进一步引导学生讨论，为什么外焰温度最高呢？学生通过小组讨论实验（见图 5）得出：“外焰接触氧气最多，燃烧最充分，所以温度最高。”我肯定了同学们的结论，并趁机提出以下趣味实验。

图 5

拓展提升：让 5 个同学同时从火焰的不同部位点燃小木条，比比看谁的速度最快（见图 6）。

图 6

结果利用外焰锥形部分的同学最先点燃（见图 7）。

图 7

同时纠正误区：其实，外焰不只是火焰的尖端部位，凡是与氧气充分接触的都是外焰（见图 8）。外焰的锥形部位温度高且火焰稳定，所以最容易点燃。

学生活动 3：改进实验方案，点燃蜡烛刚熄灭时产生的白烟，并探究白烟的成分。

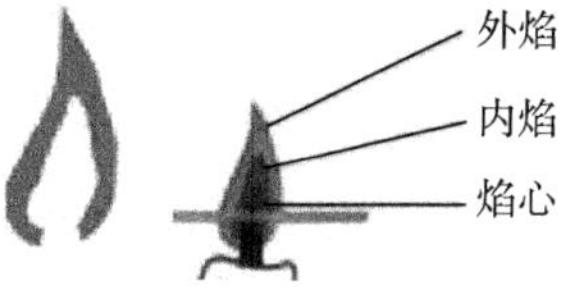

图 8

提出问题：教材实验中，白烟量少，成功概率不大，于是我问：可否改进实验方案，使实验易于成功，现象更加明显呢？并引导他们进一步探究白烟的成分。

设计方案：这是从学生方案中选出的三个优化方案（见图 9）。

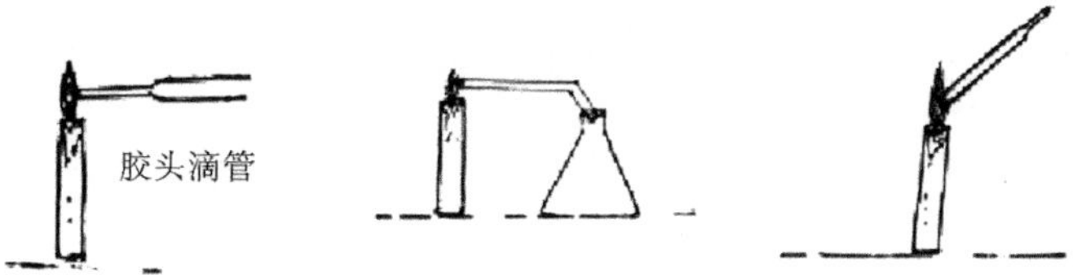

图 9

实验探究：根据以上方案，分三个小组进行实验。第一小组，用玻璃导管导出白烟，并成功点燃（见图 10）。

图 10

第二小组，用弯曲玻璃导管把白烟引入锥形瓶（见图 11）。

图 11

第三小组，用胶头滴管吸取白烟，并点燃（见图 12）。

图 12

汇报交流。

第一小组：我们从焰心引出白烟，能够持续观察白烟的燃烧。

第二小组：我们发现了这些物质，有一部分是石蜡的蒸汽，遇到冷的锥形瓶就会凝聚而附着在烧瓶的内壁上，成为固态的石蜡，而另一部分则是石蜡分解后的生成物，仍然是气态。

第三小组：我们组将实验化繁为简，操作方便。我与学生进一步认识了焰心。

学生活动4：探究内焰明亮的原因。

提出问题：内焰明亮的原因是什么？

设计方案：学生讨论可以使用如图13所示的仪器。

图13

最后，我们选择瓷坩埚进行实验。

实验探究：取一个冷的瓷坩埚的盖子，放在火焰明亮部分的上方，1～2s瓷盖上就附了一层黑色的小颗粒（见图14）。

图14

汇报交流：我们发现明亮的圆锥体里含有碳粒。一部分碳粒在这个圆锥体里跟氧气化合而产生高温。另外一部分碳粒因受到强烈灼烧而发光，这些碳粒正像电灯泡里灼热的灯丝发光一样。

学生通过实验发现问题，又在实验中解决问题，这就是实验的魅力。

（三）课题三：拓展提升

我向学生提出问题：没有棉线的蜡烛能够燃烧吗？

学生分小组展开激烈讨论。A组认为能，因为倒在碗里的酒精可以点燃；B组认为蜡烛没有棉线就不能燃烧。

究竟能否燃烧呢？实验是检验真理的唯一标准，我用实验来求证，并做了如下实验：把指头大小的一块蜡烛块放在坩埚里，用燃着的木柴火焰去点，无论如何也点不着。如果把石蜡加热熔化，待冒出白烟——有石蜡蒸汽时再点，它就像酒精一样，立即着火燃烧（见图 15）。

事实证明，当石蜡熔化产生蒸汽后，是可以点燃的。

图 15

这里既有小道理，又有大理论，用实验解决这样一些简单问题，才能给我们的探究性学生活动注入新的活力！接下来，为进一步激发学生的探究思维，我向学生演示了蜡烛燃烧的两个实验：①把火焰伸进玻璃管中，让火焰靠近管壁，我们发现处于肥胖状态的火焰，很快瘦身修长（见图 16）。②将一根蜡烛点燃,竖立放在烧杯中，加水到距火焰 1cm 以下，只待火焰最终燃到烧杯内水面以下 0.5 ~ 1cm，并且烛心形成一个深陷的凹槽时，火焰才会熄灭（见图 17）。

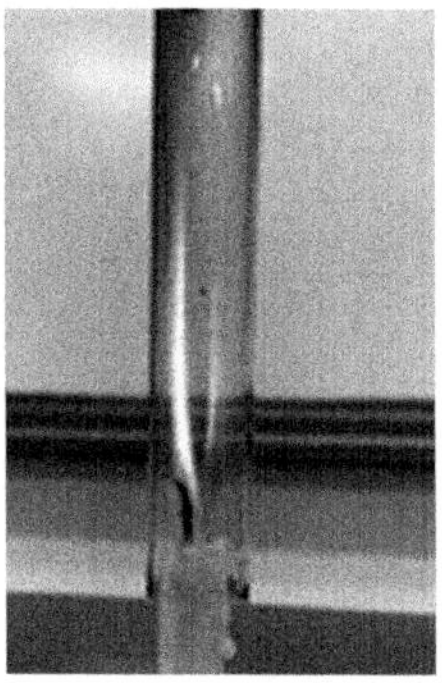

图 16

图 17

我将这两个问题留给学生课下解答。

八、实验效果评价

本节课有如下实验闪光点。

(1) 学生发现了点燃蜡烛时，其火焰是由小到大，再小，再大，最后趋于稳定燃烧的动态变化。

(2) 用滤纸设计简单实验证明外焰温度最高。

(3) 使用外焰首选稳定的锥形部分。

(4) 玻璃导管导出蒸汽，并点燃。

(5) 将石蜡蒸汽导入锥形瓶。

(6) 胶头滴管将石蜡蒸汽引出来，并燃烧。

(7) 探究发现火焰中明亮的圆锥体里含有碳粒。

(8) 没有棉线的蜡烛也能燃烧。

(9) 火焰靠近管壁时会更加修长。

(10) 蜡烛可以在水面下燃烧，直至形成深陷的凹槽。

本节课充分运用除味觉以外的所有感官，尽可能对一支蜡烛在点燃前、点燃时和熄灭后的三个阶段进行观察。这应该是学习化学最具光辉价值的一种指导思想。

探究空气中氧气体积分数的测定

浙江省杭州经济技术开发区学正中学　汪晓

一、使用教材

浙教版八年级《科学》下册。

二、实验器材

钟罩、水槽、燃烧匙、酒精灯、火柴、橡胶塞、药匙、集气瓶、导管、橡皮管、止水夹、烧杯、铁架台、试管、注射器、细沙、具支试管、凡士林、红磷、白磷、滤纸等。

三、实验原理

如图 1 所示。

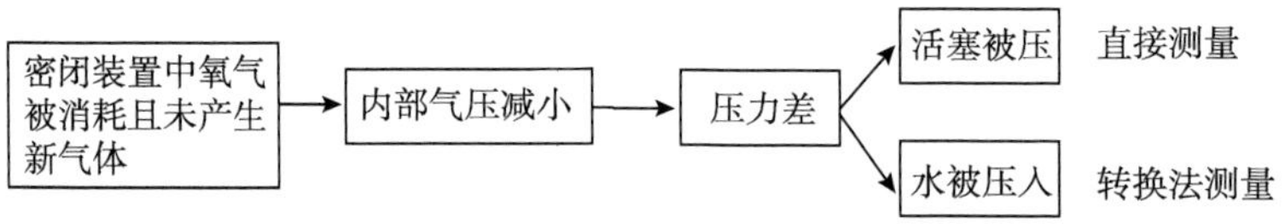

图 1

四、实验创新点

（1）理念立意上：本实验以 STEAM 教育理念为指引。在对空气中氧气含量测定的探究过程中，融合科学、技术、工程、艺术及数学的思想，充分体现了跨学科性、技术性、设计性、实证性、人文性、协作性、情境性、体验性。

（2）学时安排上：采用“1 + 1”模式，即 1 节基础课 + 1 节拓展课，给予学生充分的思考、实践时间，使同学们在活动中增进对实验原理的领悟，并选用最佳技术、选择理想器材，装配测定装置，并对测定的数据进行分析，优化技术，培植工程学思想。

（3）技术手段上：采用同屏技术，即时摄录同学们协作设计、合作实验、成果展示的情景，优化交流方式。

五、设计思路

（一）基于学情

（1）知识基础：学生能理解空气中氧气的体积分数，但对测定的方法比较困惑；知道红磷、白磷燃烧产生产物为固体；能理解密闭装置中气体减少能导致内部气压变小。

（2）方法积淀：通过测“不规则物体的体积”的方法，体会到转换法和等效替代法的运用。

（3）能力储备：学生具备一定的实验操作技能，也具备一定的设计、组装实验器材的能力。

（4）心理特征：八年级的孩子充满好奇，在情境中质疑、在质疑中探究，更能让同学们自主建构。

（二）基于学理

如图2所示。

图2

（三）基于学养

（1）宏观辨识与微观探析：在原料选择时，加深对“性质决定应用”的理解。

（2）模型认知与证据推理：能进行装置解析、建构模型、协作设计。获取证据、基于证据、分析推理。

（3）实验探究与创新意识：能依据探究目的设计并优化实验方案，完成实验操作，能收集信息并提炼结论；表达交流探究成果；具有独立思考、敢于质疑和批判的创新精神。

（4）科学精神与社会责任：能认识到氧气的发现及含量的测定，对全人类都有不可磨灭的意义。

六、实验教学目标

S（科学）：知道红磷、白磷燃烧能消耗氧气且不产生气体；知道加热的铜粉可以消耗氧气且不产生气体；能用气压差解释拉瓦锡的“二十天实验”装置的原理；理解并运用“转换法”“等效替代法”的科学方法。

T（技术）：摸索选配测定空气中氧气含量的装置；掌握空气中氧气含量测定的基本操作。

E（工程）：能设计方案，选择不同的物质和不同的装置，解决如何测量更精确的问题。

A（艺术）：能在拉瓦锡的“二十天实验”的科学史实中体验到科学家孜孜以求的精神和实事求是的科学态度。

M（数学）：能从粗略测量提升到精准测量，并尝试对正负误差进行分析和解释。

七、实验教学内容及方法

通过对拉瓦锡的经典“二十天实验”科学史实的描述进行装置解析；通过注射器小实验进行原理解析；迁移协作设计实验装置并择器装配；在实证中获取数据，修正设计方案。

（一）教学方法

（1）问题链驱动：该实验以问题为主线，通过问题链驱动学习的深入。

（2）引探教学法：在真实的情境中，引导同学们从原料、原理、器材，实施测定主题的探究。

（二）学法指导

（1）嵌入式学习：同学们根据解决问题的需要进行针对性专题技术学习。

（2）自主探究法：同学们在老师的引导下，主动探究测量的原理、器材、药品并实践验证。

八、实验教学过程

教学过程	教师活动	学生活动	载体呈现	设计意图
重温经典 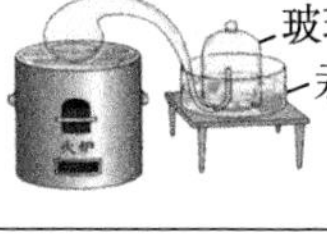	氧气发现史描述拉瓦锡的“二十天实验”	听故事，谈体会	课件呈现	A：通过对科学史的了解与分析，体现了艺术与人文性
装置解析	引导学生分析	尝试分析原理：玻璃钟罩和汞槽构成一个密闭系统；汞受热耗氧且产生氧化汞（固体）；造成气压减小；大气压使钟罩汞液面上升	课件	S：科学原理分析

续表

教学过程	教师活动	学生活动	载体呈现	设计意图
原理解析	 引导得出：重构模型的要素	尝试总结出模型的要素：密闭装置、内部有耗氧物质、在一定条件下能耗氧且不产生新气体（或产物能被消耗）、内部压强变小能引起可测量的变化	实验	S：科学原理分析
协作设计	引导学生，对方案进行修正	设计方案	学生阐述、同屏呈现方案	科学、技术、工程学的融合
择器装配	指导学生按照自己的设计，选择合适的器材装配	按设计装配		T：体现实验的技术性
实证分析	引导分析、组内评价	方案一：钟罩实验  组内评价 过程组内互评及结果归因分析 方案二：常用实验 针筒活塞直接测量实验 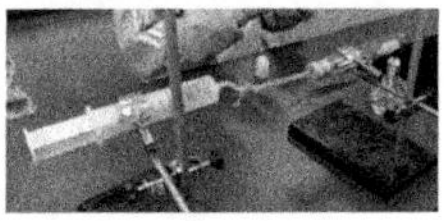 组内评价 过程组内互评及结果归因分析 方案三： 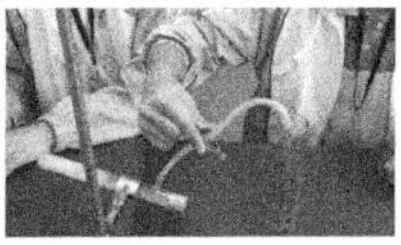 组内评价 过程组内互评及结果归因分析		STEAM：科学、技术、工程学、艺术、数学的融合

续表

教学过程	教师活动	学生活动	载体呈现	设计意图
交流反思		班内同屏交流、互动。总结实验过程中的不足及结果的偏差分析		
延伸拓展	演示、原理阐释	观察、领悟		STEAM：科学新技术的运用
总结与反思	教师引导	同学总结		

九、实验教学反思及评价

（1）情境性和问题性：在真实的问题情境中，激活问题意识，基于问题开展一系列的探究活动。

（2）设计性和实践性：设计的不一定能实践，在实践中验证设计的问题，提升设计能力，提升实证的意识。

（3）单一性和融合性：把一个个的独立的实验融合在一起，形成探究的问题群，尝试用不同的原理、不同的技术手段来解决问题，其中融合了跨学科性、设计性、技术性、实践性，这恰恰是 STEAM 所倡导的。

高中化学

硫酸铜晶体结晶水含量测定

上海市西南位育中学　陈浩

一、使用教材

上海科学技术出版社高中一年级第一学期《化学》。

二、教学目标

（1）知识与技能：解释硫酸铜晶体中结晶水含量测定的实验原理；描述硫酸铜晶体中结晶水含量测定的实验步骤并完成操作；设计硫酸铜晶体中结晶水含量测定的实验方案。

（2）过程与方法：通过数字化实验探究，绘制工作曲线，知道硫酸铜溶液浓度和吸光度的关系。

（3）情感态度与价值观：养成严谨认真、求真求实的科学精神和团队合作精神。

三、重难点

吸光光度定量方法的形成。

四、实验用品

实验仪器：计算机（安装软件）、数据采集器（Vernier）、色度传感器（Vernier）、250mL 容量瓶、烧杯、玻璃棒、洗瓶、电子天平、药匙、干燥器。

实验试剂：无水硫酸铜（AR）、硫酸铜晶体（AR）、蒸馏水。

五、实验教学过程

教师讲述：同学们已经学习过了用重量法来测定胆矾结晶水含量的实

验，今天我们来一起讨论探究另一种测定胆矾结晶水含量的方法。

教师提问：首先我们同学一起回忆下胆矾有哪些物理、化学性质？

引导补充：易溶于水形成蓝色溶液。

学生回答：

胆矾的物理性质：蓝色晶体，易溶于水形成蓝色溶液。

胆矾的化学性质：受热分解生成无水硫酸铜（铜盐和硫酸盐的性质）。

教师提问：我们在用重量法测胆矾结晶水含量的实验中用到了哪些性质？

学生回答：受热分解生成无水硫酸铜。

教师提问：那么重量法测胆矾结晶水含量的实验的原理用计算公式来怎么表达？

板书：$CuSO_4 \cdot xH_2O \rightarrow CuSO_4 + xH_2O$

$$x = \frac{n(H_2O)}{n(CuSO_4)} = \frac{\frac{m(H_2O)}{M(H_2O)}}{\frac{n(CuSO_4)}{M(CuSO_4)}}$$

补充提问：水的质量怎么确定？

学生回答：样品加热前后的质量差。

教师讲述：重量法是用加热的方法使胆矾失去结晶水，从质量差中求得了水的物质的量从而测出含水量。

教师提问：重量法关注了 $CuSO_4 \cdot xH_2O$ 化学式中结晶水的部分，那么还有其他的方法来测出结晶水质量吗？

提示：关注 $CuSO_4x \cdot H_2O$ 化学式中 $CuSO_4$部分。

学生回答：测出 $CuSO_4$的的质量，用胆矾质量减去其中 $CuSO_4$的质量就是结晶水质量。

教师提问：请同学重新分析胆矾的性质，找出测 $CuSO_4$质量的方法。

学生经过分析后回答：将胆矾溶于水配成一定体积的溶液，测出 $CuSO_4$的浓度，就能计算出的 $CuSO_4$质量。

教师提问：请同学思考如何测定胆矾配置成溶液的浓度。

如果学生遇到困惑，提示：测 pH 值时，用对比标准比色卡确定溶液的酸碱性。

学生讲述：利用硫酸铜溶液的蓝色深浅，对比已知浓度的硫酸铜溶液，就能确定溶液的浓度。

教师展示几瓶浓度接近的硫酸铜溶液。

教师提问：这是几瓶浓度不同的硫酸铜溶液，你们能否区别出哪一瓶颜色最深？浓度最大？

学生回答：区分不出。

教师讲述：用肉眼观察溶液颜色的深浅会产生很大的误差，但是使用仪器可以做到准确地判断溶液颜色深浅。请同学阅读色度传感器的介绍。

传感器和吸光度的介绍：人眼看到的颜色是由于可见光中部分波长的光被吸收造成的，如硫酸铜溶液吸收的 600 ~ 700nm 的红光。色度传感器可以测出某一波长光的吸光度（吸光度是用来衡量光被吸收程度的一个物理量）。同种溶液相同体积情况下，吸光度越大，溶液颜色越深。即我们可以用色度传感器测吸光度来定量溶液的颜色深浅。

教师讲述：使用色度传感器能够帮助我们准确地比较溶液颜色的深浅，实验中所用的仪器我们已经选择好了，色度传感器和配置溶液的相关仪器。下面我们就要思考具体的操作步骤了。

学生设计实验操作步骤：①称量胆矾质量；②将胆矾溶解配置成100mL溶液；③用无水硫酸铜配置标准溶液。

学生发现问题：胆矾中结晶水含量未知，配置出的溶液浓度是未知的，如果待测液的吸光度在两个标准液的吸光度之间，如何来确定待测液的浓度？

学生提出探究：需要探究溶液的浓度和吸光度的关系。

学生实验：

用无水硫酸铜准确地配置 5 份硫酸铜溶液（浓度分别为 0. 08mol/L、0. 15mol/L、0. 2mol/L、0. 3mol/L、0. 4mol/L）并测定其吸光度，将吸光度数据输入计算机。

无水硫酸铜的质量输入软件中 x 轴坐标，溶液的吸光度输入 y 轴坐标，画出 5 个点（见图 1）。

学生观察：5 个点正好在一条直线上。

学生讲述：这说明在这个浓度范围内，溶液中溶质的量和吸光度成正比例函数关系。

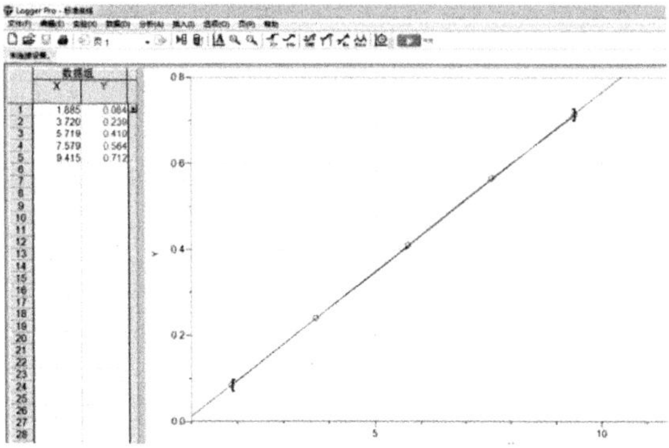

图 1

教师操作：用软件拟合出函数的解析式。

教师提问：现在有了这条正比例函数曲线，如果有一个未知浓度的硫酸铜溶液测得吸光度为 XX（在上述图像 y 值范围内），能否算溶液浓度？

学生回答：可以，通过正比例函数可以计算出。

教师讲述：通过这根函数曲线，我们可以用吸光度计算出范围内的任意硫酸铜溶液的浓度，因此我们将这根函数曲线称为标准工作曲线。

教师提问：有了标准工作曲线，解决了刚才同学的问题，那么请同学按小组讨论继续设计出实验方案和简要步骤。

学生回答：①称取一定克数的无水硫酸铜，配制成 100mL 溶液；②测出上述溶液的吸光度；③用标准曲线计算出溶液中 $CuSO_4$ 的浓度；④计算 x 值。

补充：称量的胆矾质量范围：2 ~ 3g。

将胆矾的准确质量和测出吸光度输入计算机，由老师用 Excel 公式快速统计出结果，同学课后验算。

课堂讨论：①比较重量法和吸光光度法的特点；②讨论两种方法的适用范围。

补充阅读资料：

孔雀石〔主要成分 $Cu_2(OH)_2CO_3$〕可以用硫酸溶解形成硫酸铜溶液；黄铜矿〔主要成分 $CuFeS_2$〕在加热条件下能溶于浓硫酸形成硫酸铜和硫酸铁溶液。

请同学讨论哪一种矿石更适合使用吸光光度法分析。

六、教学效果和评价

在这堂课中，学生提出了通过测定颜色来确定浓度的新设想，而色度传感器提供了有效的技术支持，学生实现了探究过程，由此可以说学生体验了现代化分析技术，激发起了学习兴趣，提高了分析图表和数据处理能力。

由于学生有 pH 比色卡的使用经验，和本实验可以类比和迁移，学生对本实验的原理理解并不困难。通过在新情景下设计测定实验方案，巩固了学生对物质定量分析基本框架的认识，同时也使学生从解读重量法的实验方案进入到设计新的方案学习任务中，提升了思维的深度和广度。

七、教学反思

为了达成课程标准提出的能力目标，让学生体验科学研究的一般过程，数字化的实验仪器提供了有力的支撑。一直以来传感器的价格比较昂贵，难以普及。随着科技的进步，传感器的价格会逐渐下降，相信传感器在教学中的使用会越来越普及，学生通过数字化实验能探究更多的内容。

而有些问题不属于本节课的教学目标，因此就回避了。比如用吸光光度法来测结晶水含量，应该选择合适的基准物质，无水硫酸铜虽然不是基准物质，但使用无水硫酸铜作标准曲线，精确度不逊色于重量法，也就是说产生的误差在中学要求的范围内。如果要进一步提高精确度，可以使用更加稳定的 CuO 溶于硫酸来绘制标准曲线。

铁与水蒸气反应实验装置的创新设计

江西省南昌市第三中学　黄靓

一、使用教材

人教版高中《化学必修 1》第三章第一节“金属的化学性质”。

二、实验仪器

氢气传感器，高温传感器，酒精灯，聚焰灯罩，坩埚钳，石棉网，两个铁架台带铁夹，具支试管，双孔塞，一只转角成 90°和尾部成 170°的玻璃导管，长棉线，一只带橡胶管的直玻璃导管，小毛刷，自制起泡剂，自制移泡器，药匙，铁粉，磁铁。

三、实验创新要点

教材中给出的装置如图 1 所示。

图 1

不足：①达到铁粉和水蒸气反应温度时，棉花中的水早已挥发，造成水蒸气不足，氢气极少。②加热过程中，湿棉花中的水会成滴流向试管的受热处，导致试管炸裂。

创新装置如图 2 和图 3 所示。

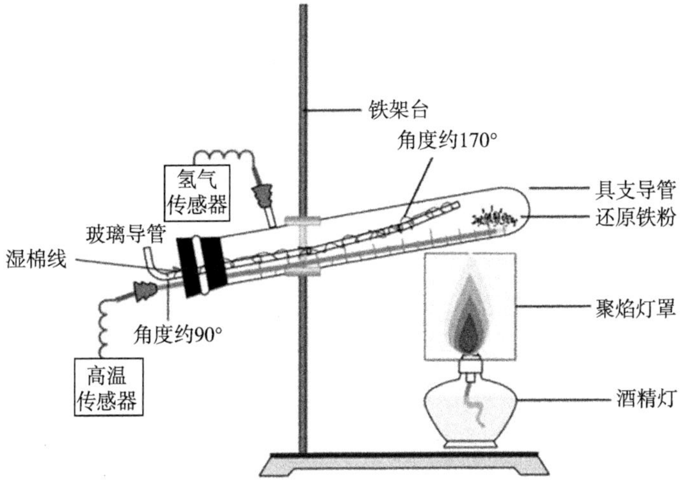

图 2

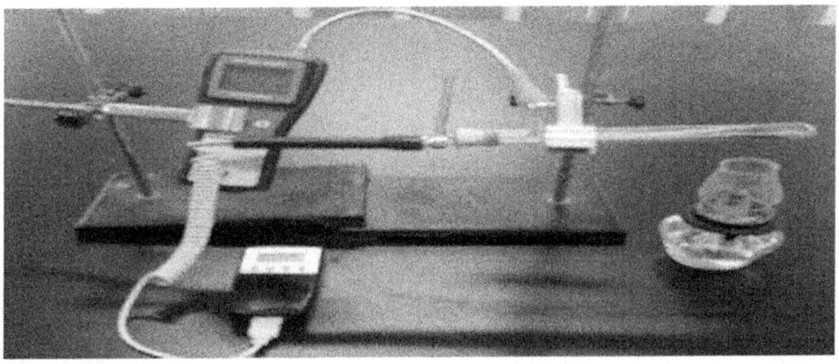

图 3

实验创新点：

（1）用磁铁疏松平铺铁粉，可以增大反应的接触面积。

（2）酒精灯加热铁粉，聚焰灯罩的使用可以提高反应的温度。

（3）连通湿棉线的导气管为水蒸气的发生装置，此设计的优点是可以按需添水，水蒸气持续稳定。

（4）具支试管底部为反应的发生装置，铁粉紧贴试管内壁，导气管远离试管内壁，此设计的优点是套管设计让铁粉比水先受热，可减少热量的散失，弯管设计使参与反应的水蒸气不在受热区凝结成水，所以试管不炸裂。

（5）在支管口涂抹自制的起泡剂为生成气体的验证部分，此设计的优点是可以多角度验证气体，同时增强实验的趣味性。

（6）利用数字化技术使用高温传感器和氢气传感器，让学生形象直观地了解反应的发生以及产生氢气所需的大致温度。

（7）装置简单，操作安全方便，既可以开展教师演示实验，又可以开展学生实验。

四、实验原理/实验设计思路

针对教材传统装置设计的问题所在进行改进。本实验的原理是铁粉与水蒸气发生反应生成氢气。我的改进实验装置的设计思路如下。

（1）反应装置：具支试管底部加入铁粉并用磁铁疏松，用加聚焰灯罩的酒精灯加热试管底部 5～6min。

（2）水蒸气的发生装置：试管口加一个带玻璃弯管和高温传感器探头的双孔橡皮塞，弯管中放入湿棉线。这样可以按需添加水，保证水蒸气足量，弯管的设计使铁和水不在同一个区域加热，可以防止水蒸气在受热处凝结成水造成试管炸裂。套管的设计让水在试管内部的玻璃弯管中，所以铁粉先受热，这样可以减少水先蒸发带走的热。

（3）氢气检验装置：在具支试管的支管口涂抹起泡剂验证生成的气体，取泡器移下泡泡用酒精灯点燃，听爆鸣声证明反应生成氢气。泡泡的升空实验也可以证明氢气的生成。

（4）利用数字化技术使用高温传感器和氢气传感器，让学生形象直观地了解反应的发生以及产生氢气所需的大致温度。

五、实验教学目标

（1）知识目标：了解铁与水蒸气反应原理。

（2）能力目标：①培养学生阅读查找资料的能力；②培养学生的创新意识和实践能力，设计出简单可行的铁与水蒸气反应的装置。

（3）情感目标：①让学生体会到设计并完成实验的成功感，增加学生学习化学的兴趣；②培养学生发现问题的能力，并养成主动与他人交流合作的精神。

六、实验教学内容

（1）回答上节课留下来的问题“日常生活中有没有铁和水发生的反应”，学生通过课后查阅资料得出淬火是铁与水蒸气在高温时发生的反应并能产生氢气和四氧化三铁。

（2）完成教材中的探究，老师引导学生从水蒸气的发生、反应以及氢气的检验三部分入手，分组合作设计二者反应的装置。可现场用计算机查阅资料。学生在分组查阅资料之后设计出铁与水蒸气反应的实验装置，设计结束后展示学生的成果。根据展示的设计，学生讨论交流各小组的优缺点，学生代表发言。

（3）由于学生的设计还不够完美，所以老师提议用教材中给出的装置进行分组实验，查看效果。学生通过亲自动手并直观地观察实验现象，又发现教材装置的问题所在。

（4）最后引导学生改进装置，得出一套合适的装置，并用这套装置开展演示实验，过程中引导学生归纳改进装置的优点。

七、实验教学过程

学生活动线：①收集资料；②分组探究设计装置；③讨论小结；④分组实验，再次小结；⑤归纳创新装置的优点。

老师活动线：①创设情景；②适当点评；③指导分组；④教师演示创新实验。

学生活动线与老师活动线环环相扣，设计出一套合适的装置。

教学过程分五个环节。

环节 1：创设情景。

问题情景，上节课留下的问题“生活中有没有铁和水发生的反应”。

学生课后查阅资料，得出淬火，从而让学生知道铁可以和水蒸气反应。

环节 2：分组探究设计（课本 50 页）铁和水蒸气反应的装置。

展示四组学生成果。

环节 3：讨论小结，适度点评。

学生代表总结各组优缺点（用视频 1 和视频 2 展示），老师肯定各小组设计的成功，指出装置还需简洁，表扬小组四输液瓶的创意，设疑能微型化吗？

环节 4：教师指导分组实验，学生再次进行小结。

老师提议利用书上第 50 页的装置图（见图 1）进行分组实验。

学生亲自动手又得出书上装置存在的问题。

问题 1：达到铁粉和水蒸气反应温度时，棉花中的水早已挥发，造成水蒸气不足，氢气极少。

问题2：加热过程中，湿棉花中的水会成滴流向试管的受热处，导致试管炸裂。

环节5：结合数字技术演示创新设计，学生总结优点。

针对上述问题引导学生将装置改进，如图2和图3所示。

老师再利用改进装置进行演示实验，过程中让学生得出改进装置的优点。

八、实验效果评价

这堂课真正做到了学生全程参与，培养了他们的创新意识和实践能力；利用氢气传感器检验氢气是非常便利的，让学生体会了科技的课堂；创新的设计又为师生提供了更优化的实验方案。以上这些很好地完成了我的实验教学目标。

这是一堂成功的实验课。今后的实验教学尽可能把课堂还给学生，让他们自主探究。

氮的循环第一课时
——氮气及氮氧化物的性质

福建省武夷山第二中学　黎美华

一、使用教材

鲁科版高中《化学必修1》第三章第二节“氮循环”。

二、实验器材

器材如图1所示：铁架台（配铁圈、铁夹），烧杯，100mL的圆底烧瓶，50mL的注射器，胶塞等。

药品：稀硝酸、铜片、二氧化锰、双氧水。

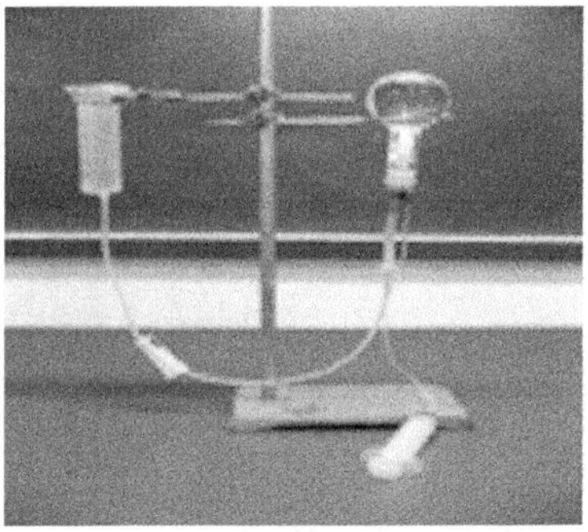

图1

三、实验创新要点/改进要点

鲁科版《化学必修1》的第三章第二节“氮循环”中没有氮氧化物性质的实验，只是用图片来说明，为此我创新设计了“氮氧化物的性质实验”，弥补该实验的空白。有毒气体实验走出通风橱，安全进入课堂，用定性实验展示一氧化氮、二氧化氮的性质，用定量角度来发现实验中的新问题，再引导分析，解决问题的过程中，培养学生尊重事实、细心观察、善于思考的心理品质。

四、实验原理/实验设计思路

利用 NO 难溶于水的性质，将定量的 NO 密封在水中，观察 NO 的物理性质。

再通入定量氧气，实现了 NO 与氧气反应生成 NO_2，同时 NO_2 又立即与水反应，这样观察到 NO 的化学性质，NO_2 的物理性质、化学性质。NO_2 溶于水后形成了负压的状态。

打开止水夹，观察到红色的喷泉现象。证明生成的溶液是酸性溶液。这是学生已有的知识：含氮元素的酸是硝酸。学生用已学的氧化还原反应来预测二氧化氮与水反应的其他产物的可能，讨论并设计实验方案进行检验。

实验中还设计了量气装置，随时可以定量测出反应装置中气体的体积。取出并检验残留气体，来验证预测的结果是否一致。如果发现新的问题，再分析为什么，培养学生的科学态度。

五、实验教学目标

根据教材分析，考虑到学生已有的认知结构心理特征，制定如下教学目标。

（1）知识目标：理解 NO、NO_2 的性质；帮助对氮循环过程的理解。

（2）能力目标：通过该实验过程，培养学生观察能力，并引导学生从定性来分析反应原理，同时又从定量的角度来思考分析实验数据，从而培养学生的科学素养。

（3）情感目标：通过“氮氧化物性质实验”的学习，认识氮氧化物对环境的影响，树立环境保护意识。

（4）重点、难点：氮的氧化物的性质。

（5）难点的处理方式：培养学生通过观察实验现象总结分析物质性质的能力。通过实验，真实地再现出 ON、NO_2 的物理性质和化学性质，用事实和数据说法。再学习运用原理知识解决问题的能力，培养学生加强理论联系实际的能力。

六、实验教学内容

（1）NO 的物理性质。

（2）NO 与氧气反应。

（3）NO_2 的物理性质。

（4） NO_2与水反应。

（5） 产物的检验。

（6） 了解量气装置。

七、实验教学过程

闪电的过程中，空气中的氮气与氧气反应生成一氧化氮。自然界中无法见到 NO，同学们想见一见一氧化氮的真实面目吗？请看：

（1） 烧瓶内装置满水，量气筒水位 0mL，往烧瓶中通入 48mL 的 NO。请同学观察 NO 的物理性质，并记录。

（2） 往烧瓶中注入 24mL 的 O_2，请观察现象并记录。

观察到无色的 NO 变成红棕色气体，说明 NO 与 O_2反应生成 NO_2，其反应方程式：$2NO + O_2 = 2NO_2$。这意味着 NO 与 O_2不共存。所以自然界中的 NO 永远是现不了真身的。

接着红棕色气体又消失了，说明 NO_2 与水反应，其反应生成什么呢？

（3） 请注意，我打开止水夹，什么现象发生？

烧瓶内形成了喷泉。只有烧瓶里面的压力小于外面的大气压，才能形成喷泉。这说明烧瓶内的气体体积减少。此时量气筒液面读数为 10mL，即烧瓶残留气体有 10mL。

（4） 再取烧瓶内的溶液，用湿润的紫色石蕊检验酸碱性，观察现象并记录。石蕊试液变红，说明溶液显酸性，有硝酸生成。

现在我们可以得出这样的结论，二氧化氮与水反应生成的产物之一是硝酸，请同学们根据化合价的变化，用氧化还原的理论来推测还有什么产物？

学生分析出有 NO 生成，$NO_2 + H_2O$——$HNO_3 + NO$。残留的气体是不是 NO？反应方程式：$3NO_2 + H_2O = 2HNO_3 + NO$。

接下来，我们来检验烧瓶内的残留气体，请讨论用怎么方法来检验 NO？

讨论结果：因为 NO 与 O_2不共存，有颜色变化，我们用 O_2来检验残留气体。

投影实验：取部分残留气体与 O_2反应。

实验现象：没有颜色变化，说明残留气体不是 NO。

投影实验：再取残留气体与 NO 气体反应。

实验现象：出现红棕色气体，生成少量的 NO_2。

结论：残留气体是 O_2。

思考：我们将 NO 与 O_2 的体积比按计量系数比（2∶1）进行实验，并没有得到反应方程式中的 NO 气体，这是为什么？这意味着烧瓶内一定还发生了其他反应消耗 NO，且减少了 O_2 的用量。

同学们上网查阅资料，可以发现 NO 与 NO_2 也可以生成 N_2O_3，N_2O_3 溶于水生成亚硝酸。

由此可见，氮的氧化物并非只有 NO、NO_2 两种，科学家们发现氮元素从 +1价到 +5 价都有相应的氧化物请同学们根据化合价写出对应的氧化物的化学式，并填入学案的相应内容中，其他的氮氧化物我们就不一一学习。

值得注意的是氮氧化物都为有毒气体，都属于大气的污染物，它们会导致什么危害，我们将在后面的内容中学习。

课堂练习。写出 NO_2 与水反应的方程式：①出氧化剂和还原剂,标出电子转移；②写出该反应的离子方程式;③该反应原理在工业上有什么应用;④阅读教材，归纳 NO_2 还有什么用途。

八、实验效果评价

我创新设计“氮氧化物性质实验”，弥补了“氮氧化物性质”演示实验的空白。有毒实验走出通风橱，安全进入课堂。同时通过产物的部分检验，让学生用氧化还原知识来预测其他产物，培养学生学以致用的能力。进行产物检验来发现问题，再引导从定量角度来思考分析，到最后解决问题中培养了学生严谨的科学素养。该实验设计简洁，所用的仪器都是所有实验室中都必需配备的，药品是常规的。操作简单，通过一个简单的实验，完成氮氧化物一系列的性质实验。

我们通过挖掘实验资源，让学生学得轻松，提高课堂的有效教学，做最有效的实验。实验设计永远没有最好，只有更好，让我们为更好的实验设计而不懈地努力。

消毒液，你了解多少？

重庆市两江育才中学　李冰芝

一、使用教材

人教版高中《化学必修1》第四章第二节。

二、实验器材

自制教具：糖果盒、吸管、矿泉水瓶盖、点心盒、木板、纸花、白布。

硫酸亚铁溶液、溴化钠溶液、碘化钾溶液、淀粉碘化钾试纸、硫化钠溶液、紫甘蓝汁液、红墨水、橙汁、茶水等。

手持 pH 和氧化还原电位双通路传感器。

三、实验创新要点/改进要点

自制实验用品来源于生活，实验装置简约化，本节课的所有实验用品都来自于生活中。环节②中用紫甘蓝汁液代替酸碱指示剂，环节③探究“84”消毒液和洁厕灵混合后产生的气体中。我用生活中的针筒、矿泉水瓶盖代替试管、胶头滴管，让化学实验微型化、生活化，同时营造一个相对密闭的空间，让实验更加绿色化。

现代化仪器手持技术传感器：捕捉反应现象背后的微观本质。

四、实验原理/实验设计思路

从生活情境中引入，利用自制实验用品和现代化技术传感器，探究消毒液的碱性、漂白性、氧化性，并通过性质解决生活中的实际问题：消毒液何以不能与洁厕灵混用。

五、实验教学目标

（1）知识与技能：知道消毒液的主要成分，了解 NaClO 和 HClO 的化学性质，通过实验认识消毒液注意事项和使用条件。

（2）过程与方法：综合运用已学化学知识、实验技能和方法，研究生活中的常用物质，培养学生科学的探究能力和实践能力。

（3）情感、态度、价值观：体验探究带来的乐趣，感受化学在生活中的应用。

六、实验教学内容

本节课是学习氯的性质之后的拓展探究。消毒液是生活中常见的物质，从生活情境中引入，利用自制实验用品和现代化技术传感器，探究消毒液的碱性、漂白性、氧化性。并通过性质解决生活中的实际问题：消毒液何以不能与洁厕灵混用。

七、实验教学过程

（1）情境引入：一则关于消毒液与洁厕灵混合后导致中毒的社会新闻。

（2）性质探究：学生设计实验方案并验证消毒液的化学性质（碱性、漂白性、氧化性）。

（3）学以致用：利用所学知识，设计实验方案验证消毒液与洁厕灵混合后产生的氯气，解决情境问题。

八、实验效果评价

（1）分析能力的提升：通过指导学生阅读标签，培养学生提炼信息和对信息进行分析、整合的能力；通过观察环节③中的消毒液并不是对所有的污渍都有很好的漂白效果，发现新的问题并做出假设，设计实验方案，最终分析本质解决问题。

（2）操作能力的提升：从环节①到环节③，需要学生具备实验探究能力越来越高，需要考虑的问题越来越复杂，实验用到的仪器越来越多，操作步骤更多，创新空间也更大。

（3）思维方式的提升：环节②中探究两条性质，学生能够想办法在一个试验中同时验证。环节③中探究消毒液与洁厕灵混合产生的气体，学生力争用最简约、最便捷、最环保的方法解决问题，将复杂的问题简约化。提高学习、探究效率。

探究 Na_2CO_3、$NaHCO_3$ 与盐酸的反应

广东省东莞市塘厦中学　李健荣

一、使用教材

人教版高中《化学必修 1》第三章第二节。

二、实验器材

（一）自制的泡沫灭火器

仪器与试剂：饱和碳酸氢钠溶液、2mol/L 盐酸、洗洁精、塑料瓶、试管、带导管的橡胶塞（见图 1）。

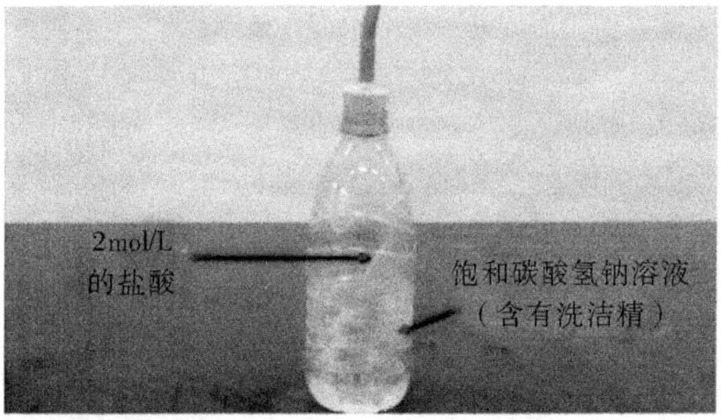

图 1

（二）碳酸钠、碳酸氢钠与盐酸反应的定量改进实验

仪器与试剂：1mol/L 碳酸钠溶液、1mol/L 碳酸氢钠溶液、2mol/L 盐酸、注射器 ×2、连通管 ×2、气球 ×2、橡胶塞 ×2（见图 2）。

（三）手持技术测量碳酸钠与盐酸反应的 pH 值变化

仪器与试剂：磁力搅拌器、酸式滴定管、pH 电极、数据采集器、笔记本计算机、2mol/L 盐酸、1mol/L 碳酸钠溶液（见图 3）。

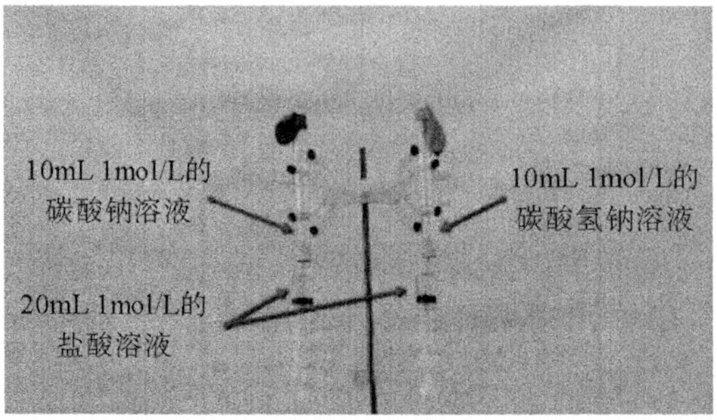

图 2

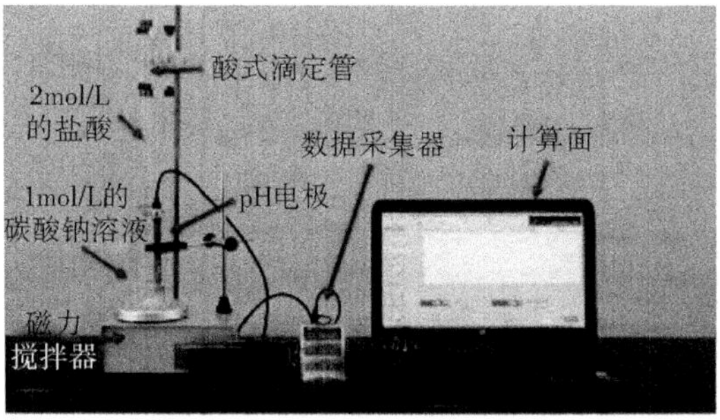

图 3

三、实验创新点或实验不足与改进

（一）碳酸钠、碳酸氢钠与盐酸的定量改进实验

传统实验中，碳酸钠、碳酸氢钠与盐酸的反应装置如图 4 所示。该实验存在以下几点不足：①将气球中的碳酸钠、碳酸氢钠倒入盐酸中时，气球中会残留一定量的碳酸钠和碳酸氢钠，对实验结果造成影响；②将气球中的碳酸钠、碳酸氢钠倒入盐酸中时，难以保证两种固体同时接触盐酸；③只能判断碳酸钠、碳酸氢钠与盐酸反应的快慢，但无法从本质上解释碳酸钠与盐酸反应的本质。

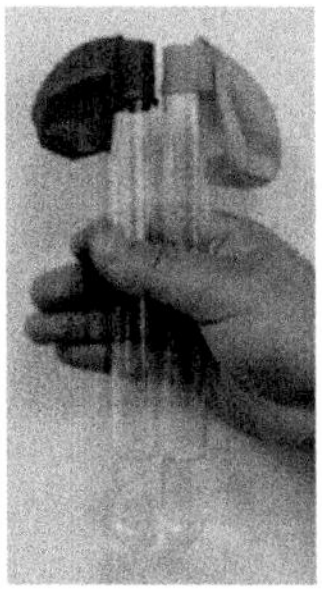

图 4

基于上述的分析，提出了碳酸钠、碳酸氢钠与盐酸的定量改进实验，如图 5 所示。改进后具有以下的优点：①将碳酸钠与盐酸反应的微观过程转化为可视化的宏观现象；②从定量的角度更加准确地说明碳酸氢钠与盐酸反应的速率更快。

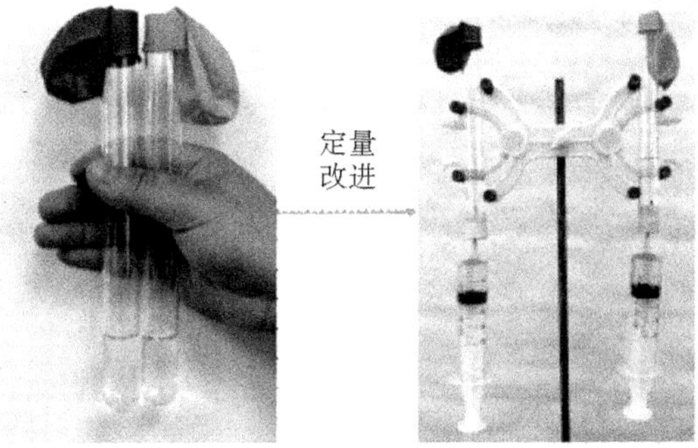

图 5

（二）手持技术的运用

碳酸钠、碳酸氢钠与盐酸反应的定量改进实验，从宏观上不仅说明碳酸钠与盐酸反应的速率较慢，而且通过计算，从宏观的现象分析，可以初步得出结论：碳酸钠与盐酸反应是分两步进行的。但是如何使这个结论更具有说服力？可以通过手持技术实验进行验证。因为手持技术具有实时性和准确性，可以实时观察碳酸钠与盐酸反应的过程，其测量的结果如图 6 所示。从图中可以观察到，碳酸钠与盐酸反应有两个突变点，并且第一个突变点的 pH 值为 7. 73，与 1mol/L 的碳酸氢钠溶液的 pH 值基本相同。这就说明碳酸钠与盐酸反应先变为碳酸氢钠再变为碳酸放出 CO_2。

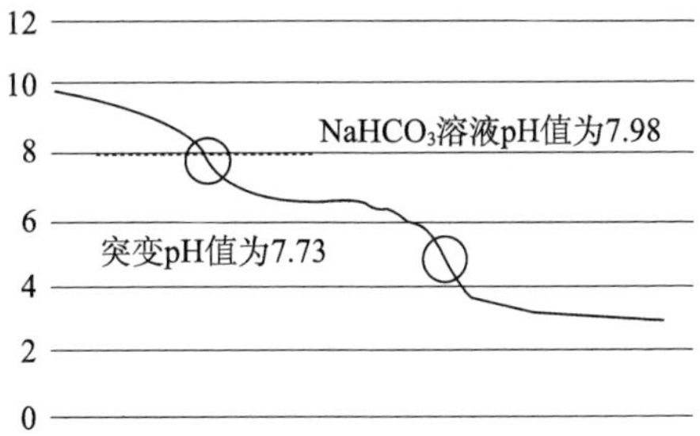

图 6

四、实验原理或实验设计思路

本次实验教学的主要目的是探究碳酸钠与盐酸反应的本质。其反应的机理是碳酸钠先与盐酸反应生成碳酸氢钠，碳酸氢钠再进一步与盐酸反应放出二氧化碳气体。但是这个过程是不可视的，学生难以观察。为了使碳酸钠与盐酸的反应过程可视化，我设计了两个实验。第一，碳酸钠、碳酸氢钠与盐酸反应的定量改进实验。该实验不仅说明碳酸氢钠与盐酸反应较快，并且在宏观上可以看到加入少量盐酸时，碳酸钠溶液没有气体产生，当加入较多盐酸时，碳酸钠溶液放出气体，从而将反应的微观过程转化成可视的宏观过程。

但是，单纯依靠上述的实验无法说明碳酸钠与盐酸反应先生成的物质是碳酸氢钠。因此，在教学中我使用手持技术测量碳酸钠与盐酸反应的 pH 变化。发现 pH 的变化曲线有两个突变点，并且第一个突变点的 pH 与碳酸氢钠溶液的 pH 基本相同。这就很好地说明了碳酸钠与盐酸反应是先生成碳酸氢钠，再生成二氧化碳气体。

五、实验教学目标

（一）知识与技能

（1）书写碳酸钠、碳酸氢钠与盐酸的反应方程。

（2）理解碳酸钠、碳酸氢钠与盐酸反应的微观过程。

（二）过程与方法

（1）形成实验设计的基本思路。

（2）提升从宏观现象分析微观过程的能力。

（3）了解现代手持技术的应用。

（三）情感态度与价值观

（1）树立从生活中学习化学，用化学指导生活的思想。

（2）培养学生实事求是的科学探究精神。

六、实验教学内容（见表1）

表1

教学线索	教师活动	学生活动	教学设计意图
泡沫灭火器的工作原理是什么？	通过资料卡片得知泡沫灭火器的工作原理是酸液与碳酸氢钠溶液的混合	观察实验现象	创设情境使学生尽快进入学习的状态
	使用自制的泡沫灭火器模拟灭火的过程	观察实验现象	趣味实验激发学生的学习兴趣

续表

教学线索	教师活动	学生活动	教学设计意图
为什么泡沫灭火器使用碳酸氢钠而不是碳酸钠?	引导学生使用“实验装置拼图”设计验证碳酸钠、碳酸氢钠与盐酸反应快慢的实验装置	学生以小组为单位使用“实验装置拼图”拼接实验装置，并进行展示	培养学生设计实验方案的能力
	演示碳酸钠、碳酸氢钠与盐酸反应的定量改进实验	观察实验现象	通过实验学生得知碳酸氢钠与盐酸反应的速率更快
为什么第一次注射盐酸时碳酸钠没气体产生，而第二次注射时却有气体产生?	通过上述的实验引导学生从微观上猜测碳酸钠与盐酸反应的机理	学生相互讨论提出猜想	培养学生透过宏观现象看本质的能力
	使用手持实验验证学生的猜想	观察实验现象	使用数字化手段高效、准确地解决问题
思维拓展	引导学生利用本节课的知识解释泡腾片的工作原理	学生根据教师的思路重新整理本节课的知识点	巩固学生对于本节知识的掌握
高考链接	选取关于碳酸钠、碳酸氢钠与盐酸反应的高考题目	学生完成所选的高考题目	巩固学生对于本节知识的掌握

七、实验教学过程

如图7所示。

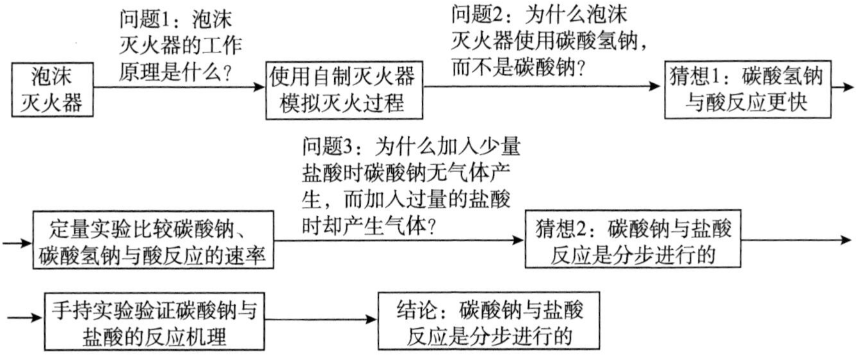

图7

八、实验教学效果与评价

（一）对于使用手持技术测量碳酸钠与盐酸反应的 pH 值实验的评价

根据广东省教育科研“十二五”规划 2011 年度研究项目“中学化学数字化创新实验案例的开发和实施研究”，我们得到如下的数据（见表 2、表 3）。

表 2 教学方法的喜爱程度比例分析

教学方法	比例（%）	教学方法	比例（%）
讲授法	26	参观法	26
谈话法	54	练习法	46
讨论法	54	传统实验法	26
手持实验法	78	陶冶法	52
探究法	52	发现法	78

表 3 教学载体的喜爱程度比例分析

教学载体	比例（%）	教学载体	比例（%）
黑板	26	纸笔	0
PPT	48	动画	78
音频	54	视频	78
传统实验	28	手持实验	82

从教学方法上分析，我们发现对教学方法的喜爱程度上手持实验法和发现法的比例最高，说明学生倾向于选择更先进、更准确的实验方法。从教学载体上分析，越是先进的教学载体，越受学生的喜欢。因此，在一定程度上手持技术的运用有利于提高课堂教学效率。

（二）对于碳酸钠、碳酸氢钠与盐酸反应的定量改进实验评价

改进后的实验装置如图 5 所示。使用改进后的实验装置，可以发现在教学上起到很好的演示效果。

（1）将碳酸钠与盐酸反应的微观过程转化为可视化的宏观现象。

（2）从定量的角度更加准确地说明碳酸氢钠与盐酸反应的速率更快。

（三）“四重表征”的运用深化学生对反应本质的理解

本次实验教学一直贯穿着“四重表征”的教学策略（见图8），即宏观、微观、符号和曲线。通过对比实验，我们从宏观上发现碳酸钠与盐酸反应较慢。随后从微观的角度猜测碳酸钠与盐酸反应是分步进行的。使用手持技术绘出的曲线验证微观的猜想，从而促使学生理解碳酸钠、碳酸氢钠与盐酸反应的化学方程式。这四个表征环环相扣，形成了统一的整体。

使用“四重表征”的教学策略，既帮助学生深层次地理解碳酸钠与盐酸反应的实质，同时也完善了学生的知识体系，帮助学生构建完整的知识网络。

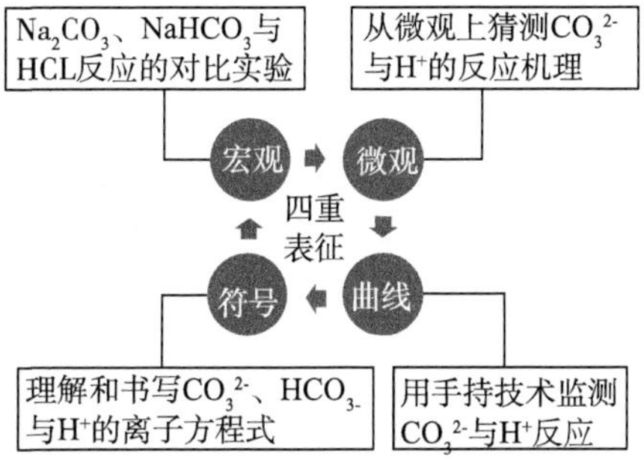

图8

铁的吸氧腐蚀的原理探究

湖北省黄冈市黄冈中学　李青

一、使用教材

人教版高中《化学选修 4 化学反应原理》。

二、实验器材

药品：铁钉、稀盐酸、饱和氯化钠溶液、红墨水。

仪器和用品：吸滤瓶、自制 U 形管、橡胶塞、玻璃三通管、止水夹、烧杯、氧气传感器及数据采集器、电脑。

三、实验创新要点/改进要点

在教材实验装置上进行改进，能在几分钟内观察到 U 形管中液柱的变化，使实验结果更加直观；同时还能快速定量监测吸滤瓶内氧气的减少量，为铁的腐蚀定量分析提供一个新的方向，使结论更加科学合理。改进后的实验，实现了定性与定量的完美结合。

四、实验原理/实验设计思路

实验装置图（见图 1）的右侧是研究对象（吸滤瓶、铁钉及用橡胶管连接的 U 形管），吸滤瓶口上方以橡皮塞固定的是氧气传感器，可以探测密闭容器内氧气含量（体积分数），氧气传感器连接着长方形“盒子”——数据采集器，数据采集器用数据线连接着电脑。

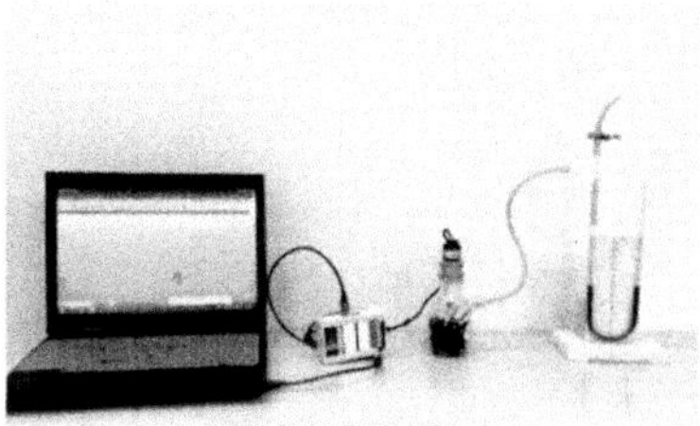

图 1

当铁钉发生吸氧腐蚀的时候，消耗了吸滤瓶内的氧气，在大气压的作用下，U 形管出现左高右低的现象。同时，氧气传感器探测到的氧气含量通过数据采集器进行采集，再经过电脑上数字化软件的处理，将数据处理成直观的图像，显示在屏幕上。

五、实验教学目标

（1）知识与技能：认识铁的吸氧腐蚀原理。

（2）过程与方法：通过实验，提高学生的观察能力、动手能力和综合实践能力。

（3）情感态度与价值观：能够联系现实生活中的金属腐蚀现象，找到金属防护的方法。

六、实验教学内容

了解电化学腐蚀的类型，通过实验帮助学生掌握金属发生电化学腐蚀的条件和相关的电极反应；让学生学会分析发生金属腐蚀的原因，为探讨防止金属腐蚀的思路和方法做铺垫。

金属发生吸氧腐蚀的电化学原理是本节教学的难点。

七、实验教学过程

（1）铁钉的处理。先用稀盐酸浸泡除锈，然后水洗，再用饱和氯化钠溶液浸泡铁钉。

（2）装药品，连接装置。

（3）打开数字化软件采集、处理实验数据。

（4）观察、描述、分析实验现象，得出实验结论。

八、实验效果评价

自我评价：优点有三，验证了铁的吸氧腐蚀消耗的是氧气，能够准确测定氧气量的改变，现象比教材实验更明显。不足有二，实验需要铁钉较多，吸滤瓶规格较为少见。

学生评价：以调查问卷的形式对全班四个小组进行调查，并随机抽取部分同学的问卷进行汇总和分析。问卷中问题的设置都较为开放，站在学生的角度，能够更好地体现实验教学目标与预期实验效果是否达成。

氮氧化物被水吸收的实验研究

北京市北京师范大学附属实验中学　梁凯

一、使用教材

人教版高中《化学必修 1》。

二、实验器材

(1) 仪器：①25×250 下开口具支试管，100mL 玻璃针筒，250mL 烧杯，玻璃导管 2 段，止水夹 2 个，3cm 乳胶管 2 段；②制备 A、B 两气体的实验装置。

(2) 试剂：水、气体 A（NO）和 B（O_2）。

(3) 按实验装置图（见图 1）组装仪器。

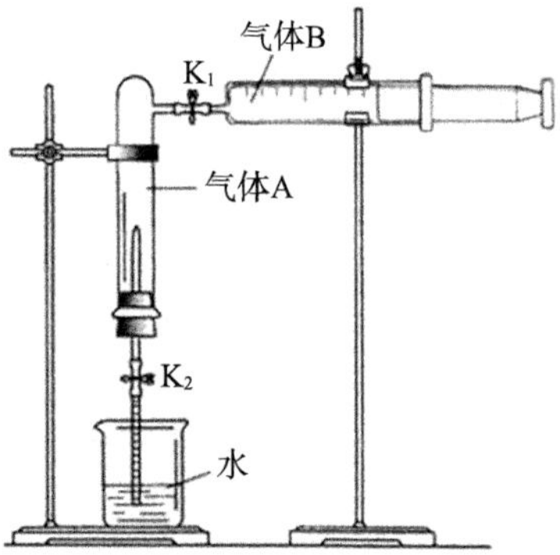

图 1

三、实验创新要点/改进要点

使用该装置能够完成多个气体反应，在定性研究反应的基础上进一步揭示气体反应中各物质之间的定量关系。定量思维是一种高层次的思维，也是高中化学教学重要的培养目标。本实验装置能直观形象地展示气体反应物之间以及生成物中气体的物质的量关系，便于学生定量分析事实，启迪学生思维，引发更深入的思考。同时也可以通过改变反应物的物质的量之比进行系列的实验探究活动，深化学生对反应物比例对反应影响的认识。丰富了实验内涵，增加了学生多角度、多侧面的认知途径，创造了丰富的思维训练空间，具有较强的综合性，凸显新课标中对化学学科核心素养的发展要求。

四、实验原理/实验设计思路

使用定量仪器完成气体间的反应，通过气体的体积比认识反应物之间的物质的量关系。

已知容积的具支试管中盛有 A 气体（如 NO），用注射器取用一定量的 B 气体（如 O_2），混合后发生反应，观察实验现象，可以引导学生对反应的定性认识。打开止水夹 K_2，具支试管中会形成喷泉。借助反应前气体反应物的体积、试管中剩余气体的体积，可以引导学生分析气体反应物之间以及生成物中气体的物质的量关系，有利于进行定量分析。

五、实验教学目标

（1）能通过实验观察，说出 NO 和 O_2 反应的实验现象，能注意到 NO 和 O_2 的混合气体能被水吸收。能通过实验观察发现 NO 和 O_2 体积比为 2∶1 时，混合气体能被完全吸收，注意到实验现象与预测的差异。

（2）能对 NO、O_2 和水反应的实验中，气体体积比不符合实验预期的现象给予适当的分析，提出猜想，并能通过实验获得证据。通过验证溶液中 HNO_2 的存在并测定其含量，对实验现象进行合理的解释。

（3）通过对实验理论分析，说明溶液中产生 HNO_2 的原因，并对硝酸工业的生产条件提出建议。

六、实验教学内容

（1）核心实验活动：一定比例的 NO、O_2 与水反应时，气体能否被完全吸收？

（2）两个后续拓展活动：①学生对"NO 和 O_2 与水反应被完全吸收时的体积比不符合预期"的现象进行自主实验探究，作出合理解释；②对核心实验活动的现象观察，提出硝酸工业中减少亚硝酸生成的生产条件。

七、实验教学过程

（一）任务

硝酸工业中，氨氧化制得的 NO 如何充分转化吸收？

（二）活动一

（1）预测：学生根据化学方程式 $4NO + 3O_2 + 2H_2O = 4HNO_3$ 预测 NO 和 O_2 体积比为 4∶3 时，能恰好被水吸收。

（2）实验 1：利用上述实验装置完成 NO 和 O_2 体积比为 4∶3 时的反应，观察到气体不能被完全吸收。

（3）实验 2：利用上述实验装置完成 NO 和 O_2 体积比为 2∶1 时的反应，观察到气体能被完全吸收。

（4）发现、提出问题：学生通过对实验现象的观察，提出问题：为什么 NO 和 O_2 与水反应被完全吸收时的体积比与理论预期不相符合？由此引发自主继续探究。

（三）活动二

（1）猜想与假设：分析活动一中的实验现象，利用氧化还原反应规律，提出溶液中可能存在亚硝酸的猜想。

（2）实验探究：学生自主设计实验方案并完成实验，收集证据，从定性、定量两方面说明溶液中存在亚硝酸，并对活动一中“NO 和 O_2 体积比为 2∶1 时，气体能被完全吸收”的实验现象进行合理解释。

（四）活动三

（1）分析与结论：分析活动一中的实验现象，利用化学反应原理，从速率、平衡两个角度分析溶液中存在亚硝酸的原因。

（2）拓展与应用：结合上述分析，并结合工业研究数据，给出硝酸工业中吸收氮氧化物时应采用的生产条件。

八、实验效果评价

（1）实验装置简单、操作方便。本实验可由一个教师独立完成演示实验；整套装置由常规仪器组装而成，不会给学生的理解带来障碍，让学生更容易将精力聚焦于化学问题上，更有利于学生思维的深入发展。

（2）实验的定量化改进促进了学生思维发展。本实验装置能够在定性研究气体反应的基础上进一步揭示气体反应中各物质之间的定量关系，便于学生定量地研究反应，丰富了实验内涵，增加了学生多角度、多侧面的认知途径，创造了丰富的思维训练空间，有利于学生思维品质的发展。

（3）体现绿色化学思想。本实验装置体系封闭，反应前后不会有有害气体外溢，具有绿色环保的特点，有利于发展学生的环保意识和社会责任素养。

（4）基于解决实际问题的教学设计发挥了创新实验的育人价值。

本节课采用了主题式的实验活动设计，以实际问题，即硝酸工业中氮氧化物如何充分吸收为情境，让学生在解决问题的过程中，调动、整合物质性质、反应规律、反应原理、实验探究等相关知识和方法，促进了学生能力的提升，使学生通过活动逐渐感受、认同和发展了学科核心素养。

“污水处理——电浮选凝聚法”微型实验

贵州省贵阳市第三实验中学　梁永江

一、使用教材

人教版高中《化学选修6　实验化学》。

二、实验器材

医用输液器的滴壶1个，静脉注射针1个，细铁丝2根，细碳棒1根，火柴1盒，9V电池1节，导线数根，激光笔，洗洁精，硫酸钠溶液，2mol/L的硫酸溶液，“老板牌”碳素墨水，蒸馏水，0.1mol/L的$K_3[Fe(CN)_6]$，自制过滤器1个。

三、实验创新要点/改进要点

对比原实验装置及原理，引导学生从已有的知识储备来深挖本实验内容在考纲中可能涉及的考点，在实验设计上遵循微型化、高效化、多功能化、绿色环保化的原则开展本实验探究；在知识上，通过问题情境，引导学生挖掘电浮选原理、氢氧化亚铁的制备、氢氧化铁净水、胶体的检验、实验方案的设计等知识的串联（见表1）。

选择本节课作为高三复习的实验探究课，有以下意义。①课题生活化。污水处理是世界性难题，紧密联系生活，激发学习兴趣，提升科学素养，展示化学魅力。②紧贴高考热点。工艺流程设计和分析是高考中较难的题型，主要难在情境陌生上。本实验探究课引导学生来自行设计污水处理流程以及对相关知识进行考察，使学生能站在设计的角度去分析工艺流程题。③给高三实验复习起一个抛砖引玉的作用，学生可自行挖掘教材实验并赏析。

表1　原教材实验与本实验的比较

实验功能及特点	教材实验	本实验创新
能耗	高	低
外观	笨重	微型
浮渣的分离	未分离	及时分离
有无丁达尔效应	无	有
氢氧化亚铁的制备	无	有
氢氧化亚铁的检验	无	有
氢氧化亚铁的性质	无	有
副产物氢气的检验与收集	无	有

四、实验原理/实验设计思路

（一）实验原理

用细铁丝做电极材料电解污水，发生如下电极反应：

阳极：$Fe-2e^{-}=Fe^{2+}$

阴极：$2H_2O+2e^{-}=H_2\uparrow+2OH^{-}$　　$Fe^{2+}+2OH^{-}=Fe(OH)_2\downarrow$

$4Fe(OH)_2+O_2+2H_2O=4Fe(OH)_3$

生成的H_2将$Fe(OH)_2$吹出，曝气时被氧化生成$Fe(OH)_3$，$Fe(OH)_3$具有净水能力，吸附污水中的废渣，氢气将废渣浮选出来形成浮渣，表层的浮渣隔绝空气，继续生成的氢氧化亚铁被保护，不再被氧化。用丁达尔效应鉴别清液是溶液还是胶体。

$Fe(OH)_3+3H^{+}=Fe^{3+}+3H_2O$　　$Fe^{3+}+3SCN^{-}\rightleftharpoons Fe(SCN)_3$

$Fe(OH)_2+2H^{+}=Fe^{2+}+2H_2O$

$K_3[Fe(CN)_6]$溶液遇到亚铁生成蓝色沉淀。

氢气的肥皂泡收集检验实验。

（二）实验设计思路

经过仔细分析教材中“污水处理——电浮选凝聚法”的内容，有了以下设计思路。

（1）阅读教材可得出，教材编写者已指出本实验缺陷是能耗大，于是设计了微型实验，用输液器的滴壶作为电解池电解污水，电源改用9V干电池。

（2）学生电源笨重，不方便教学过程中演示，于是设计成滴壶、干电池、铁架台、自制浮渣分离器组合的一个便携式污水处理装置，方便演示，也可指导学生课后自己设计并完成家庭实验。

（3）实验内容单一，只涉及电解原理和氢氧化铁净水的知识，而在高三复习时的实验课可挖掘出更多的高考考点，如胶体和溶液的鉴别，氢氧化亚铁和氢氧化铁的转化，亚铁和三价铁的检验、实验的设计和评价等知识。

经过以上设计并进行实验后发现，在实验教学中现象更加明显，在串联更多高考考点上有很好的效果，能更多地体现出化学的核心素养。因此，我经过一段时间的反思，认为应着重体现科学探究与创新意识、科学精神与社会责任和证据推理等学科素养。

五、实验教学目标

（一）教学目标

（1）知识与技能：①利用提供材料能组装“微型实验电浮选凝聚法——污水处理”的装置；②通过电浮选净水同时检验氢气，区别胶体，检验亚铁离子，复习学习过的电解、铁及其化合物的性质、胶体的特性、实验的设计；③利用该装置制备氢氧化亚铁。

（2）过程与方法：通过仪器的组装，能初步学会实验探究的方法，通过原理的解析，巩固和整合相关知识。

（3）情感态度与价值观：通过实验实验仪器的组装、操作以及实验的探究，能直观体验化学在生产生活中的重要应用，感悟化学让生活更加美好的学科价值，增强自身环保、节约能源的意识。

（二）教学重点

电浮选法净水原理，氢氧化亚铁的制备原理，氢氧化亚铁的检验。

（三）教学难点

电浮选法净水原理，氢氧化亚铁的检验。

（四）教学方法

实验探究法、讨论法。

六、实验教学内容

在知识上，通过问题情境，引导学生挖掘电浮选原理、氢氧化亚铁的制备、氢氧化铁净水、胶体的检验、实验方案的设计等知识的串连。在实验中，通过问题情境，对比原实验所需仪器，引导学生从生活中便于获取的材料出发，在装置的设计上微型便捷化，在实验现象上应追求效果明显化，在实验功能上，紧跟高考实验题“一题多考”的模式，体现多功能化，在方案的设计上，应追求绿色环保化，在化学品的使用上，遵循5R原则。

七、实验教学过程

情境引入：展示生活中的污水图片，结合所学知识，告诉老师学过哪些净水方法？

回答：铁盐、铝盐净水，氧化剂杀菌消毒等。

问题：还有哪些途径可以获得氢氧化铁呢？

进入主题：这是一套电浮选凝聚法处理污水的实验装置，请同学们结合所学知识回答该装置处理污水的原理。

回答：

阳极：$Fe-2e^{-}=Fe^{2+}$

阴极：$2H_2O+2e^{-}=H_2\uparrow+2OH^{-}$　　$Fe^{2+}+2OH^{-}=Fe(OH)_2\downarrow$

$4Fe(OH)_2+O_2+2H_2O=4Fe(OH)_3$

适当补充：

提出问题：本实验还涉及那些知识？并作何创新？

回答：电解原理，铁及其化合物的性质，胶体的鉴别，实验的设计与评价等。

思考：利用这些仪器和药品如何组装成为一套污水处理装置？

实验1：打开滴壶向其中注入现配置好的污水，插入电极，接通电源。观察现象。

问题：澄清污水里的浮渣应如何分离？

回答：过滤。

实验2：慢慢抽动连着海绵和棉花的过滤装置。

问题：污水为什么能澄清？

回答：过滤、胶体吸附杂质净水。

问题：到底是什么原因？如何验证？

实验3：对比操作：直接用浮渣分离器过滤污水，观察现象。

回答：发现并没有明显净水效果。

实验4：对比操作：①用激光束照射过滤后的清液，观察丁达尔效应；

②用激光束照射污水。

回答：产生了胶体，胶体表面积大，有较强的吸附性。

问题：那该是什么胶体呢？

回答：$Fe(OH)_3$。

问题：只有 $Fe(OH)_3$？

回答：也可能有没被氧化的 $Fe(OH)_2$。

问题：如何验证有氢氧化铁胶体和氢氧化亚铁胶体？

实验 5：用注射器取清液于点滴板上。（思考为什么要这样操作。）

问题：请×××针对该现象进行解释。

任务：用化学方程式表述以上实验结果。

问题：从绿色化学的角度，分析该净水装置还有哪些不足？

实验：盖上容器的盖，用输液器的针端部分蘸取肥皂液靠近明火，会听到尖锐的爆鸣声。随之套上小气球收集氢气。

异常再探：这个实验在另外一个班操作时，净水效果不明显，且不能检验到 Fe^{2+}。

问题：从原理上分析，造成异常的原因可能是什么？

回答：污水的浓度和检验试剂的浓度等。

结论：各试剂最佳用量表格展示。

问题：本节实验探究课，你有哪些收获？

回答：从实验的内容上，复习了铁及其化合物的性质、电解原理、物质分类、氢气的检验与收集。实验设计上，复习了实验设计的原则以及实验的评价。

八、实验效果评价

本节实验教学设计为高三复习的一节实验课，内容涵盖铁及其化合物的性质中的氢氧化亚铁的制备、氢氧化亚铁的还原性、胶体的丁达尔效应、氢氧化铁净水、氢气的检验等内容，真正意义上实现了知识内容上的一举多得。另外很多教师实验探究学习也流于形式，并没有真正地从锻炼学生思维、训练学生科学方法的角度出发。有的老师认为所有的知识内容都可以用探究的方式获得，非常简单的问题也用来探究，而是认为只要学生参与活动或是动手了就是探究。通过实验的改进让学生不仅将之前的基本知识和理论得以应用并还要注重增加学生的探究意识和综合学习的能力，更多地让学生参与到讨论研究的过程中，能感受旧知识的重新整合可以得到新知识的学习方法，可以提高学生高三复习的效率，避免题海战术。

该实验改进还有一些细节之处。在实际教学中，氢氧化亚铁沉淀的现象不明显，还应再次尝试其他方法，以达到实验现象最佳的效果。在教学过程中还可以引导学生更深层次地挖掘本实验，比如如何除去氢氧化铁里面混有的氢氧化亚铁，如何除去三价铁离子等，后续将继续完善。

“硝酸”探究实验创新课

福建省厦门市双十中学　刘炯明

一、使用教材

鲁科版高中《化学必修 1》第三章第二节。

二、实验器材

Y 形管、带孔胶塞、气球、30mL 注射器、铜片、浓硝酸。

三、实验创新要点/改进要点

Y 形管“一管多用”，装置简单，操作简易，绿色环保。

四、实验原理/实验设计思路

在 Y 形管左右两侧分别加入铜片和浓硝酸，上端用连有气球的胶塞密封。首先将浓硝酸倾倒至铜片一侧，可以解决“久置浓硝酸为何显黄色”的验证问题。其后，通过将两侧溶液多次相互倾倒可以解决“铜与浓硝酸反应后溶液为何显绿色”的验证问题。

五、实验教学目标

（1）知识与技能：了解硝酸的物理性质；掌握硝酸的不稳定性、酸性、氧化性。

（2）过程与方法：体会科学研究的过程与方法，培养在实验过程中发现问题、分析问题及运用控制变量法、对比实验法等科学方法解决问题的能力，促进化学学科核心素养的养成。

（3）情感态度价值观：体会化学实验的神奇魅力，激发学习兴趣和探究热情。

六、实验教学内容

将对“铜与浓硝酸反应后为何溶液显绿色”的探究过程设计为一节与学生一同探究的实验课，使学生体会科学研究过程，掌握基本研究方法，促进核心素养的养成。

七、实验教学过程

（一）设置情境一，发现问题一

展示浓硝酸与久置浓硝酸的对比图片，结合浓硝酸见光或受热易分解的已有知识，引起学生思考，并引导学生从控制变量的角度提出猜想并设计实验方案。

设计意图：培养学生使用控制变量法分析复杂体系的能力，通过参与实验方案的设计，体会科学研究的方法，为后续第二个探究实验做铺垫。

提出猜想，设计实验方案：

猜想一：浓 HNO_3溶解了 NO_2；方案：NO_2通入浓 HNO_3。

猜想二：浓 HNO_3溶解了 O_2；方案：O_2通入浓 HNO_3。

猜想三：浓 HNO_3溶解了水；方案：水稀释浓 HNO_3。

分组实验：将学生分为三组分别进行三个猜想的验证实验，其中 NO_2通入浓 HNO_3后溶液变黄色，将 O_2通入浓 HNO_3或水稀释浓 HNO_3并无明显现象。

得出结论：浓 HNO_3显黄色是溶解了 NO_2，溶解越多，颜色越深。

（二）设置情境二，发现问题二

课堂上在 U 形管的两侧分别进行铜与浓稀硝酸的反应，由现象引起学生的认知冲突（见图 1）。

交流讨论：学生通过讨论，提出可能是由于硝酸铜所处的环境不同导致溶液颜色差异（见图 2）。

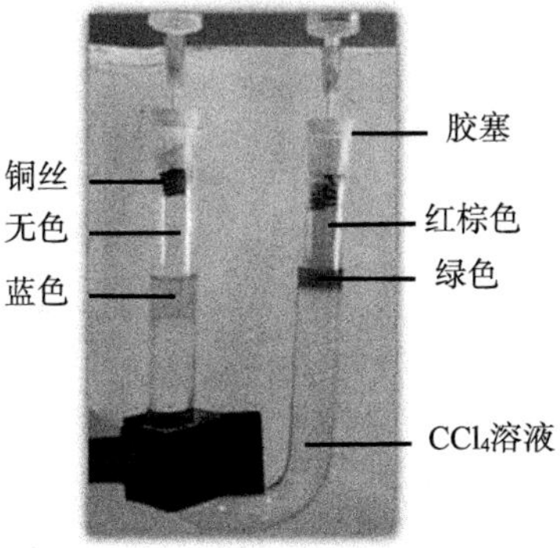

图 1

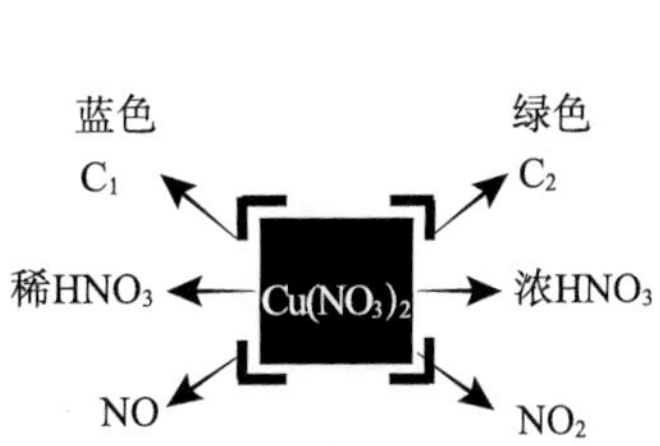

图 2

控制变量，提出猜想：上一个探究问题已经锻炼了学生使用控制变量的方法分析复杂体系的能力，在这个探究问题中再次引导学生使用控制变量法提出猜想。

猜想一：$Cu(NO_3)_2$溶液浓度不同。

猜想二：$Cu(NO_3)_2$溶液中溶解了浓 HNO_3。

猜想三：$Cu(NO_3)_2$溶液中溶解了 NO_2。

设计实验方案，分组实验：

方案一：将饱和 $Cu(NO_3)_2$溶液不断稀释。

方案二：向等体积不同浓度的 $Cu(NO_3)_2$溶液中加入等体积的浓硝酸。

方案三：向 $Cu(NO_3)_2$溶液中通入 NO_2。

将学生分为三组分别进行三个猜想的验证实验，其中猜想一、二均被否定，但对于猜想三有些小组的同学观察到颜色变化，有些小组的同学并未观察到颜色变化，由此产生了一个新的矛盾。

发现问题，对比分析：通过分析实验现象的差异，提出当硝酸铜溶液体积小时，NO_2与水反应生成浓硝酸，随后 NO_2溶于浓硝酸显黄色，黄色与蓝色的硝酸铜混合显绿色，而当硝酸铜体积大时，NO_2溶于水生成稀硝酸，溶液仍为蓝色。提出新的猜想：$Cu(NO_3)_2$溶液、NO_2、浓 HNO_3三者混合时溶液会显绿色（见图 3）。

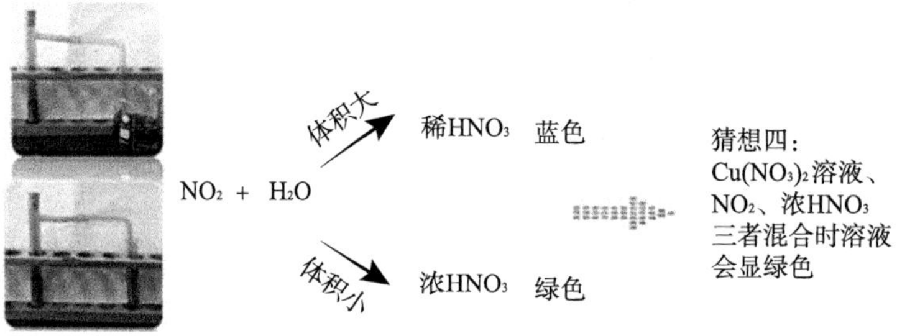

图 3

再次实验，深入探究（见图 4）。

验证 1：将右侧浓硝酸倾倒少量于浓硝酸一侧。

现象：铜与浓硝酸剧烈反应，产生大量红棕色气体，随着反应的进行，右侧浓硝酸变黄，左侧溶液显黄色。

分析：首先浓硝酸变黄验证了探究问题一中我们提出的猜想，其次反应后左侧溶液变蓝色是由于铜片有剩余，体系并未满足 **$Cu(NO_3)_2$**溶液、NO_2、浓HNO_3三者混合的条件，因此显蓝色。

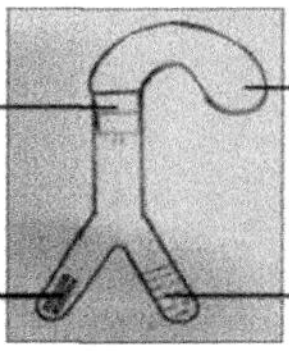

图 4

验证 2：将少量溶有 NO_2的浓 HNO_3再次倾倒入铜片一侧（右侧）。

现象：左侧溶液先变为绿色，随后又变为蓝色。

分析：刚加入浓硝酸时，左侧溶液满足 $Cu(NO_3)_2$溶液、NO_2、浓HNO_3三者混合的条件，因此溶液显绿色。随着反应的进行，由于反应放热，NO_2逸出，且 HNO3 由浓变稀，生成 NO，将溶液中 NO_2带出，因此三者共存的体系被破坏，溶液显蓝色。

验证 3：将少量 $Cu(NO_3)_2$溶液倾倒至黄色浓 HNO_3一侧（左侧）。

现象：右侧溶液由黄色变为绿色。

分析：$Cu(NO_3)_2$溶液、浓 HNO_3、NO_2同时存在。

验证 4：通过注射器向右侧溶液注入蒸馏水。

现象：溶液由绿色变为蓝色。

分析：浓 HNO_3被稀释成稀 HNO_3；$3NO_2+H_2O=2HNO_3+NO$，三者共存体系被破坏，溶液恢复为蓝色。

重复实验，得出结论：学生重复教师演示实验，再次感受猜想的验证过程，得出：$Cu(NO_3)_2$溶液、NO_2、浓 HNO_3三者共存时溶液会显绿色。

设计意图：通过让学生参与对实验猜想的验证过程，培养学生利用实验验证猜想的意识，从而激发学生的探究热情。

八、实验效果评价

（1）利用创新实验装置，巧妙地进行连续验证实验。

1）“一管多用”，利用 Y 形管解决了“久置浓硝酸为何显黄色”“铜与浓硝酸反应后溶液为何显绿色”两大问题。

2）装置简易，操作简单，便于学生进行分组实验并解决了污染问题。

（2）学习科学探究方法，体会科学研究过程。

1）学生作为主动研究者参与实验方案的设计与实施，体会研究过程。

2）在两个问题的探究过程中，强化了学生对于控制变量法、对比实验法等科学研究方法的理解与运用。

（3）在实验中探寻真知，促进化学学科核心素养的养成。

1）“探究实验与创新意识”核心素养方面：设计探究实验方案并实施、体会装置创新改进过程均很好地培养了这一核心素养。

2）“科学精神和社会责任”核心素养方面：控制变量、对比分析等科学研究方法在连续验证实验中的运用体现了科学精神。将环保意识融入到装置的创新之中，展现了社会责任。

二氧化硫

西藏自治区拉萨市北京实验中学　毛顺花

一、使用教材

人教版高中《化学必修1》第四章第三节。

二、实验器材

培养皿、药片塑料壳、表面皿。

三、实验创新要点/改进要点

微型实验，操作简便。

四、实验原理/实验设计思路

因为二氧化硫有毒，我将课本实验进行改进，改为微型实验，反应器只需培养皿和药片塑料壳。实验时将塑料壳分别摆放在培养皿中，中间放置一个小表面皿，将表面皿放在设计好的学案上，便于学生观察和分辨，在表面皿上放半药匙的亚硫酸钠，塑料壳中分别滴加酸性高锰酸钾溶液、碘水、紫色石蕊溶液、氢氧化钠溶液（滴有酚酞）、品红溶液，在亚硫酸钠固体上迅速滴加浓硫酸，然后迅速盖上盖子，在不到3min内我们就可以观察到溶液颜色发生变化，并且现象明显。这是微型试验，经济环保，操作简便，防止污染，像二氧化硫这种有毒气体很适合做这样的微型实验。

五、实验教学目标

（1）知识与技能：①掌握二氧化硫的化学性质及其用途;②掌握研究物质的一般思路和方法;③了解二氧化硫对空气的污染和环境保护的知识。

（2）过程与方法：①组织学生分组讨论,设计实验，根据实验现象得出物质的化学性质；②学会对比学习的方法。

（3）情感态度与价值观：①通过二氧化硫的氧化还原性的教学,对学生进行辩证唯物主义观点教育；②通过微型实验的教学,树立学生的环保意识。

六、实验教学内容

二氧化硫。

七、实验教学过程

教学流程：创设情境，实验探究，总结归纳。

具体的教学过程如下。

（1）第一个环节：创设情境（1min）。

首先我将展示几幅图片，提出在红酒中加入二氧化硫为何有杀菌防腐作用？我们做过的试卷过了几年后颜色怎么会变呢？学生产生了极大的兴趣。

设计意图：从生活到化学，会激发学生兴趣，点燃学生的求知欲。

（2）第二个环节：提出假设 4min。

给出一张资料卡片，让学生推测分析二氧化硫会有哪些性质？因学生已有一些分类观的思想、氧化还原反应的知识，通过老师的引导学生会推测出二氧化硫具有酸性氧化物的性质，及氧化性和还原性等性质。

（3）第三个环节：任务驱动。

我们怎么样才能知道二氧化硫有以上一些性质呢？化学是一门以实验为基础的学科，我们只有通过实验来说明问题。然后继续给出任务，让学生选择合适的仪器和药品来验证二氧化硫的性质。通过学生分析讨论和老师引导学生设计出实验，这一要求对高一学生来说虽然有点高，但这是学习化学的有效途径之一，我们要在课堂中慢慢渗透。

紧接着学生分组实验。因为二氧化硫有毒，我将课本实验进行了改进，改为微型实验，反应器只需培养皿和药片塑料壳，实验时将塑料壳分别摆放在培养皿中，中间放置一个小表面皿，将表面皿放在设计好的学案上，便于学生观察和分辨，在表面皿上放半药匙的亚硫酸钠，塑料壳中分别滴加酸性高锰酸钾溶液、碘水、紫色石蕊溶液、氢氧化钠溶液（滴有酚酞）、品红溶液、在亚硫酸钠固体上迅速滴加浓硫酸，然后迅速盖上盖子，在不到 3min 内我们就可以观察到溶液颜色发生变化，并且现象明显。这是微型试验，经济环保，操作简便，防止污染，像二氧化硫这种有毒气体很适合做这样的微型实验。

通过实验学生能很明显地观察到现象，总结出二氧化硫的物理性质。然后通过现象来看本质，从三个方面引导学生分析二氧化硫的化学性质。

1）引导学生分析二氧化硫使石蕊溶液和氢氧化钠溶液（滴有酚酞）褪色的现象，得出二氧化硫具有酸性氧化物的性质。回忆二氧化碳的性质并与之对比，归纳旧知识，迁移对比新知识，在二氧化硫溶于水与水反应的知识点讲解过程中，特别强调有关可逆反应的知识。

2）从二氧化硫的化合价入手，从氧化还原角度组织学生讨论其氧化性和还原性，引导学生分析出二氧化硫使酸性高锰酸钾溶液、碘水褪色的原因。因二氧化硫有还原性，所以可以作红酒中的防腐剂。讲解氧气氧化二氧化硫的知识点时，强调反应条件，并再次巩固可逆反应的概念。与硫化氢的反应教材中虽已略去，通过化合价分析也可得出正确结论，说明二氧化硫的氧化性较弱。

3）二氧化硫的漂白性。通过二氧化硫使品红溶液褪色说明二氧化硫具有漂白性，引导学生分析出二氧化硫通入品红溶液褪色的现象，加热后又会出现什么现象？给学生放一段实验视频得出其漂白的不稳定性。通过，实验学生对草编织的草帽、试卷等日久变黄的现象加深了理解和记忆。

以上的结论是运用已学过的理论知识分析得出的，是否正确，眼见为实。用实物演示整个实验，通过实验增强对二氧化硫化学性质的感性认识。由于是本节的重点，用时20min。

设计意图：①化学是一门以实验为基础的科学,通过探究实验和演示实验相结合来突出重点，分散难点；②通过回忆对比培养学生分析类比总结的能力;③开发学生自学潜能,培养探索精神，提高分析问题和解决问题的能力。

学生主动参与了以上探究过程，体会了物质研究的一般过程和方法，最后师生一起归纳总结规律。

（4）第四个环节：学以致用。

我们要将所学知识应用到解决实际问题中，学以致用，提出课前引出的问题，引出二氧化硫还有很多其他用途。最后引出二氧化硫的污染问题。展示二氧化硫对环境的危害，并让学生阅读教材相关内容，联系现实生活，提出实际问题，怎样防治二氧化硫的污染？通过讨论分析做出归纳总结。正确评价二氧化硫的功与过。

设计意图：拓宽学生的知识面，增强学生的环保意识。

最后通过练习巩固所学知识。

八、实验效果评价

本节课实验为微型实验，操作简便，现象明显，防止污染，使每个学生都有动手的机会。其间学生最容易犯的错误是亚硫酸钠的用量有时候会过多，因此一定要将用量强调清楚。还有些学生硫酸加得不够，导致观察不到褪色现象。该实验老师演示时可以将其投影在白板上，现象也很明显。

二氧化硫的性质检验

广西壮族自治区梧州市苍海高级中学　农斯娜

一、使用教材

苏教版高中《化学 1》专题四第一单元。

二、实验器材

（1）Y 形试管、针筒、带胶塞长导管、气球、滤纸、pH 试纸、酒精灯、双面胶、麻绳等。

（2）T 形试管、具支试管、针筒、气球、滤纸、pH 试纸、双面胶、棉花、铁丝等。

三、实验创新要点/改进要点

（1）实验利用 Y 形试管探究二氧化硫的性质，使得实验简单易操作、用量少、环保、现象明显。结合 Y 形试管的特点，只用一根试管夹便可以形成三脚稳定结构，无需铁架台，装置轻便可以传阅。实验试剂方面，将浓硫酸改为稀硫酸，操作起来更安全。

（2）在第一个实验的基础上将 Y 形试管变形为 T 形管，巧妙地探究了二氧化硫的化学性质，同时也能证明二氧化硫的密度比空气大，实现了物理性质和化学性质在一个实验装置里同时检验。

四、实验原理/实验设计思路

（1）利用 Y 形试管的特点，将亚硫酸钠和品红溶液各放一端，在末端连有气球的导管上贴上三张纸，分别是溶有高锰酸钾溶液的滤纸、浓硫化钠滤纸和湿润的 pH 试纸。实验开始时，将针筒内的稀硫酸注入亚硫酸钠固体中产生二氧化硫，待观察现象后，换上有氢氧化钠的针筒除去多余的二氧化硫气体，最后加热已褪色品红溶液（见图 1）。

（2）实验二是在第一个实验的基础做出的变形设计，药品一样，但是设计上除了能够检验出二氧化硫的化学性质，还能证明它的密度比空气大（见图 2）。

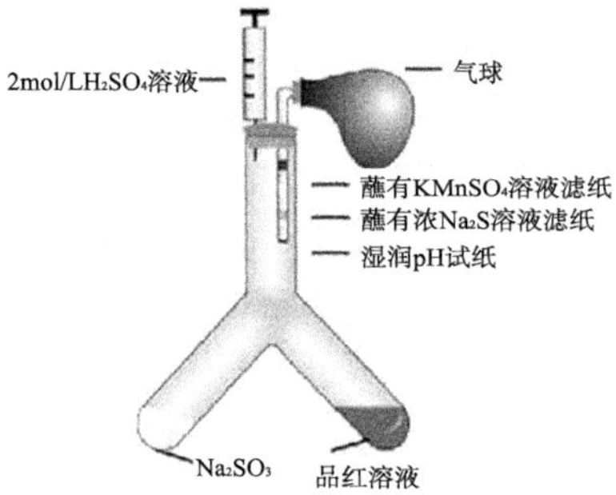

图1

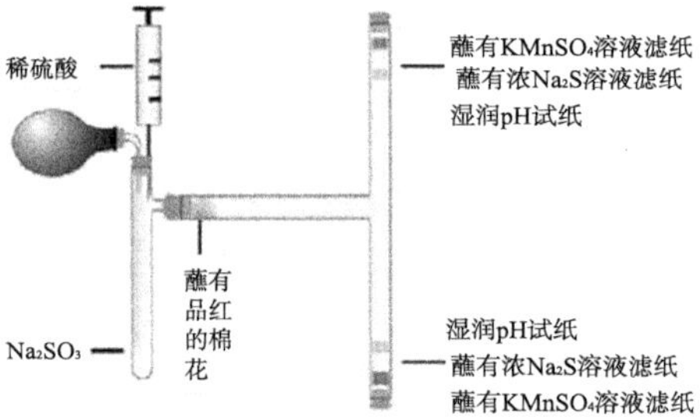

图2

五、实验教学目标

（1）通过实验让学生掌握一些基本实验操作能力，了解二氧化硫的性质。

（2）分析现象，探究本质，设计实验，创新实验，培养学生的逻辑与创新思维能力，规范学科实验思维。

（3）建立学生对学科的科学态度，提高学生的环保意识和社会责任感。

六、实验教学内容

利用 Y 形试管和 T 形管进行实验创新，能够在一个实验中检验多个二氧化硫的性质，包括还原性、漂白性、氧化性和它是酸性氧化物，甚至密度比空气大，并能做到全密闭一体化，刺激学生思维升华。

七、实验教学过程

先引入课本实验探究得知二氧化硫的性质，在探究课程当中学生遇到的一些难题。为了让实验能更顺利地进行，我们进行改进，在学生理念提升后就会进行第二次实验；最后通过教师实验和第二个创新实验的课后探究，引发学生思维升华。

八、实验效果评价

（1）课本实验创新。使用 Y 形管和 T 形管使实验一体化、微型化，将绿色化学理念真正地融入课堂。

（2）课堂形式创新。以问题为索引，小组学习为主线贯穿整个课堂，层层深入，激发学生求知欲，生生、师生互动互评、互学互促，实验不断升级。

（3）教学环节创新。课内，收获知识，提高设计和评价能力。课外，思维升华，实现知识向能力转化。

数字化实验探究弱电解质

河北省霸州市第四中学　邢庆俐

一、使用教材

人教版高中《化学选修4》第三章第一节“弱电解质的电离”。

二、实验器材

数字化实验设备、环形搅拌器、自制“福娃”导电检测仪（音乐卡）、自制镁带与酸反应装置（注射器）、1mol/L 盐酸、1mol/L 醋酸、醋酸铵晶体、醋酸钠晶体、镁带、药匙、吸水棉、点滴槽、pH 试纸、烧杯、蒸馏水。

三、实验创新要点/改进要点

本节课将自制教具、微型化和数字化实验应用于实验教学之中，把探究强、弱电解质验证性实验更改为自主设计实验，通过改进和新增实验，用不同的方法实现一个实验，创设了更丰富的实验情境。并利用数字化实验设备探究弱电解质的电离，从宏观到微观地揭示本质，突破教学难点。

（1）自制教具：“福娃”装置仪器小，便于使用，操作简单，药品用量极少，效果明显，可增添趣味性，音乐的响起也完美地诠释了导电的内涵（见图1）。

（2）微型化实验：在注射器中固定等量镁带，留取空气避免反应后吸取酸，倒置装置实验开始，恢复原样，实验停止。控制反应操作便捷，现象明显，直观地从产生气体体积的大小，探究得出 $c(H^+)$ 的不同（见图2）。

（3）数字化实验：通过数字化设备可以获得精确的实验结果，形成动态的图像，使抽象的问题直观化，用现代化技术，让学生“看到”微观粒子的变化，突破了过去课堂上无法完成的实验，增强了学生对科学知识的感性认知和探究性体验（见图3）。

并对数字化实验设备进行整合，通过2个 pH 传感器，在一个图中同时形成2个数据变化，呈现一图双轨（见图4）。

图1

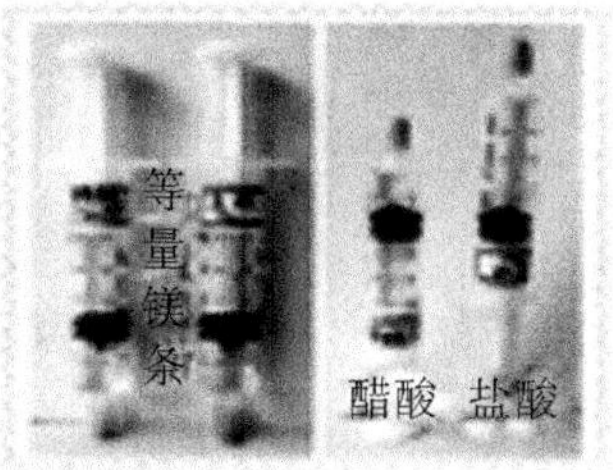

图2

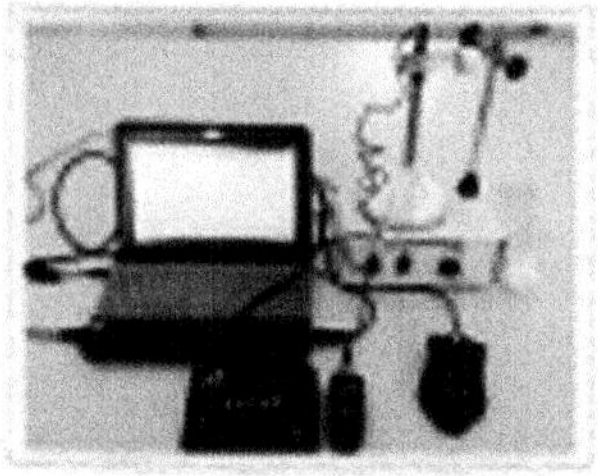

图3

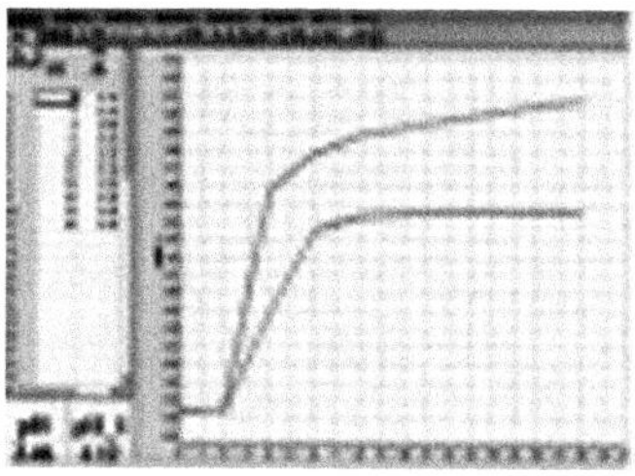

图4

四、实验原理/实验设计思路

（一）探究实验1：强、弱电解质

自主设计实验探究：不同电解质的电离程度是否有区别。

实验原理：$HCl = H^+ + Cl^-$；$CH_3COOH = H^+ + CH_3COO^-$。

探究盐酸、醋酸电离程度是否有区别，只需检测1mol/L盐酸中H^+浓度和1mol/L醋酸中H^+浓度是否等于1mol/L。

学生分析并自主设计实验定性对比、定量检测溶液中H^+浓度。

物理方法：用自制“福娃”导电检测仪对比检测。

化学方法：定性对比与等量金属镁的反应、pH试纸数字化定量检测1mol/L盐酸和醋酸的pH值。

（二）探究实验2：弱电解质的电离

实验原理：$CH_3COOH \rightleftharpoons H^+ + CH_3COO^-$。

通过实验1证实了部分电离的离子化过程，设计实验证明存在分子化的过程：$CH_3COOH \leftarrow CH_3COO^- + H^+$，在控制变量的条件下，增大或减小某种粒子的浓度，测量另一种粒子。

如在1mol/L的醋酸中加入少量醋酸铵或醋酸钠，充分搅拌，用数字化设备检测前后pH或形成动态图像变化。

五、实验教学目标

（一）知识与技能

（1）学会自主设计实验方案、优选方案实验探究，理解强、弱电解质。

（2）通过数字化实验探究，能从宏观、微观、符号三个角度描述弱电解质的电离平衡。

（二）过程与方法

（1）通过多种方法实验探究对比强、弱电解质，掌握比较、分类等科学方法。

（2）经历物理方法到化学方法、定性到定量、宏观到微观的科学探究过程。

（三）情感态度与价值观

（1）感受化学与生活紧密相连，能学化学用化学，增强社会责任感。

（2）体验科学探究的艰辛与喜悦，感受相互依存、相互制约的辩证关系。

六、实验教学内容（见表1）

表1　实验活动一览表

<table>
<tr><th>实验序号</th><th>实验形式</th><th>与教材联系</th><th colspan="2">探究实验内容</th></tr>
<tr><td>1</td><td>师生演示</td><td>新增实验</td><td>电解质饮料“尖叫”</td><td rowspan="5">自主设计实验
强弱电解质</td></tr>
<tr><td>2</td><td>学生分组</td><td>新增实验</td><td>“福娃”导电仪比较导电声音</td></tr>
<tr><td>3</td><td>学生分组</td><td>改进实验</td><td>对比探究镁带与酸的反应</td></tr>
<tr><td>4</td><td>学生分组</td><td>原实验</td><td>pH试纸对比探究</td></tr>
<tr><td>5</td><td>学生分组</td><td>新增实验</td><td>数字化实验设备测定pH值</td></tr>
<tr><td>6</td><td>师生演示</td><td>新增实验</td><td>“一图双轨”数字化实验</td><td rowspan="2">弱电解质的电离平衡</td></tr>
<tr><td>7</td><td>学生分组</td><td>新增实验</td><td>数字化实验探究电离平衡</td></tr>
</table>

（一）探究实验1：自主设计实验并探究强、弱电解质

自主设计实验方案，任选方案，任选器材，多组并进，资源共享。

方案一：用自制“福娃”导电检测仪对比检测等浓度醋酸和盐酸的导电声音大小。

方案二：比较等体积、等浓度的盐酸、醋酸与等量金属镁的反应。

方案三：pH 试纸比较等浓度的盐酸和醋酸的 pH 值。

方案四：数字化实验测 1mol/L 盐酸和醋酸的 pH 值。

（二）探究实验 2：利用数字化实验设备探究弱电解质的电离

优选实验方案，分工合作，实验探究。

方案一：在 1mol/L 的醋酸中加入少量醋酸铵或醋酸钠。

方案二：在 1mol/L 的盐酸中加入少量醋酸铵或醋酸钠。

边搅拌边用数字化设备记录 pH 图像变化或检测前后 pH 值。

七、实验教学过程（见图 5）

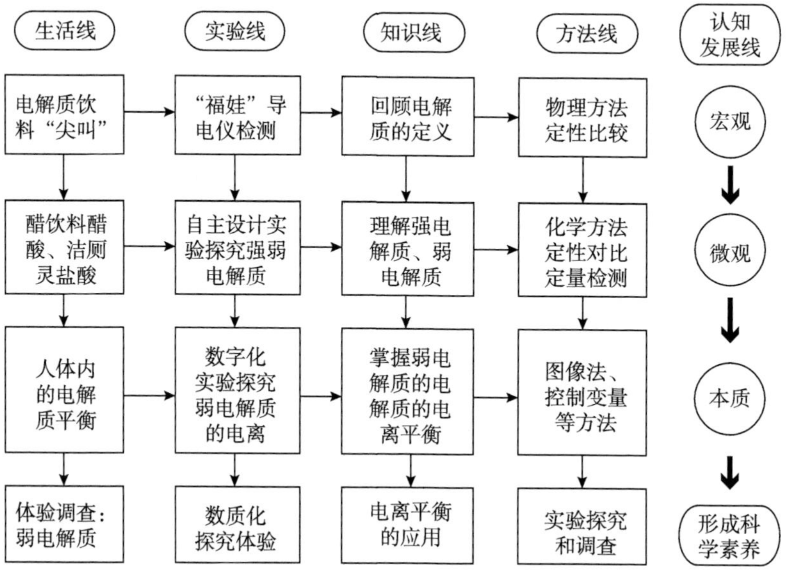

图 5

本节课在横向形成五条线索并进，通过实验探究逐步引向深入，纵向展开知识体系层进式的教学。实验教学环节为六步：创设情境、自主设计实验、实验设计交流、合作实验探究、实验成果分享、梳理评价，实现问题情境生活化、系列化，知识问题系统化、递进化，实验探究自主化、合作化（见表 2）。

表 2　实验教学环节

<table>
<tr><th colspan="2">教与学互动程序设计</th><th>实验设备、素材</th><th>设计意图</th></tr>
<tr><td>情景引入</td><td>【播放视频电解质饮料】
【学生质疑】怎么知道饮料中是否含有电解质呢？又是如何维持电解质平衡呢？
自制教具"福娃"导电仪检测
【复习巩固】电解质的定义
【学生质疑】为什么都是电解质溶液，导电声音却有强有弱？电解质是否有强弱呢？
【引导】强酸盐酸和弱酸醋酸电离程度是否有区别？</td><td>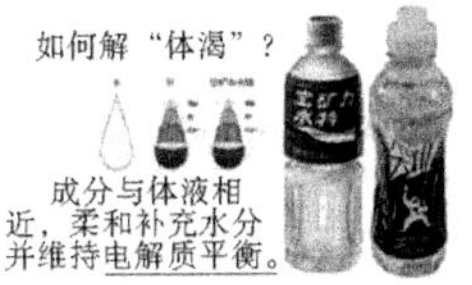

自制教具

尖叫真的"叫"起来</td><td>从饮料入手，体现化学来源于生活，使用"福娃"，提高实验兴趣，对比分析生活中的电解质饮料，引入探究</td></tr>
<tr><td>自主设计实验</td><td>【实验设计导析】
遇到问题：强酸盐酸和弱酸醋酸电离程度是否有区别？
请各小组自主讨论设计实验方案。</td><td>问题转化：
1mol/L 强酸盐酸和弱酸醋酸中的c（H+）是否相等？
方法探寻：
可以通过哪些方法来定性对比、定量检测溶液中H+浓度？</td><td rowspan="2">通过导析图，帮助学生形成清晰的分析思路，自主设计方案，更改为自主设计实验，改进原有实验方法和手段，提高了学生分析与解决问题的能力。用不同的方法实现一个实验，创设了更丰富的实验情境
引导学生在控制变量条件下，从物理方法到化学方法，定性到定量的实验探究，自主学习实验方案的设计方法</td></tr>
<tr><td>实验设计交流</td><td>探究实验一　强、弱电解质
方案一：用"福娃 W 对比检测等浓度醋酸和盐酸的导电声音大小
方案二：比较等体积、等浓度的盐酸、醋酸与等量金属镁的反应
方案三：pH 试纸比较等浓度的盐酸和醋酸的 pH
方案四：数字化实验测 1mol/L 盐酸和醋酸的 pH
其他方案……
【探究实验自主设计】
①小组选择使用的试剂、仪器
②设计实验的步骤、分工
③预期的实验现象
④实施探究的操作
⑤观察、记录、分析实验现象</td><td>

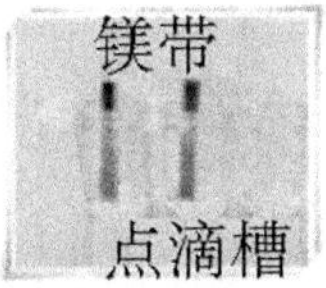

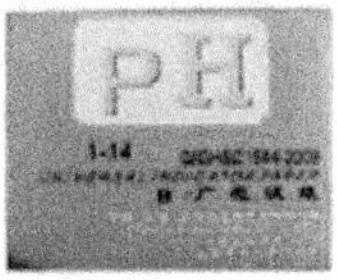

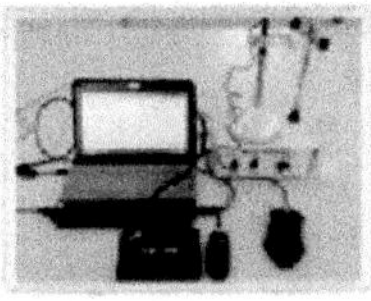
数字化实验设备</td></tr>
</table>

续表

	教与学互动程序设计	实验设备、素材	设计意图
合作实验探究	各组任选方案、任选器材，分工合作，实验探究。多组并进，资源共享 每个小组在限定时间内，可以完成2～4个实验，每组探究的实验各不相同，通过后面的汇报交流，分享资源 提示：及时记录实验现象、数据		体现小组分工合作的重要性，学会资源共享。保障合作探究有效、高效
实验成果分享	定性、定量证明醋酸中 $c(H^+)$ < 1mol/L 说明 HC1 是全部电离的，CH_3COOH 是部分电离的 	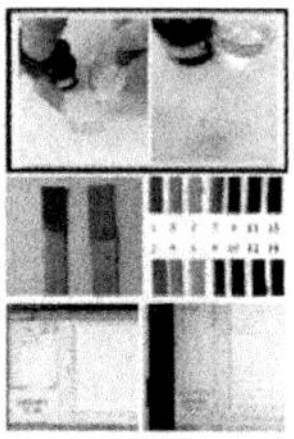 （1）实验现象汇报 （2）实验现象分析 （3）交流得出探究成果	通过多种不同方法实验探究，理解强、弱电解质。掌握比较、分类等科学方法
自主设计实验	【实验设计导析】强、弱电解质的比较：弱电解质在水溶液里部分电离，存在电解质分子，阴、阳离子 【控制变量法】 弱电解质的电离过程——离子化过程 $CH_3COOH \rightarrow CH_3COO^- + H^+$	【学生质疑】为什么只有部分电离呢？是否醋酸在电离的同时，CH_3COC^- 和 H^+ 又逆向结合生成了醋酸分子呢？ 弱电解质的电离过程——离子化过程 $CH_3COOH \leftarrow CH_3COO^- + H^+$	引导剖析弱电解质，后发实验探究，完成实验设计，丰富教材中的实验教学
实验设计交流	探究实验2　弱电解质的电离 方案一：在1mol/L的醋酸中加少量醋酸铵或醋酸钠 方案二：在1mol/L的盐酸中加少量醋酸铵或醋酸钠 边搅拌边用数字化设备记录 pH 图像变化或检测前后 pH 其他方案……	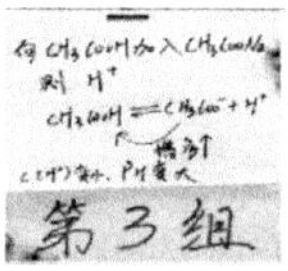 通过实验设计交流，舍弃不合理和课堂无法完成的方案。考虑到醋酸钠溶液为碱性，添加呈中性的醋酸铵辅助实验	学会预判实验结果、优选实验方案，通过数字化实验，定量形成实验数据及图像动态变化

续表

教与学互动程序设计		实验设备、素材	设计意图
合作实验探究	各组任选方案，分组实验探究。提示：注意小组分工合作，及时记录实验现象、数据教师加做演示实验；实现“一图双轨”	点击电脑开始按钮取少量晶体加入用环形搅拌器快速搅拌 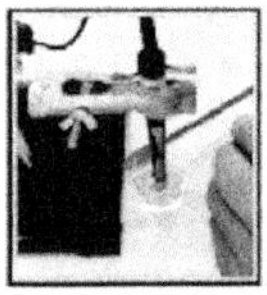	呈现直观清晰的实验现象，增强学生对科学知识的感性认知和探究性体验
实验成果分享	pH 变大，H^+ 浓度变小。H^+ 和 CH_3COO^- 结合向生成醋酸分子的方向移动 【探究成果】 弱电解质的电离方程式：$CH_3COOH \rightleftharpoons CH_3COO^- + H^+$ 继而，结合化学平衡知识分析弱电解质的电离平衡和特征，从而突破教学难点	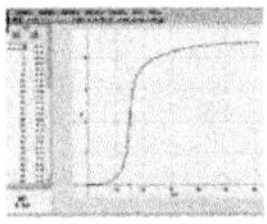 	学会从宏观、微观、符号三个角度描述弱电解质的电离平衡
梳理评价	(1) 实验过程的收获，反思成功、失败的原因 (2) 通过实验对比评价不同的实验方案 (3) 实验中一些正常现象和异常现象的分析 (4) 更合理的方案，实验改进。如现象明显，操作简单，安全可行 (5) 总结本次实验探究的方法	梳理反思本节课各方面的收获。进行自我评价、小组评价。 （请你谈谈这节课的收获是什么？） 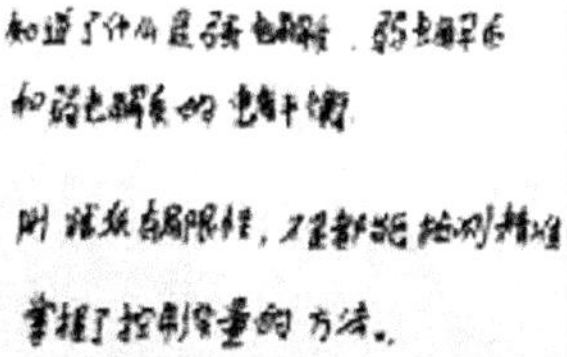 	理解定性、定量等实验方法，提升科学素养。感悟数字化新装备的科技化
总结归纳	第一节　弱电解质的电离 一、强、弱电解质 电解质（电离程度）{强电解质；弱电解质} 二、弱电解质的电离 1. 定义 $CH_3COOH \rightleftharpoons CH_3COO^- + H^+$ 2. 特征：动、等、定、变		内化、融合知识、方法、能力，提高科学素养
课堂延伸	【展示视频】 在室温下加热醋酸的 pH 变化。请课下查阅资料，分析并解释 pH 阶段性变化的原因 作业：体验调查《我身边的弱电解质》	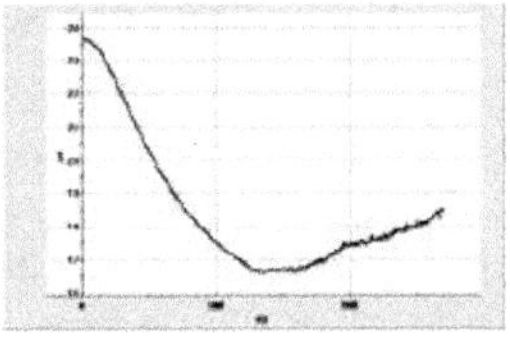	学化学、用化学

八、实验效果评价

通过新增实验和改进实验，用不同的方法实现一个实验，创设了更丰富的实验情境。并采用数字化方法，使抽象的微观粒子变得直观化，突破教学难点。增强了学生对科学知识的感性认知和探究性体验。将自制教具、微型化和数字化实验应用于实验教学之中，使课堂更加生动、直观，且不同的学生得到了不同的发展。

本节课在设计上突出“从生活走进化学，用实验引导发现，用事实形成观点，从化学走向社会”的教学理念，以学生认知素养发展为核心，关注学生已有的知识，遵循学生的认知规律，学生的思维在不断的思索和探究中迸发出火花，学生的情感态度在一次次成果的收获中升华。在认知发展线上从宏观到微观再到本质地形成科学素养，为学生的核心素养的发展奠基。

通过实验成果分享、实验评价等环节，学生成果意识明显，自行梳理反思、整合建构。通过师评、互评、自评相结合的评价方式，体现了评价方式的多样化和评价主体的多元化，使学生品尝了成功的喜悦，深化了实验探究的方法，充分发挥了评价的促进功能和激励作用。针对实验自我评价，我校设立了“霸州四中化学实验探究学生行为改善评价单”（见表3），效果良好。

表3　霸州四中化学实验探究学生行为改善评价单

班　　姓名　　年　　月　　日

评价要素	学生学习行为的评价项目要点	等级
发现和提出问题	c. 能运用已学过的化学知识发现一些问题，但问题的科学性不强，表述模棱两可 b. 能主动思考揭示出问题与所学化学知识之间的矛盾，问题具有一定的科学性，表述清楚 a. 能发现有探究价值的化学问题，并表述的明确、具体、清楚	
对实验方法、实验结光的猜想与假设	c. 能运用已学过的化学知识对解决题的方法和问题的答案提出猜想或假设，科学性不强 b. 能针对提出的问题提出合理的猜想，具有一定的科学性，并能对猜想或假设所依据的事实或证据的可靠性进行分析 a. 能科学的进行猜想，与实际实验结果的符合程度高，并能运用观察、经验或知识为猜想提供依据，解释猜想的逻辑正确	

续表

评价要素	学生学习行为的评价项目要点	等级
设计实验	c. 能与他人合作完成实验方案的设计，但科学性不强，方案可行性稍差。 b. 能根据提供的药品和仪器设计科学、合理的实验方案，初步达到实验目的 a. 设计的实验方案能明确指向实验的目的，依据正确的实验原理，选择科学的实验方法，有创新意识，不局限于课桌上摆放的仪器和药品，设计出独特合理的实验方案	
进行实验	c. 能根据实验方案独立或他人合作完成化学实验，能按事先的实验设计组装仪器，基本仪器的使用可以完成，但不规范 b. 能规范使用各种基本的实验仪器：安全操作，并能及时有效的排除实验故障完成实验，认真观察实验 a. 能控制实验条件独立或合作完成化学实验，有创新意识，能根据进行实验生成调整实验方案，实验观察认真、有序	
数据收集与分析论证	c. 能部分参与收集数据，记录实验现象和数据。对数据的处理机械，不能合理运用知识分析，得出结论科学性较差 b. 能合理选择运用表格、图像等方法处理实验数据，并运用适当的化学知识分析，结论与数据成现象有因果关系 a. 能用多种方法收集数据，对实验数据、化学现象进行多角度合理分析，逻辑正确、严密，概括、科学地总结得出结论	
汇报交流	c. 对汇报缺乏思考准备；以旁听姿态参与。没有质疑、没有个人见解。过于注重实验结论，笔记比较杂乱 b. 能以主人公的姿态、带着问题、有见解的参与汇报交流；敢于争论，能客观评价自己与他人；能从中实验汇报发现问题，乐于采纳别人意见中的长处，不会做好分类要点式的笔记 a. 能关注交流问题的同异点和汇报题的焦点、分歧点：能从探究过程和他人结论中找出可改进之处，提出切实可行的改革方案。注重个人与集体学习成果的生成与打磨	
合作、表达等其他能力	c. 愿意参与探究，能完成自己承担的任务；对探究的目标及其安排缺乏了解，很少表达自己的看法，集体互助合作不够 b. 能根据不同实验特点，按照方案完成分工任务，注意与人合作、配合协调，能认真并思考别人观点，但盲从他人观点 a. 能紧紧围绕实验探究目的灵活机动有创造性地分工协作的完成实验。能尊重和欣赏其他同学，乐于采纳别人的意见中的长处以改进自己的研究，在证据和已有化学知识的基础上有逻辑地、及时地表达自己的观点	
个人创意补充		
实验探究学生行为改善水平自评		

酸碱滴定曲线

黑龙江省哈尔滨市第九中学　张丽

一、使用教材

人教版高中《化学选修 4》第三章第二节“水的电离和溶液的酸碱性”。

二、实验器材

酸式滴定管、碱式滴定管、滴定管夹、100mL 烧杯、磁力搅拌器（搅拌磁子）。

DIS 数字化信息系统：pH 电极、pH 传感器、数据采集器、配套的电脑软件。

三、实验创新要点/改进要点

按照传统的酸碱中和滴定操作，盐酸盛装于锥形瓶、NaOH 溶液通过碱式滴定管加入盐酸中。但锥形瓶口径较小，pH 电极将无法使用，所以把锥形瓶换为小烧杯。pH 电极插入溶液，然后将烧杯放置于磁力搅拌器上，利用磁力搅拌使酸碱溶液混合均匀、充分反应。另外，如果分次测量、多次记录，操作麻烦、误差大。建立“数字化信息系统实验室”，这是一种由 pH 电极和传感器、数据采集器以及配套的电脑软件组成的定量采集数据并完成后期处理的实验技术系统。

四、实验原理/实验设计思路

pH 为 7 时酸碱指示剂无变色点，但这个方法大家一直在用，说明奥妙就在酸碱滴定的过程中。借助手持技术绘制酸碱滴定曲线，解释甲基橙和酚酞可以指示终点，并指出甲基橙的不足之处。最后有关溶液 pH 的计算进一步验证结论。

五、实验教学目标

课标要求初步掌握测定溶液 pH 的方法，知道溶液 pH 的调控在工农业生产和科学研究中的重要应用。设立学习目标为：

（1）知识与技能：理解酸碱中和滴定的原理、酸碱滴定曲线的绘制。

（2）过程与方法：了解化学定量分析的方法。

（3）情感、态度与价值观：学会用图像和表格的方式去分析问题，提高学生从事科学探究的能力和综合素质。

六、实验教学内容

借助手持技术测定酸碱滴定曲线，解释并帮助确定酸碱中和滴定终点，酸碱指示剂的选择和不足之处。

七、实验教学过程

两个学生助手，一个控制碱式滴定管，一个操作电脑。选取的 ΔV（NaOH）开始较大，接近反应终点较小，后面较大。观察计算机上数据的变化，找寻数据和图线的特点。

提出问题：甲基橙或酚酞做指示剂，变色时的 pH 均不是 7，对酸碱中和滴定终点的判断是否有影响，结果是否精确？

分析讨论：酸碱滴定曲线可以描述酸碱中和滴定过程中溶液 pH 的变化情况，是否可以解释并帮助选择合适的酸碱指示剂？

思考：能否通过计算获取数据绘制酸碱滴定曲线来验证实验结果呢？

得出结论：酸碱指示剂判断滴定终点：强碱滴定强酸时——酚酞（甲基红），强酸滴定强碱时——酚酞（甲基红）、甲基橙。

八、实验效果评价

手持技术将传统实验与现代信息技术有效地整合起来，拓展了科学实验探究的手段和方法，对中学化学的实验教学研究很有益处。手持技术在国内作为一种新生的技术，应用于教学中还存在不少问题，如应用范围不够广、更多的创新设计也有待开发，在一线教学中如能找到更多的融合点将更能发挥其作用。

氯化铜溶液的电解实验

湖南省株洲市第一中学　朱赛

一、使用教材

人教版普通高中课程标准实验教科书《化学选修4 化学反应原理》。

二、实验器材

仪器：透明塑料盒1个，石墨电极2支，橡胶塞2个，铜导线（带线夹）2根，9V干电池3节，废旧原电池盒塑料盖、球形漏斗各1个，棉花，阳离子交换膜，30cm左右高的塑料架，橡胶管，镊子，烧杯，玻璃片，胶头滴管。

药品：30% $CuCl_2$溶液、NaOH溶液、淀粉－碘化钾试纸。

三、实验创新要点/改进要点

教材中电解氯化铜溶液（U形管）装置如图1所示，改进创新后的电解氯化铜溶液装置如图2所示。

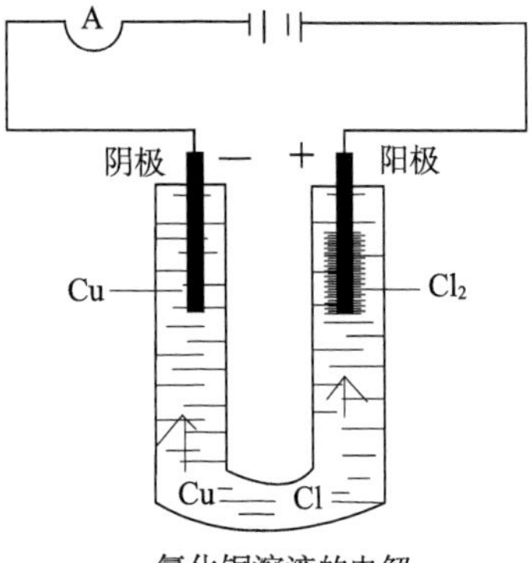

图1　教材中电解氯化铜溶液装置

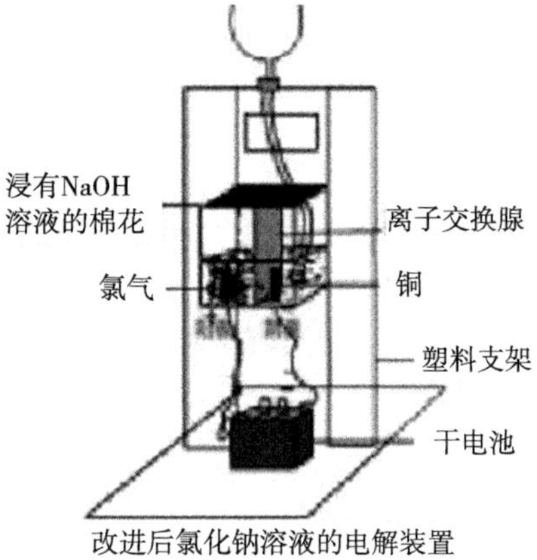

图2　电解氯化铜溶液创新装置

改进创新后的装置具有以下特点。①操作简单、安全。自制电解装置，装置一体化，携带方便，操作简单，设备安全。电源采用三节9V干电池，避免使用笨重的学生电源，适合老师演示和学生分组实验。②绿色环保。电解盒的上方有浸有NaOH溶液的棉花吸收尾气，能很好避免氯气逸出，绿色环保。③现象直观、明显，可信度高。缩短两电极之间的距离，加快反应速率，使用体积小的电解盒，中间用阳离子交换膜隔开，可以明显观察到阳极产生黄绿色气体和湿润淀粉－碘化钾试纸变蓝现象，以及通过移动漏斗，降低液面，能清楚观察到阴极石墨棒覆盖一层红色的铜。④用途多样化。这套装置可用于电解多种不同电解质溶液的演示和分组实验，用途多样化。

四、实验原理/实验设计思路

在平常的教学过程中发现原电解装置的不足，经历了以下改进设计思路。

（1）课本原实验装置用于教师的演示实验，反应速率慢，坐在教室后排的学生不能观察到实验现象，也不便于在教室中开展学生分组实验。经查阅资料并实践，缩短两电极之间的距离，减小电阻，加快反应速率，使用三节9V干电池，整个装置固定在一个30cm高的塑料架上，整体美观、简单、轻便，解决了以上问题。

（2）由于原装置是敞口环境，电解过程中产生的氯气外逸，污染环境，危害师生健康，所以我在电解盒的上方用浸有NaOH溶液的棉花吸收尾气，同时采用一个小推板加湿润的淀粉－碘化钾试纸用于检验氯气，使反应在比较密封的装置下进行。

（3）后来发现阴极石墨棒上铜的现象不易观察，我增加一个漏斗装置，移动漏斗，液面下降，解决了这个问题。经过思考，此装置可以做到一装置多用，中间用阳离子交换膜隔开，可用于电解饱和食盐水等电解质溶液。另外石墨棒上产生的铜可利用电解原理清洗，不但帮助学生理解电解放电顺序，也可以为下次使用做准备。

五、实验教学目标

（1）理解电解概念及电解池工作原理。

（2）通过对电解原理的探究，培养学生观察、分析、推理、归纳的能力。

(3) 通过分组实验探究与讨论，培养学生的实验动手能力、创新精神，帮助学生树立绿色化学观念。

六、实验教学内容

学生在教师的引导下，分组完成氯化铜溶液的电解探究实验。

七、实验教学过程

在教学过程中，我设计以下四个环节（如图 3 所示）。

视频导入 激发兴趣 ⟹ 分析问题 自主猜想 ⟹ 设计方案 验证猜想 ⟹ 动手操作 体验过程

图 3　教学过程

(1) 视频导入，激发兴趣。

视频导入：首先播放电解水的视频。

设计意图：通过播放电解水的视频，吸引学生的注意力，让学生从已有知识入手，符合学生认知规律，为学习电解池知识做铺垫。同时设置问题，引出电解氯化铜溶液的主题。

本环节设置问题如下。①如何书写电解水的化学反应方程式,电解水的装置由哪几部分组成？②水的电解，为了增强导电能力，可加稀的 NaOH 溶液或稀 H_2SO_4。如果改加 $CuCl_2$溶液，情况会怎样？产物会不会有影响？

问题设置的意图：通过创设问题情境，让学生初步掌握电解知识，对比分析，由浅入深，激发学生求知欲。

(2) 分析问题，自主猜想。

学生根据电解水的知识，自主猜想加入氯化铜溶液后的影响结果。图 4 展示了学生部分猜想的结果。

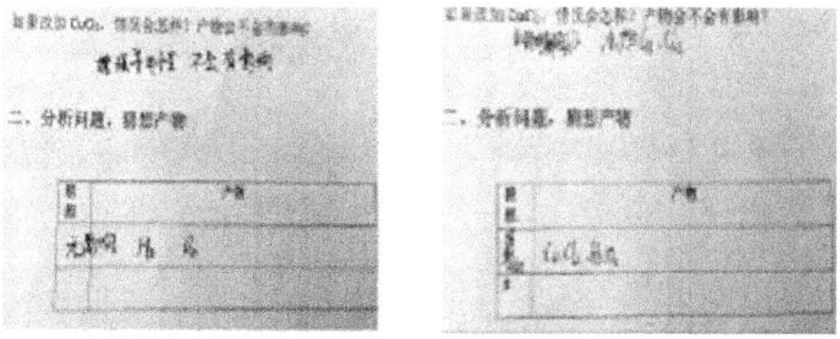

图 4　学生猜想结果

设计意图：让学生学会类比的学习方法，充分调动学生学习的积极性，培养学生严谨的科学态度和质疑精神。

（3）设计方案，验证猜想。

学生根据自己的猜想和已有的知识，小组合作，分组设计实验方案。图 5 展示了学生部分实验方案设计。

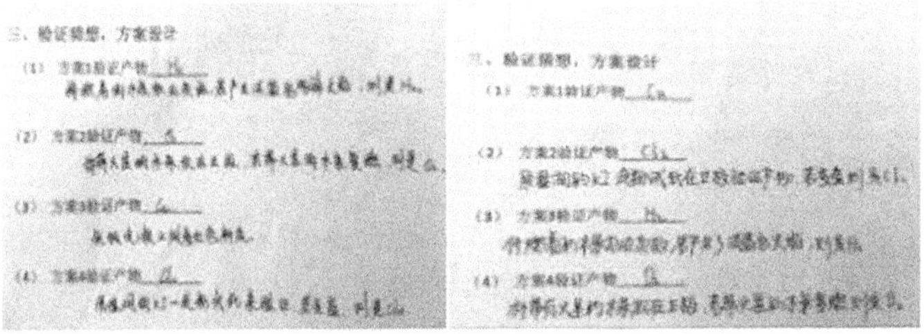

图 5　学生实验方案设计

设计意图：培养学生知识迁移、归纳的能力，以及小组合作学习、分析问题、解决问题的能力。

（4）动手操作，体验过程。

创新改进后的实验装置，设备安全，操作简单，便于在教学过程中开展学生分组实验。图 6 展示了学生部分探究的实验结果。

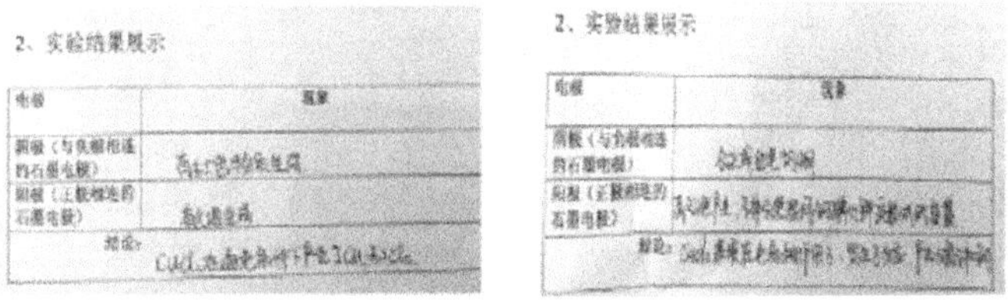

图 6　学生实验结果

设计意图：用改进后的实验装置进行分组实验，现象明显、直观，可信度高。学生自主探究获取实验结果，验证自己的猜想是否正确，达成教学目标。

八、实验效果评价

（1）本实验装置的创新，由于操作简单、设备安全、现象明显，服务了教师教学，改变了学生传统的学习方式。

（2）学生自主参与实验探究，体现了“学为主体，教为主导”的教学理念，符合新课程标准。

（3）实验教学与创新，需要我们不断探索与追求，让学生在体验中成长，在创新中突破。

第四部分　中学生物

初中生物

呼吸与呼吸作用

北京市第十八中学　安勐颍

一、使用教材

北京版七年级《生物学》下册第六章第4节。

二、实验器材

（1）主要器材：二氧化碳传感器、氧气传感器、温度传感器、数据采集器、秒秒测（微型体温温度传感器）、平板、屈肘模型、酒精灯、解剖针、铁架台、铁夹、试管（15mL）、电子天平。

（2）主要物品：餐盒、保鲜膜、封口膜、橡皮泥、火柴、花生、绿豆、萝卜、大蒜。

三、实验创新要点/改进要点

（一）创新要点

见图1、图2、图3。

（二）改进要点

见图4。

图1　探究呼吸作用气体成分变化装置图

图2　秒秒测

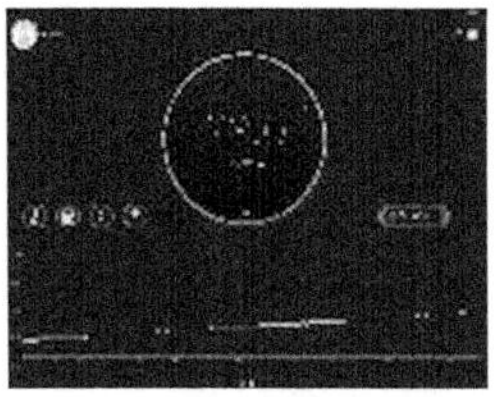

图 3　秒秒测 app 显示图

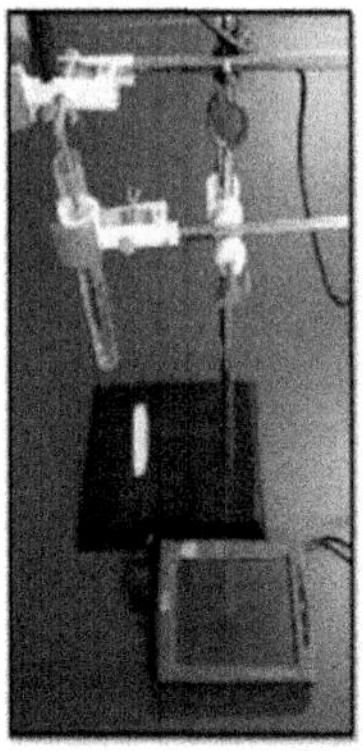

图 4　验证燃烧时热量变化装置图

四、实验原理/实验设计思路

遵循着从现象到本质的认知规律，实验 1 以植物为例探究呼吸作用气体成分的变化（即 O_2减少，CO_2增多），获得呼吸作用物质变化的实证。实验 2 以人为例探究呼吸作用热量的变化。实验 3 以人的食物花生为例验证了燃烧时热量的变化，获得呼吸作用能量变化的实证。其中燃烧是学生熟知的发光发热反应，呼吸作用是细胞中温和的代谢过程，将两者进行类比，突破能量转化的难点，揭示呼吸作用的概念和实质。

五、实验教学目标

（1）通过探究实验，让学生有直观的亲身体验，帮助学生理解和突破本节的难点——呼吸作用的实质。

（2）通过探究实验，体会科学的实验过程，培养学生的探究能力。

（3）通过探究实验，提高学生采集数据、分析数据的能力，锻炼比较分析的思维能力。

六、实验教学内容

（1）实验 1：探究呼吸作用气体成分变化（使用氧气、二氧化碳传感器）。

（2）实验 2：探究呼吸作用热量的变化（使用秒秒测）。

（3）实验 3：验证燃烧时热量的变化（使用温度传感器）。

七、实验教学过程

（一）实验 1：探究呼吸作用气体成分的变化

学生通过小组合作，完成探究实验的数据采集，并将实验结果通过平板投屏到白板上，进行组内实验数据的比较分析（见图 5、图 6），在实证的基础上分析得出呼吸时氧气减少二氧化碳增加的结论。

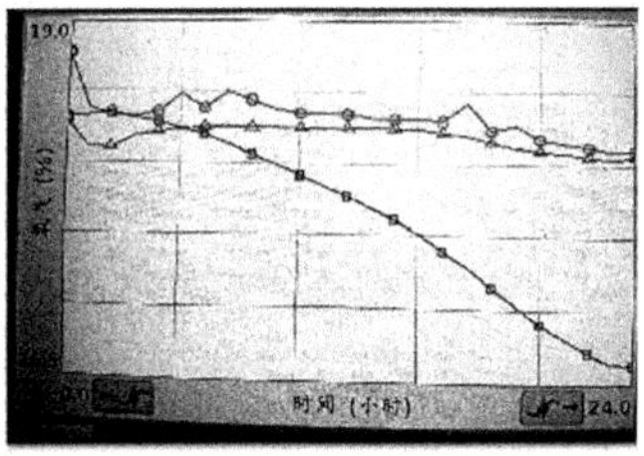

图 5　探究呼吸作用氧气的变化

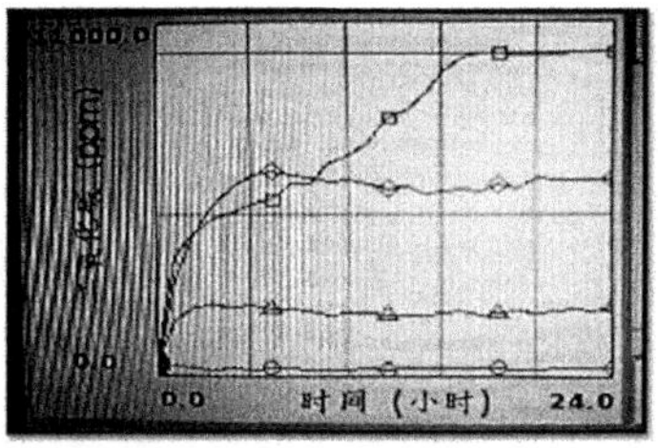

图 6　探究呼吸作用二氧化碳的变化

学生在小组数据分析过程中发现，不同器官的数据结果大体趋势虽然一致，但是仍然存在差异。那不同器官之间有没有可比性呢？如何改进装置才能比较不同器官的呼吸强弱呢？在学生讨论了他们的实验设计想法后，提供了教师的 1 个实验设计方案及实验结果，进一步定量分析了三种器官的呼吸强度，通过实证帮助学生理解教材只选择种子作为实验对象的原因，从而提高了学生对实验选材的理解。

（二）实验 2：探究呼吸作用热量的变化

本实验利用秒秒测直观地呈现人体肱二头肌运动过程中，肌细胞进行呼吸作用产生的热量变化。具体的实验装置如表 1 所示，处理过程如图 7、图 8 所示。

表 1　呼吸作用热量变化的实验装置

组号	装置	处理	起始温度	处理后温度
1	秒秒测固定在人体肱二头肌上	运动	32.9℃	33.8℃
2	秒秒测固定在人体肱二头肌上	不动	30.0℃	33.1℃
3	秒秒测固定在屈肘模型上	运动	23.3℃	22.3℃
4	秒秒测固定在屈肘模型上	不动	22.3℃	22.3℃

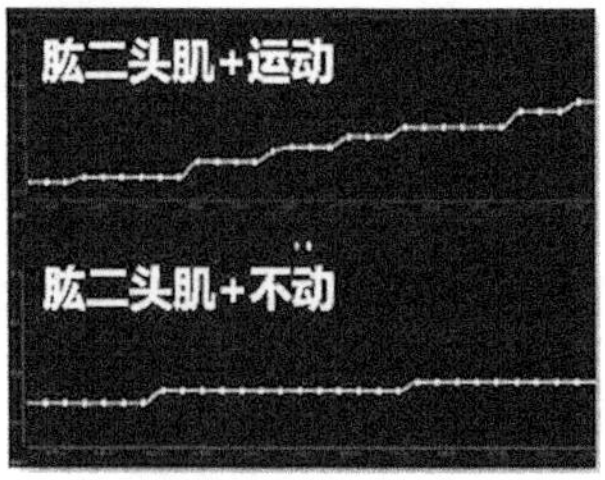

图 7　肱二头肌运动和不运动时的温度变化

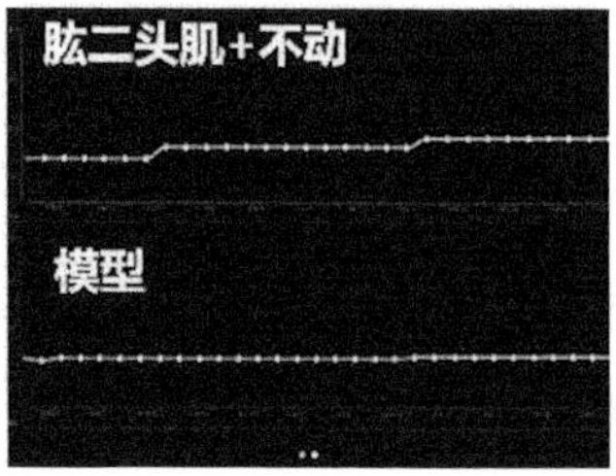

图 8　肱二头肌不运动时和模型的温度变化

学生观看曲线并分析数据：对照组保持平稳，意味环境温度未发生变化且模型运动不会引起温度升高；不运动的肱二头肌起始温度高于室温，即体表温度，而且会随着时间推移。在保鲜膜内，因自然状态下的代谢产热引起温度缓缓上升；实验组则可以清楚地看到温度变化显著，意味着运动导致代谢产热量明显升高。学生通过对比肱二头肌运动和肱二头肌不动的曲线，可以分析得出，人体会产热。无论是平时皮肤散失的热量，还是运动时肌肉组织产生的热量，都来自于哪呢？学生观察到肱二头肌不运动时温度也有一定程度升高，而模型无论运动与否温度都一直为室温，没有变化，对比二者，恰好说明安静状态下，细胞的呼吸作用也在发生，得出了呼吸作用会释放热量的结论。而运动过程中产热增加是肌细胞的呼吸作用增强的效果。

（三）实验 3：验证燃烧时热量的变化

实验 3 的对象为食物花生，利用温度传感器、数据采集器、平板直接将花生燃烧时温度的实时变化投屏在白板上（见图 1），让学生在已有经验的基础上，从定量的温度曲线获得实证，验证了燃烧会释放热量。

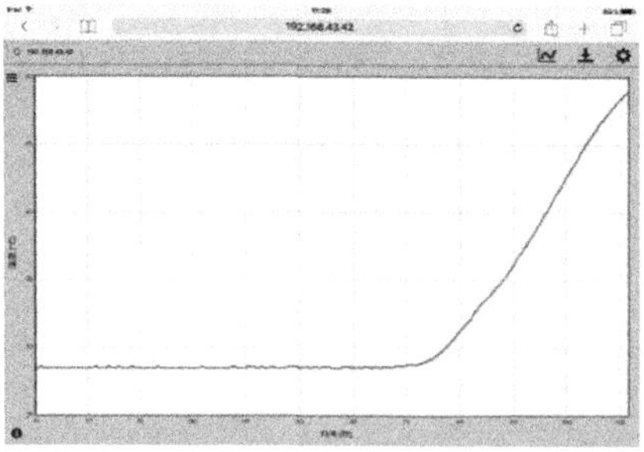

图 9　花生种子燃烧时的温度变化曲线

本实验还分别在花生种子燃烧前后称重，燃烧后质量明显降低，得出燃烧时热量虽然增加，但有机物却减少了，进而说明了燃烧时释放的热能来自有机物中储存的化学能。

通过实验 2 和实验 3 突破了能量转化的难点，而呼吸作用是一种在细胞内类似于燃烧的过程，进而揭示呼吸作用的实质。

八、实验效果评价

本节课的 3 个实验都与传感器、秒秒测、平板、白板等多种信息技术深度融合，显著提升了实验的可行性、直观性和时效性，让生物课堂成为技术背景下的学生实验主场。学生通过小组合作探究，既发展了探究能力，锻炼了小组合作能力，又提高了实验操作能力和数据采集、分析能力，直观地体会了探究过程，并获得了实证，为突破本节课重难点“呼吸作用的实质”奠定了基础，也为高中生物数据分析的应用、能量转化的学习做了铺垫和衔接。

探究种子萌发的条件

山东省青岛市第六十三中学　程利

一、使用教材

人教版七年级《生物学》上册第三单元第二章第一节“种子的萌发”。

二、实验器材

如图 1 所示。

图 1

三、实验创新要点/改进要点

（1）拓展课本原有探究，在充分利用实验室已有器材的基础上，增加新器材芽苗盘，利于设置对照实验，探究种子萌发的环境条件、自身条件。

（2）指导学生利用电子书包 iPad 进行拍摄，运用“延时摄影”技术，亲自制作视频，满足七年级学生的好奇心，激发学生的探究兴趣。运用 iPad 上 iThoughts 程序，帮助学生构建思维导图并尝试制定严谨可行的实验方案，拓展思维的广度和深度。

四、实验原理/实验设计思路

（1）学生提出探究问题，教师提供探究材料。

（2）改进、创新课本原有设计，运用 iPad 进行高效探究。

五、实验教学目标

（一）教学目标

（1）知识目标：①描述种子萌发的环境条件和自身条件;②描述种子萌发的过程。

（2）能力目标：①运用实验法探究种子萌发的条件;②培养小组合作能力,学会运用思维导图。

（3）情感目标：培养实事求是的认知态度。

（二）教学重点

通过探究，描述种子萌发的条件。

（三）教学难点

（1）设计种子萌发条件的对照实验。

（2）分析实验数据。

六、实验教学内容

视频导入→出示问题→制作导图→合作探究→分析数据→继续探究。

七、实验教学过程

（一）视频导入

教学活动：微视频《生命》。

学生活动：观看运用 iPad“延时摄影”技术拍摄的微视频。

设计意图：激发兴趣，引入课题。

（二）出示问题

教学活动：探究内容。

学生活动：课前填写问卷调查，整理归纳探究问题。

设计意图：明确本节必做探究、选做探究（见图 2）。

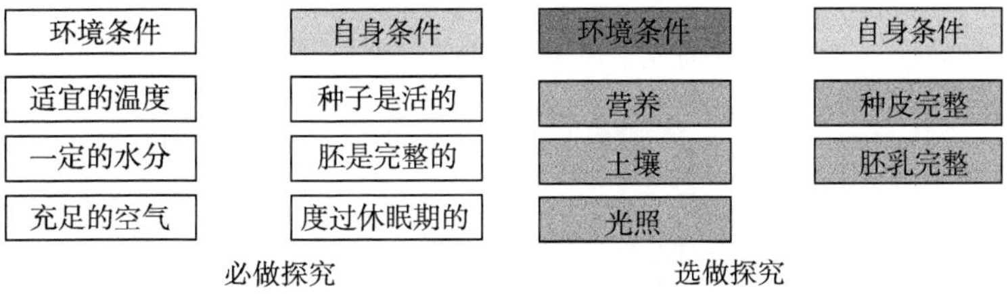

图 2

教学活动：探究器材及材料。

学生活动：兴趣小组，课前选择合适的器材及材料。

设计意图：创新、拓展课本原有设计，便于设计对照实验（见图 3）。

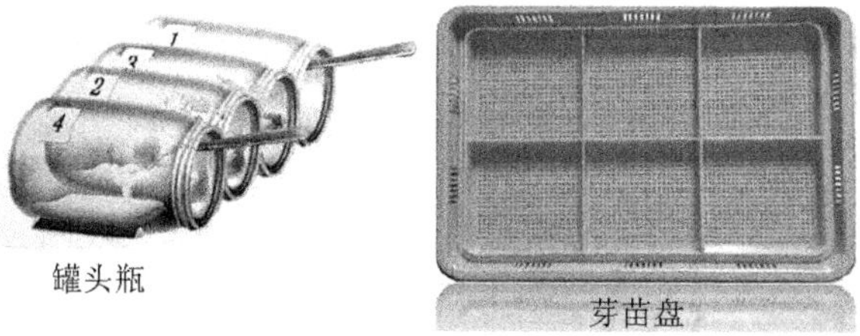

图 3

（三）制作导图

教学活动：设计对照实验。

学生活动：运用 iPad 中的 iThoughts 程序制作思维导图。

设计意图：提升学生思维能力，高效设计对照实验（见图 4）。

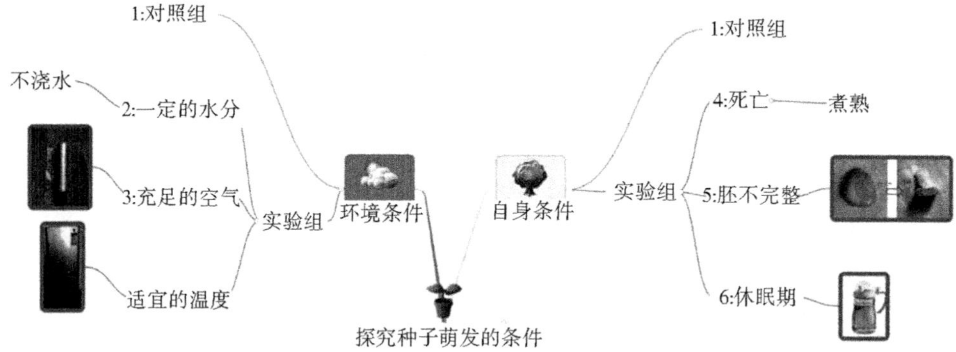

图 4

（四）合作探究

教学活动：探究萌发条件（课内完成必做探究）。

学生活动：组长分解任务，小组合作。

设计意图：导图引领，实验分工明确，提高探究效率。

说明：

探究环境条件：3 号用保鲜膜隔绝空气；低温组放入冰箱。

探究自身条件：4 号煮熟；5 号横切，切去部分胚；6 号用油浸泡模拟休眠期（见图5）。除2号外，其他各组每天定时、定量浇水，观察，认真填写实验记录表（见表1）。

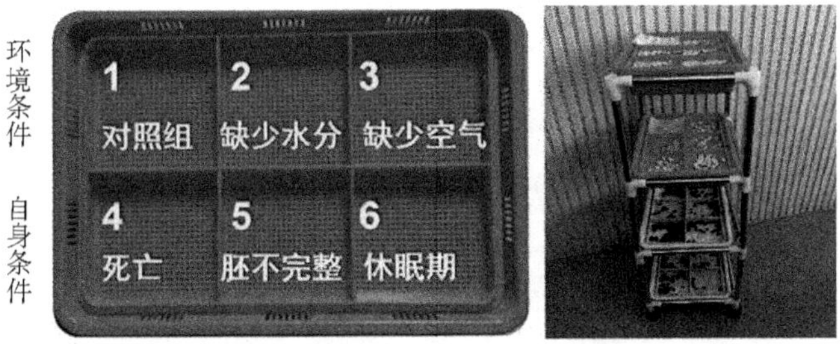

芽苗盘分组情况　　装置安装完毕

图5

表1

“探究种子萌发的条件”实验记录

班级：________组别：________小组成员：________________

日期：________天数：________

环境条件	1 对照	2 缺少水分	3 缺少空气	低温
萌发数量				
自身条件	4 死亡	5 胚不完整	6 休眠期	
萌发数量				
观察记录	友情提示：同学，在你观察的过程中，你还发现了哪些现象，请把它们记录在此吧……			

（五）分析数据

教学活动：展示交流。

学生活动：玉米3组交流实验现象及记录（见图6）。

设计意图：培养实事求是的科学态度。

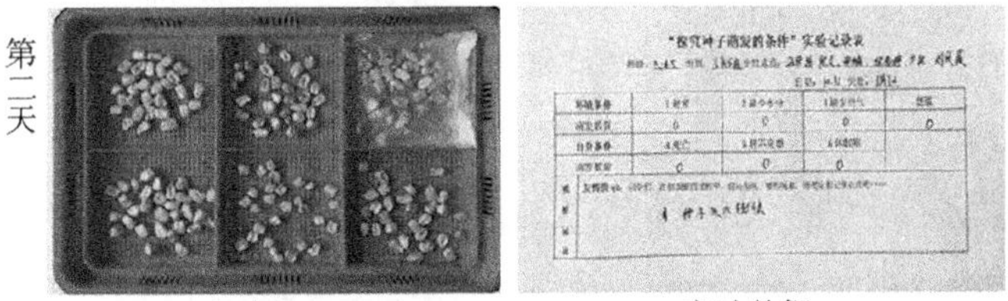

实验现象　　实验数据

图6

第三天

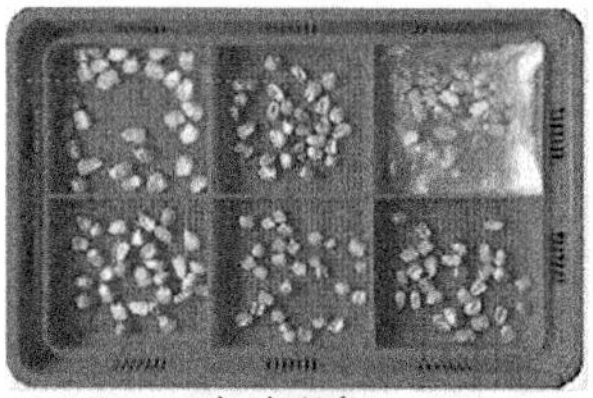

实验现象

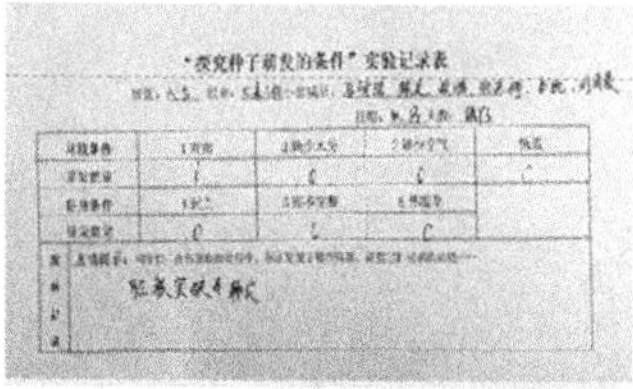

实验数据

第四天

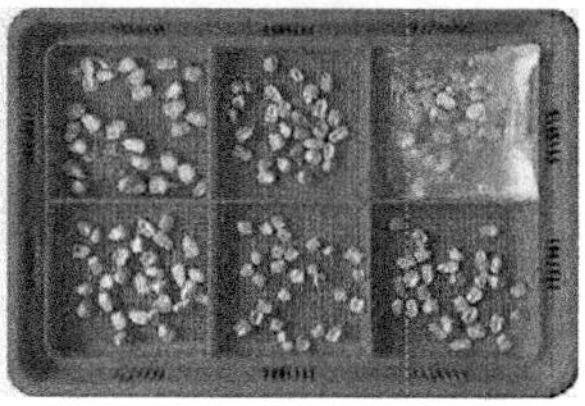

实验现象

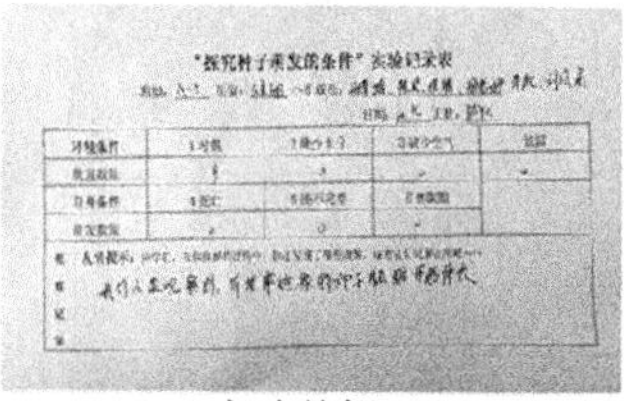

实验数据

图6（续）

教学活动：展示交流。

学生活动：统计、分析全班数据，验证种子萌发的环境条件、自身条件（见表2）。

设计意图：分析实验数据，直观得出结论，突破难点。

表2

	1对照	2缺少水分	3缺少空气	低温	4死亡	5胚不完整	6休眠期
玉米1组	13	0	0	0	0	0	0
玉米2组	8	0	0	0	0	0	0
玉米3组	9	0	0	0	0	0	0
黑豆1组	8	0	0	0	0	0	0
黑豆2组	11	0	0	0	0	0	0
黑豆3组	6	0	0	0	0	0	0

教学活动：展示交流。

学生活动：交流“观察记录环节”，描述种子萌发的过程（见图7）。

设计意图：为进一步学习奠定基础。

（六）继续探究

教学活动：继续探究。

学生活动：继续观察种子，直至长出幼根（见图8）。

设计意图：芽苗盘的另一优势，为继续探究第二节实验“观察根毛和根尖的结构”奠定基础。

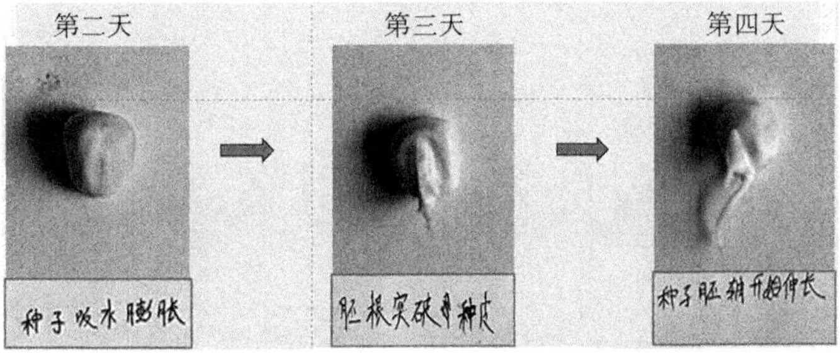

图 7

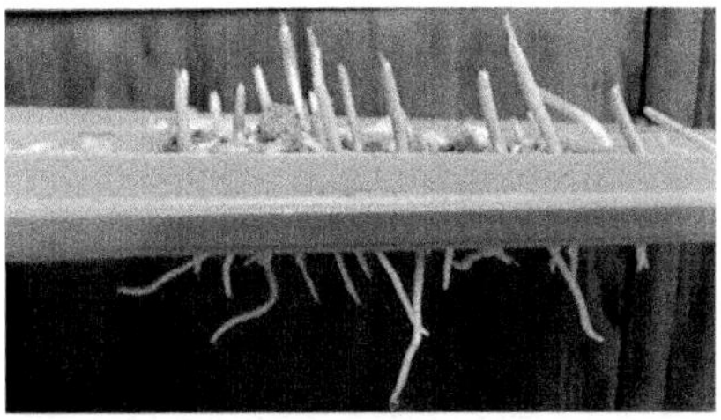

图 8

八、实验效果评价

采用师生双维评价的方式，对本节实验课进行反馈。

（1）多次运用 iPad，拓展了学生思维，提高课内探究的效率。

（2）运用芽苗盘可设计更多组的对照实验，同时解决控制幼根生长方向的问题，有利于继续探究。

二氧化碳是光合作用必需的原料吗？

福建省厦门市双十中学思明分校　范斌

一、使用教材

本实验选自人教版七年级《生物学》上册第三单元第五章第一节“光合作用吸收二氧化碳释放氧气”中的探究活动。该实验是本册教材的最后一个探究活动，教材中只给出了探究的问题和背景资料，要求学生全过程设计并完成探究，难度较大。在实际教学中，开出率低，成功率比较低。

为了做到既可以检查学生对科学探究方法和步骤的掌握情况，又可以充分调动学生的积极思维、主动参与学习的积极性，我对该课程的教学顺序进行了合理的调整，并重点针对本实验与学生共同完成创新设计，具体包括原理创新、材料创新、方法创新和装置创新等，达到实验原理清晰、装置便携、步骤简便、现象明显等效果，同时实验还具有较强的延展性，体现了初高中学习的衔接。学生在研究中理解科学概念，理解解决生物学问题所特有的思路和方法。学习过程充分体现了建构主义学习观，并且激发出学生的问题意识和创新思维。

二、实验教学目标

（1）探究二氧化碳是不是绿色植物进行光合作用必需的原料。

（2）概括光合作用的实质。

（3）在科学探究中发展创新、实践、合作能力，领悟科学思维方式，感悟科学精神。

教学重点：二氧化碳是光合作用的原料。

教学难点：设计并完成探究实验二氧化碳是绿色植物光合作用必需的原料吗？

三、实验内容设计

经过创新的实验主要内容是：以向煮沸冷却后的蒸馏水中吹气或加入

一定量的碳酸氢钠提供二氧化碳，以生长旺盛的蔬菜“上海青”叶圆片为材料，观察叶圆片在不同溶液中的上浮情况，推断二氧化碳是不是光合作用的原料。

与教材设计的实验相比，实验内容的创新点如下。

（1）实验原理创新（见图1）。

围绕二氧化碳变量的设置，教材提示用氢氧化钠吸收空气中的二氧化碳，对氢氧化钠的量、容器的体积及装置的密闭性等有较高要求，不易完成。同时由于氢氧化钠是强碱，有一定腐蚀性，对于七年级学生而言有一定安全隐患。本实验创新设计是：将“减法”变成“加法”，即将去除二氧化碳改为提供二氧化碳来设置对照，经反复实验，我们以煮沸后冷却的蒸馏水作为对照组，向其中吹气或添加一定量的碳酸氢钠为植物提供二氧化碳作为实验组，操作简便、安全。

（2）实验装置创新（见图2）。

自制简易的“光合作用实验仪”，它可以克服光合作用实验常受气候、光照和地点等条件限制的问题。该装置经过实践也进行了一些改进，由亚克力板制成，采用 LED 灯带作为光源，具有组合方便、光照均匀、安全性好等特点，在槽中可让几个小组同时进行实验，充分满足了课堂分组实验的需要。平时灯带部分可收纳在槽体中，轻便易携带。

图1　煮沸后冷却的蒸馏水与经吹气或加入一定量碳酸氢钠的溶液对照

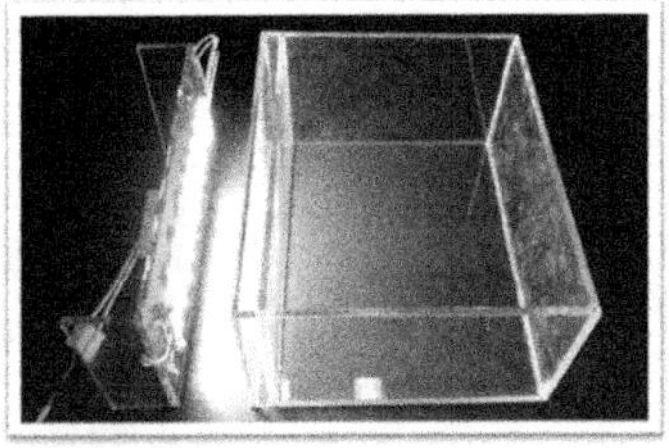

图2　自制光合作用实验仪

（3）实验材料创新（见图3）。

教材实验要求的两株大小、生长状况相同的植株，不易控制无关变量。本实验采用植物绿叶进行实验，材料用量少，差异也较小，能较好地控制无关变量。我尝试采用空心菜、地瓜叶、竹叶等材料效果都很好，最后选用了来源方便的上海青。

（4）实验方法创新。

教材实验采用萨克斯实验来检测，时间长，操作复杂。本实验创新设计是：引用高中实验“叶圆片上浮法”，操作简便，现象直观，初中学生也很容易理解其原理。这一方法也体现了研究方法的初高中衔接，为今后高中学习打下基础。

图3　实验材料：绿叶（上海青菜叶）

四、实验方法设计

实验方法具体如下（见图4）。

（1）取生长旺盛的绿叶（上海青菜叶），用直径为1cm的打孔器打出一定数量的圆形叶片（注意避开大的叶脉）。

（2）将圆形叶片置于注射器内，并让注射器吸入清水，待排出注射器内残留的空气后，用手堵住注射器前端的小孔缓缓拉动活塞，使小圆形叶片内的气体逸出。这一步骤可以重复几次。

（3）将内部气体逸出的小圆形叶片，分别放入装满煮沸冷却后的蒸馏水和经过吹气或加入一定量碳酸氢钠的蒸馏水的锥形瓶中，并马上用胶塞将瓶口塞住（减少空气中的二氧化碳对溶液的影响）。此时叶片因为细胞间隙充满了水，将全部沉到水底。

（4）实验假设是，将三个锥形瓶放在相同的光照条件下，数分钟后叶片如果进行光合作用，产生的氧气会充斥在叶片的细胞间隙中，浮力增大，叶片将会从水底浮起。通过观察同一时间内叶片浮起的数量，可以粗略判断光合作用的强度。

步骤1：打叶圆片　步骤2：将叶圆片抽真空

步骤3：叶圆片放入溶液　步骤4：观察叶圆片上浮情况

图4　实验方法

实验结果显示，在碳酸氢钠溶液中的叶圆片上浮最快，经过吹气的瓶中叶圆片也逐渐上浮，在蒸馏水中的叶圆片不上浮。由此证明二氧化碳是光合作用必需的原料。

本实验的改进简化了实验操作，现象直观有趣。相对于教材定性实验，实现了一定程度的定量观察，有所突破。一般在 15min 内能完成。

另外，我还增加了演示实验，以溴麝香草酚蓝（BTB）作为指示剂，检验水中的二氧化碳的变化。在二氧化碳浓度高时 BTB 溶液为黄色，浓度低时颜色为蓝色。在富含二氧化碳的溶液中放入黑藻并提供光照后，BTB 溶液颜色逐渐变回蓝色，说明光合作用消耗了二氧化碳。这个实验现象明显，易于学生理解，但耗时较长，我将其设计为演示实验，用于巩固学生对“二氧化碳是光合作用原料”的认识。

五、实验装置创新拓展

本实验在装置上的创新，可以满足学生在基本探究基础上的诸多拓展性思考和课后进一步探究（见图 5）。

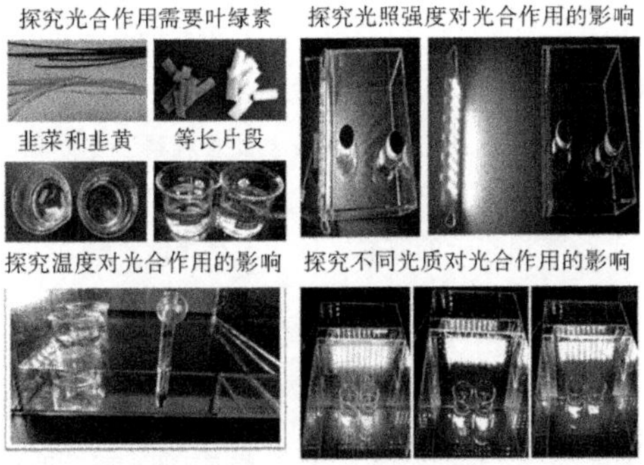

图 5 实验拓展

比如针对学生提出的“二氧化碳的多少会不会影响实验结果”，可指导学生用不同浓度的碳酸氢钠溶液研究不同浓度二氧化碳对光合作用的影响。

针对学生提出的“烧杯离灯远或近会不会影响实验结果”，可指导学生控制烧杯距离探究光照强度对光合作用的影响。

除此之外，本装置还可以有以下用途。第一，通过韭菜（富含叶绿素）和韭黄（无叶绿素）进行对照，探究光合作用需要叶绿素的实验；第二，利用彩色玻璃纸探究不同光质对光合作用的影响；第三，利用槽作为水浴探究温度对光合作用的影响；等等。

这些实验的演示，能有效激发学生的好奇心和积极性，为学生打开探究的新思路，为学生高中进一步学习光合作用的内容留下深刻印象，这样能够让学生“带着问题走出课堂”，激发和维持对主动学习的兴趣和欲望。

六、教学过程设计

环节	教师活动	学生活动	教学意图
第一课时			
导入：光合作用有其他产物吗？	提问：结合上一节课的结论和生活常识，光合作用除了制造有机物，是否还有其他产物 根据学生回答，引出“绿色植物在光下释放氧气”的实验	尝试回答光合作用的其他产物 如果回答出氧气，则可期待老师用实验验证；如果回答不出，则可观察老师的演示实验获得结论	温故知新，激发兴趣
光合作用产生氧气	演示“绿色植物在光下释放氧气”的实验装置 请学生共同完成实验：收集植物释放的气体，将带火星卫生香放入试管中。（说明：助燃是氧气的特性。） 板书列出光合作用式子的右侧，包括产物、条件和场所	观察装置内的金鱼藻是否产生气泡？如果有，气泡的移动方向如何？ 注意观察卫生香的燃烧情况，得出光合作用产生氧气的结论 同步做好笔记	细致观察，归纳提炼
二氧化碳是光合作用的原料吗？	过渡：类比生活中的“制造”，提出“原料”的话题。科学家最初的时候，是如何发现光合作用原料的 讲述：光合作用发现过程是一个艰辛的探索过程，多学科的科学家经过上百年的研究，才逐步揭示光合作用的秘密 引导学生分析比利时科学家海尔蒙特的实验，并尝试做出解释 引导学生分析英国科学家普利斯特利的经典实验，尤其是分析实验意图	带着问题倾听、思考 阅读教材，尝试客观表述海尔蒙特的结论：水是光合作用的原料 阅读教材，尝试分析普利斯特利的实验思路和设计意图，师生共同分析结论“绿色植物能更新空气” 提出推测：二氧化碳是原料	科学史的教育价值 理科阅读，理性思维 科学想象，逻辑推理

续表

环节	教师活动	学生活动	教学意图
二氧化碳是光合作用的原料吗？	补充科学史料：1785年科学家研究确定绿色植物在光下释放氧气，吸收二氧化碳 引入探究实验“二氧化碳是光合作用的原料吗？” 请兴趣小组介绍课外探究实验“二氧化碳是光合作用的原料吗？”	兴趣小组介绍实验的现象和结果，并提出困惑（见图6） （1）氢氧化钠具有较强的腐蚀性 （2）实验装置复杂，气密性要求高；氢氧化钠的量不易控制 （3）对实验植株要求高，很难找到大小、生长状况相同的两株植物 （4）实验时间长，操作复杂 （5）实验成功率低	大胆质疑，挑战权威
课外实验设计	过渡：针对兴趣小组提出的问题，一起探索更简便的实验方案 布置学生课外设计实验方案 ①提供资料。如“碳酸氢钠在光合作用实验中的应用”、高中教材（必修1“探究环境因素对光合作用强度的影响”）等 ②对实验原理和方法进行指导，帮助学生完善实验设计 ③鼓励学生尝试实验创新 ④收集小组设计的方案	分组对实验提出新的设想，如 （1）把去掉二氧化碳改为提供二氧化碳 （2）可用产生氧气对光合作用进行检测 （3）根据材料，可以采用高中教材提到的“叶圆片上浮法”（见图7），设计实验方案	获取有效信息 拓展思路，创新设计
第二课时			
二氧化碳是光合作用的原料	引导小组交流实验方案 说明实验仪器“光合作用实验仪”、材料、溶液、操作要求	小组交流实验方案（见图8），总结出最优方案 （1）以叶片为材料，用叶圆片上浮法 （2）用碳酸氢钠，或者向水中吹气提供二氧化碳 （3）观察叶圆片上浮情况，判断光合作用是否发生	最优化思想

续表

环节	教师活动	学生活动	教学意图
二氧化碳是光合作用的原料	指导学生分组实验 补充演示实验：BTB 检验光合作用过程水中溶解二氧化碳减少（见图10） 引导分析实验现象，获得结论	分组操作，观察记录实验现象（见图9） 分析实验现象，合理推论：二氧化碳是光合作用的原料	解开悬念，直观解释
光合作用的实质	引导学生总结光合作用的原料、条件、场所、产物，概括光合作用的实质	总结光合作用的原料、条件、场所、产物。概括光合作用的实质	融会贯通，深刻理解
光合作用原理的实际应用	引导学生阅读教材，结合自身生活经验，讨论光合作用原理在生产生活中的应用 归纳讲述：光合作用是地球上一切生物生存、繁殖、发展的根本保障，爱护花草树木，是我们每个人的责任和义务	讨论：利用光合作用原理提高农作物的产量，如合理密植；结合生活实际举例，如鱼缸中加入水草 倾听，提高责任感	学以致用，和谐生态
拓展探究	进一步激疑：光合作用还有很多值得研究的奥秘，在完成本节探究活动中发现哪些新问题 启发：用不同浓度的碳酸氢钠溶液提供二氧化碳、用韭菜叶和韭黄叶研究叶绿素的作用等 启发学生运用所学实验方法还可以对光合作用的影响条件（光照强度、温度、光质等）进行课外拓展探究	结合实验体验，尝试提出新的探究问题 如：二氧化碳的多少是否影响光合作用，如何证明光合作用需要叶绿素，等 尝试运用本节课学习的“叶片上浮法”设计实验，课后探究上述问题	拓展探究，保持兴趣

七、教学反思评价

回顾本实验的设计和实施过程，有如下特点。

（1）共创性。本实验设计基于学生在实践探索中的困惑，既有教师的先行先试为基础，又重在学生亲历创新设计过程，师生共同创新，形成最优探究方案，有效促进学生建构科学概念，理解科学方法，同时更好地落实了教材“检查学生对科学探究方法和步骤的掌握情况”的设计意图。

(2) 直观性。本实验创新切中教学难点，通过原理、方法和装置等多角度创新，达到实验原理清晰、装置便携、步骤简便、现象明显等效果，为学生建构“二氧化碳是光合作用的原料”的概念提供直观的事实依据，引导学生从现象到本质进行探索。

(3) 深刻性。全新的实验设计，要求学生经历从提出问题到获得结论探究全程，学生在其中领悟科学思维方式，形成科学观点，感悟科学精神，学习过程更具深刻性。

(4) 延展性。本实验所采取的研究思路和研究方法，借鉴了高中生物实验中初中学生易于理解的原理和方法，不仅达成本节课的教学目标，这种研究思路和方法的衔接，也为学生的高中学习打下基础，体现了初高中生物教学的衔接。实验装置的创新使实验完全能够满足课堂分组实验的要求，一般实验室都能开展，也为学生拓展探究创造了条件。

总之，本课学习过程充分体现了建构主义学习观，学生在研究中理解科学概念，理解解决生物学问题所特有的思路和方法，并激发出难能可贵的问题意识和创新思维。

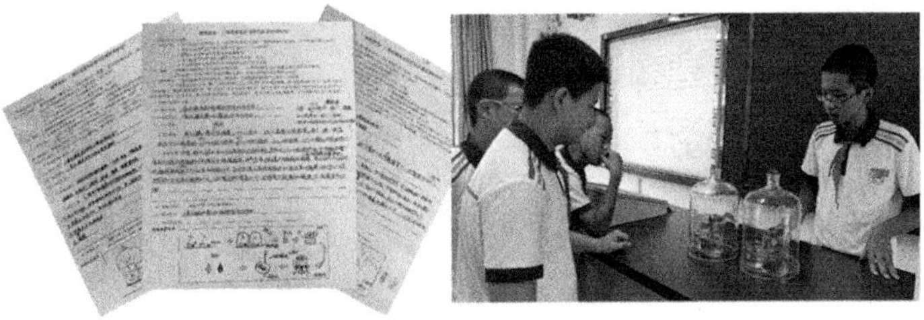

图 6　兴趣小组活动大胆质疑

图 7　资料学习寻求创新

图 8　师生共创最优方案

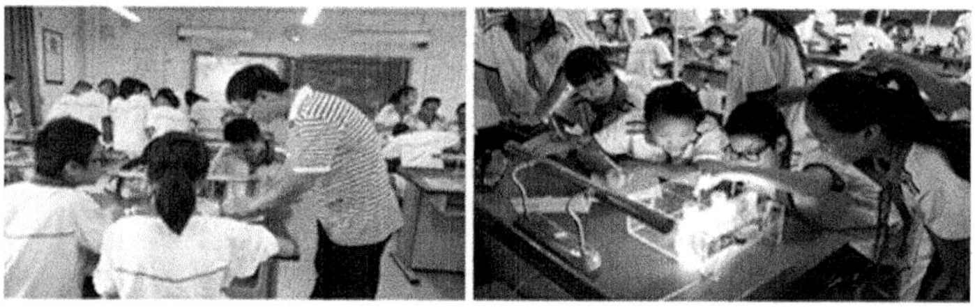

图 9　分组实验

通过指示剂BTB检验光合作用过程水中溶解二氧化碳减少

1.吹气后溶液由蓝色逐渐变成黄色　2.放入适量黑藻　3.放置在光下，黄色逐渐变为蓝色

图 10　演示实验

观察草履虫的形态、运动、取食和趋性

河北省石家庄市第四十中学　冯翠翠

一、使用教材

冀少版七年级《生物学》上册第一单元第二章第四节“单细胞生物”。

二、实验器材

数码互动显微镜、pH 传感器、大烧杯、小烧杯、漏斗、定性滤纸、玻璃棒、胶头滴管、载玻片、盖玻片、镊子。

三、创新要点

落实探究式学习，培养创新精神。

（1）实验仪器的优化：教学中采用数码互动显微镜和传感器。

（2）实验方案的创新。

1）快速培养草履虫的方法：稻草液＋牛奶可快速培养草履虫（100mL 稻草液＋0.5mL 牛奶）。

2）降低草履虫的运动速度的措施：蛋清能有效减缓草履虫的运动速度。

3）观察草履虫食物泡的途径：喂食草履虫红色的酵母菌、霉菌的孢子或螺旋藻。

4）草履虫趋性实验的改进：利用传感器将定性实验转化为定量实验。

四、设计思路

借助于数码互动实验室，通过改进实验方法，学生在显微镜下清晰地观察到草履虫的结构、运动、取食、趋性等生命活动，形成“单细胞生物能独立完成生命活动”的概念。

五、教学目标

（1）知识目标：概述草履虫的形态、运动、取食和趋性。

（2）技能目标：使用数码互动显微镜独立完成观察操作。

（3）情感目标：体验科学探究的过程，养成良好的实验习惯和实事求是的科学态度。

六、教学内容

（一）课前准备

（1）学校平台：利用学校搭建的平台数码互动实验室进行教学，数码互动实验室是由教师端显微镜、学生端显微镜和计算机组成，数码互动显微镜可以将学生观察到的图像呈现在平板电脑上，并可对图像进行拍摄、保存、编辑及上传。教师端可显现出学生端显微镜的实时图像，并可对图像进行教学示范、图像对比。数码互动实验室是一种高效的师生互动平台。

（2）教师准备：课前准备中性红染液染色的酵母菌。酵母菌培养液中加入一定比例的中性红染液，用滤纸过滤掉染液（过滤 2 ~ 3 次），直至冲洗滤纸后的液体无色为止（目的是洗去酵母菌以外的浮色）。准备螺旋藻、霉菌孢子、白砂糖、食盐、纯碱面、白醋。

（3）学生准备：充分发挥学校校本课程的优势成立生物兴趣小组，进行实验课前的准备。

1）大量培养草履虫。

学生查阅资料并配制营养液（见图 1）。

图 1

图 2 是学生配制的营养液，他们在已有的培养液中进行了创新（“紫米”“稻草 + 大米”“稻草 + 牛奶”“稻草 + 酵母”为学生的创新）。三天后，稻草液 + 牛奶培养液草履虫密度最高。其中大米培养液、稻草液 + 大米培养液、牛奶培养液腐坏变质，其他培养液均有草履虫生长。培养失败的小组寻找问题根源。在实验中我们注重的是过程而不是结果，实验的失败可能引发更多的亮点。学生在老师的引导下分析了配制过程中的问题：大米溶液染菌，牛奶浓度太高容易腐臭。学生进行重复试验，配制最适宜

草履虫生长的浓度。

图 2

他们的结论：稻草液 + 牛奶培养液（100mL:0.5mL）在 35℃左右的温度下能快速培养草履虫。

2）降低草履虫运动速度的措施。

草履虫在水中的运动速度非常快，教材说明中用棉花丝来限制草履虫的运动，但是实验效果不理想，棉花丝太少限制不住草履虫，太多又会影响观察效果。兴趣小组讨论交流制定实验方案。以下是学生的探究结果（见图 3）：

——用胶水、纯蜂蜜固定草履虫，草履虫全部解体死亡。

——面糊可以减缓草履虫的运动速度，但是视野不清晰。

——冰箱低温处理对草履虫的运动没有影响。

——蛋清与草履虫 1∶1 混合可以有效减缓草履虫的运动，而且视野清晰。

在整个准备过程中兴趣小组学生不辞辛苦，亲身实践。在失败中反复琢磨重复试验，为我们课堂教学打下了坚实的基础，同时自身也习得生物学知识，养成理性思维的习惯，形成积极的科学态度。

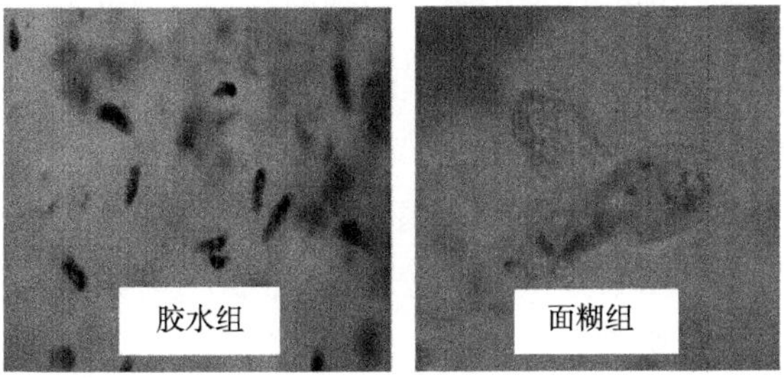

图 3

（二）教学过程

（1）创设情境，发现问题。

（2）实验探究，解决问题。

1）观察草履虫形态结构和运动。

2）观察草履虫取食红色酵母菌。

3）探究活动“草履虫取食哪种食物可以观察到食物泡”。

4）探究草履虫的趋性。

（3）建构概念：细胞是生物体结构和功能的基本单位。

七、教学过程

（一）创设情境，发现问题

学生观察培养草履虫的稻草牛奶液，一段时间后培养液为什么变澄清了？是草履虫偷吃了牛奶吗？这激发了学生探究的兴趣。

（二）实验探究，解决问题

（1）观察草履虫形态结构和运动。

学生为了探究真相，制作并观察了草履虫的临时装片，借助于数码互动显微镜，学生清晰观察到了草履虫的运动方式、靠什么运动的及形态结构（细胞膜、细胞质、伸缩泡、口沟等，见图4）。

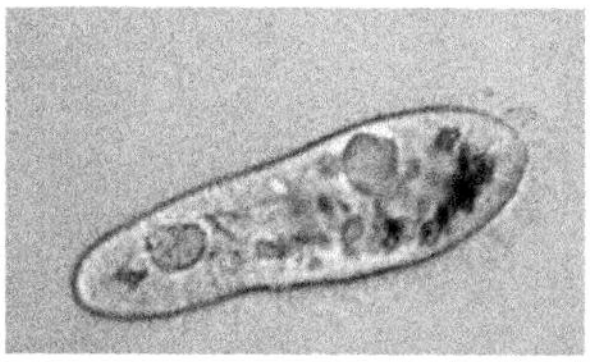

图4

教师：通过教师端关注学生观察到的图像，对学生出现的问题及时去辅导，对于学生捕捉的优秀图像进行教学示范。

学生：说出草履虫靠纤毛摆动进行旋转运动及内部结构名称。

（2）观察草履虫取食红色酵母菌。

学生观察到草履虫在显微镜下是透明的，无法观察到食物泡。

学生：如何才能观察到草履虫的取食过程呢？

学生们提出了这个问题。为了解决这个问题，学生们经过小组讨论交流得出结论。

学生：可以通过带有颜色的食物喂养草履虫。

教师：很好，今天我们就用染色的酵母菌喂养草履虫来观察它的取食及新形成的食物泡。

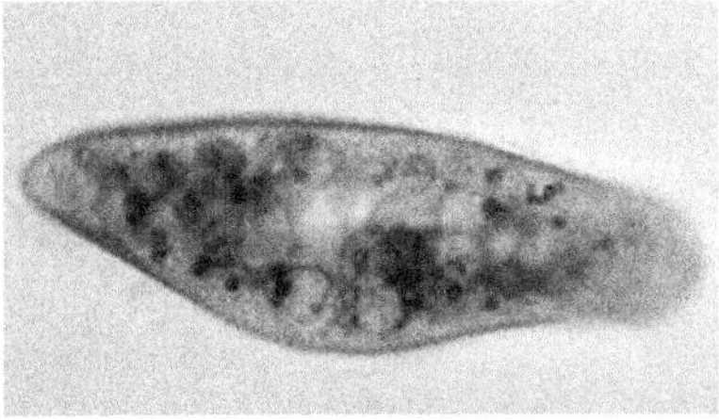

图5

学生：将染色的酵母菌溶液添加到草履虫溶液中，加入等量的蛋清，制作装片并观察。

教师：通过数码互动显微镜的教师端展示学生观察成果，由学生总结出草履虫食物随细胞质流动而流动，并逐渐被消化吸收。

教师：草履虫食物泡随细胞质流动的过程中食物不断被消化，食物泡内的物质由酸性逐渐呈现为碱性，遇到中性红染料（酸碱指示剂），食物泡由红色逐渐变浅最终呈现为黄色，食物泡颜色的变化也反映了食物消化的过程（见图5）。

学生们观察到草履虫体内出现红色食物泡时非常兴奋，顿时被这种单细胞动物的取食所吸引，探究欲望强烈。那接下来我安排了第三个活动。

（3）探究活动“草履虫取食哪种食物可以观察到食物泡？”。

学生以小组为单位讨论交流，制定实验方案。考虑到草履虫可以以单细胞藻类为食，有净化污水的作用，在教师的引导下学生们成立了螺旋藻组和霉菌孢子组。学生们实施实验得出结论。分组展示学生的探究结果，小组代表汇报结果。

无论是喂食草履虫螺旋藻还是霉菌的孢子，在草履虫体内都可以观察到食物泡。学生利用课下校本课程继续进行自主探究，他们发现用蔬菜汁染色酵母菌（染色时间较长）后喂食，草履虫体内也可以观察到食物泡。用玉米糊、面糊这种不透光的食物喂食草履虫也可以观察到食物泡（见图6）。

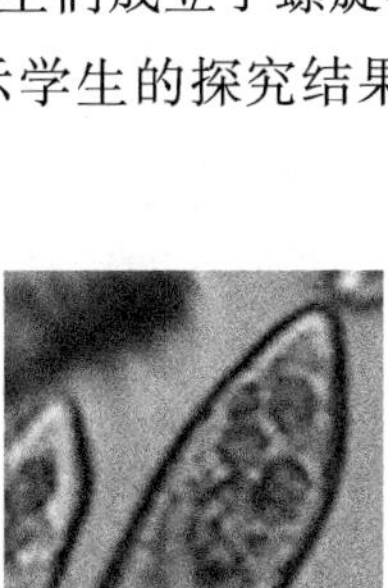

图6

借助于数码互动显微镜，通过一系列的探究活动，学生对草履虫的取食有了一个直观的了解，那它们能不能像其他动物一样对外界的刺激作出反应呢？

我们安排了第四个活动。

（4）探究草履虫的趋性。

实验材料：刺激物的选择对学生来说是一个难点，因此由教师提供（白砂糖、食盐、纯碱面、白醋）。

实验方案的改进：为了在短时间内观察到实验现象，我将实验方案进行了一下调整（见图7）。

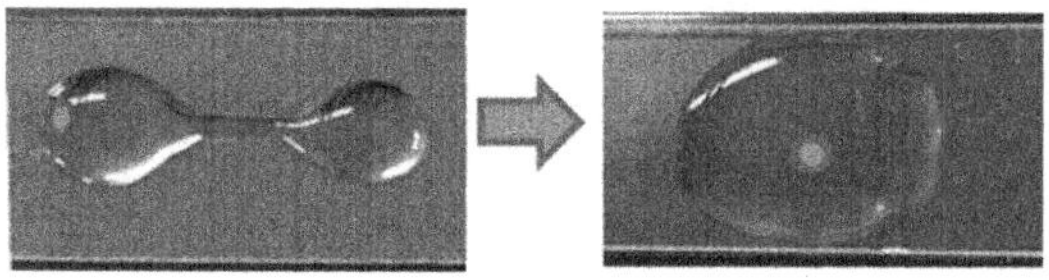

图7

学生以小组为单位完成探究实验，并汇报探究结果。

探究结果显示：草履虫对白糖没有明显的反应；当把食盐、碱面溶液放置在草履虫液滴中央时，草履虫迅速逃避中央位置；当把稀释的白醋滴加到草履虫液滴中央时，草履虫迅速汇聚到白醋溶液中。

学生提出问题：草履虫是喜欢白醋溶液吗？喜欢多大浓度的白醋溶液呢？

因为这部分耗时比较长，学生利用校本课继续深入探究不同浓度的白醋溶液对草履虫的刺激。

学生设计实验制定实验方案，配制了不同浓度的白醋溶液并用pH传感器进行测定。pH传感器是一种精密的检测仪器，探头可以将检测到的液体的信息以0.01s的速度传输到数据采集器，数据采集器将采集到的信息以数据及图表的形式呈现在计算机中，非常灵敏精准。学生们分别用这些溶液去刺激草履虫，探究结果显示在白醋溶液pH为5.8～6.4时草履虫汇聚。pH传感器的使用将实验由定性转化为定量，落实了新课程标准的要求。学生在使用数码互动显微镜和传感器的同时也开阔了眼界，培养了学生严谨的科学态度和实事求是的科学素养。

至此，通过一系列的探究活动学生认识了草履虫的结构，了解了它的运动、取食和趋性，进一步建构了概念：细胞是生物体结构和功能的基本单位。

八、效果评价

（1）充分利用学校搭建的平台。课堂中采用数码互动实验室进行教学，教师可对学生进行及时关注，与学生互动交流，提高了课堂效率。学生在使用数码互动显微镜和传感器时开阔了眼界，培养了严谨的科学态度和实事求是的科学素养。

（2）充分发挥兴趣小组的优势。课前利用兴趣小组活动时间，引导这些学生进行实验设计、实验观察等活动，熟悉实验操作步骤。在课堂上以这些学生为核心，组建学习小组，帮助其他学生完成实验，使课堂教学效率得以提高。同时让学生在自主探究的学习过程中提高生物科学素养。

（3）通过实验教学和探究式教学使学生的各种能力得到了锻炼和提高，同时使学生体会到生物结论的得出是建立在实验的基础上，学生在获取知识的同时领悟科学的思想观念，学会探究自然界的科学方法。

探究鸟卵结构与功能及其在进化中的地位

黑龙江省哈尔滨市第一一三中学　李秋菊

一、使用教材

人教版八年级《生物学》下册第七单元第一章第四节。

二、实验器材

恒温箱、托盒、注射器、大烧杯、放大镜、凡士林、100mL 量筒、培养皿。

三、实验创新要点/改进要点

我对“观察鸟卵的结构”这个实验进行了拓展，创造性地设计出几个直观、严谨的实验，来说明鸟卵的复杂结构是鸟类生殖适应于复杂多变环境的基础，更创造性地引入鸟卵与其他卵生动物卵形态功能的对比，突出鸟卵在适应陆地生活方面无可比拟的优势，并适时引入进化的观点，为后面的学习打下基础。

四、实验原理/实验设计思路

鸟卵在陆地上发育时要面临的问题主要有两个，一是干燥，二是环境复杂多变充满危机（如天敌等）。而鸟卵解决这两方面问题的主要依仗卵壳及卵壳膜。因此，本实验从各个角度设计实验探究鸟卵壳及卵壳膜在适应陆地复杂多变环境方面的作用。

五、实验教学目标

（1）知识目标：说出鸟卵适于陆地上发育的结构特点。

（2）能力目标：培养学生的动手操作能力，学会用观察、比较等方法进行生物学研究。

（3）情感态度价值观：培养学生实事求是的科学态度，认识到生物体的结构是与其功能、生活环境相适应的，并认同生物进化的观点。

六、实验教学内容

本实验我拓展了七个方面的探究内容：

（1）探究卵壳保护作用；

（2）探究气孔透气作用；

（3）探究卵壳膜防菌作用；

（4）探究卵壳及卵壳膜保湿作用；

（5）探究卵壳膜渗透作用；

（6）探究鸟卵颜色对其生存的意义；

（7）探究鸟卵外形对其生存的意义。

七、实验教学过程

同水域环境相比，陆地环境都有哪些影响鸟卵存活及发育的不利因素呢？鸟卵有哪些结构可以帮助它们克服这些不利因素呢？

（一）探究卵壳作用

实验1："脚踩鸡蛋"实验。

步骤：请一位同学现场表演"脚踩鸡蛋"节目。

现象：鸡蛋不碎。

结论1：卵壳坚固，具有保护作用。

过渡：卵壳这么坚固的原因是什么呢？

实验2："笔戳卵壳"实验及其物理学原理。

步骤1：在桌子上放半个卵壳，将它凸面朝上，让笔尖在距其10cm的高度垂直落下。

现象1：蛋壳不碎。

原理1：卵壳的外形弯曲均匀而且对称，它能将受到的压力均匀地传给其他部分，并且使其巧妙地相互抵消，这样就能承受很大的压力。这种结构在很多领域都有应用，比如石拱桥、安全帽等。

但是反过来说，卵壳这么坚固，那雏鸡是不是就出不来了呢？我们接着做实验。

步骤2：将卵壳凹面朝上拿在手里，让笔尖同样从10cm的高度垂直落下。

现象2：卵壳碎裂。

原理2：如果外力是从卵壳内部施加的话，力就会集中在一点，卵壳就特别容易碎。

结论 2：鸟卵在保护内部胚胎的同时，还不会影响小鸟的出壳。

卵壳这么坚固，是否密不透风？如果是这样的话，胚胎发育所需氧气如何获得呢？

（二）探究气孔作用

实验 3：请你设计一个实验验证卵壳上存在气孔。

本实验相对简单，所以我给学生提供器材，让学生自己设计实验，同时鼓励学生发散思维设计出更多方案，培养学生自主探究能力。由“鸡卵表面有气泡出现”可知卵壳上分布许多气孔，为胚胎发育提供充足的空气。

既然卵壳上存在气孔，细菌等有害物质是否会从气孔进入鸡卵内部？

（三）卵壳及卵壳膜的防菌作用

实验 4：演示卵壳及卵壳膜防菌性实验。

步骤：①在1 ~5 号培养皿中分别放入未清洗的鸡卵、洗干净的鸡卵、无壳鸡卵、无卵壳及卵壳膜鸡卵、无卵黄膜鸡卵；②先将培养皿置于地铁施工现场接种10min 后置于 25℃ 恒温箱中，记录开始腐败的时间。

现象：5 号培皿中鸡卵最先开始腐败，其次是 4、3 号。最终实验数据表明，未洗的鸡卵在 25℃ 恒温箱中可保存 10 天左右，而洗过的不到 10 天。

未洗的鸡蛋保存时间久，原因是卵壳外还有两层护膜，它既可以帮助胚胎实现气体交换，又可防止微生物侵入。

结论：护膜卵壳及卵壳膜能够有效抵挡微生物的侵入，保存鸡蛋时最好不要清洗。

（四）探究卵壳及卵壳膜保持水分作用

实验 5：演示卵壳及卵壳膜保持水分实验。

步骤：①取3个 100mL 量筒，分别注入 100mL 水，贴上 1、2、3 号标签并在 1、2 号量筒上分别套上一个卵壳；②1号量筒上套带卵壳膜的卵壳，2 号量筒上套没有卵壳膜的卵壳，3 号量筒什么也不放；③将装置置于通风处。

现象：5 天后，1、2 号量筒水面读数各下降 1mL，3 号下降 3mL。此时卵壳膜已经完全干燥，故而实验结束。

结论：卵壳及卵壳膜具有防止水分散失的功能。

对比：出示两栖动物卵图片。两栖动物卵离开水仅几小时就会失去活性。

结论：鸟卵结构在防止水分散失方面要远远优于两栖动物卵。

（五）探究卵壳膜的渗透作用

实验6：演示“卵壳膜选择透过性实验”。

步骤：①将鸡卵用醋浸泡两天，得到无壳卵；②将其分别放入空气、清水及饱和食盐水中。

现象：1号杯中卵最小，2、3号杯中卵大小差别不大，但可看到3号杯中卵颜色变白。原来鸡卵壳膜只相当于半透膜，大分子物质不能通过，但小分子物质如离子等可以通过。盐在水中以离子形式存在，因此可以通过卵壳膜进入到内部，并使蛋白质变性从而使卵变白。因此，我又设计了第二组实验来验证卵壳膜的半透性。

实验7：演示“卵壳膜的半透性实验”。

步骤：方法同上，只是这次设置6组对照实验：7个大烧杯，1、2号不变，3～7号分别注入浓度为0.1～0.5g/mL不等的蔗糖溶液。为了保证实验结论的准确性，在整个实验过程中我对每个阶段卵的长径和短径变化都进行了记录。

实验结果显示经醋泡后的无壳卵体积均有不同程度的增大，在此后的半透性实验中，卵的大小也出现变化。以4、5、6号试验品为例：4号0.2g/mL蔗糖溶液中卵体积变大；5号0.3g/mL蔗糖溶液中卵大小几乎不变；6号0.4g/ml蔗糖溶液中卵体积变小。5号大小不变说明其吸水、失水达到平衡，也就是说0.3g/mL溶液浓度相当于鸟卵的等渗溶液浓度，而在比这个浓度小的溶液中的卵存在吸水现象，在比这个浓度大的溶液中卵存在失水现象。

碍于篇幅限制我不一一介绍，但其他数据也都符合此规律。由此可知：卵壳膜具有半透性。半透性的作用是使其在胚胎发育中维持鸟卵内部渗透压。鸟卵还有哪些特点可以帮助它适应陆地复杂环境呢？

（六）探究鸟卵颜色对其生存的意义

实验8：展示不同地域、不同巢类型中的鸟卵图片。

现象：鸟卵颜色与其生存环境土壤颜色及所在巢类型颜色近似。

结论：鸟卵壳颜色具有保护色作用。

再来观察爬行动物卵的颜色有什么共同点。

结论：爬行动物卵是白色的，不具有鸟卵这种保护色，所以在适应陆地复杂环境的能力方面要远远低于鸟卵。

（七）探究鸟卵外形对其生存的意义

实验9："滚鸡蛋实验"。

观察：鸡卵外形有什么特点？（洋梨形。）其他鸟卵外形是否具备同样的特点？鸟卵这种外形特点对其生存是否具有特殊意义？

活动：将鸡卵放在桌上轻推，鸡卵的滚动路线是怎样的？

现象：弧形，最后回到原点。

结论：鸟卵的特殊外形使得其不容易掉落巢外，从而提高其后代的成活率。

出示爬行动物卵图片。

现象：卵为正椭圆形。

结论：爬行动物卵不具备鸟卵的这个优势，在复杂多变的陆地环境下更容易出现危险。

综上所述，通过对鸟卵形态结构的探究，可知鸟卵结构是与其生活环境相适应的。通过将鸟类与其他卵生动物就卵的形态结构进行对比，不难发现生物进化遵循着由简单到复杂、由低等到高等的发展规律。通过探究鸟卵可以在陆地上发育，却依然需要保持水分的特点可知，生物进化的轨迹还包括由水生到陆生。可以说，鸟卵已经进化到卵生动物卵的顶峰。

八、实验效果评价

在实验过程中，我致力于为学生创设丰富科学的实验情境，呈现直观清晰的实验现象，激发学生主动探究的热情欲望，引导学生建立完善的知识体系。主要表现在以下几方面。

（1）通过一系列直观、形象、严谨的小实验，极大地激发学生探究的欲望，帮助学生轻松理解鸟卵的功能。

（2）通过将鸟卵与其他卵生动物的卵进行比较，使学生认识到鸟卵在所有卵生动物的卵中都具备无可比拟的优势，从而认同鸟卵在进化中的地位，并为后面的学习打下基础。

(3) 通过真实的实验数据，使学生掌握生活中常见现象的科学原理，如鸡蛋不洗保存时间会更久。使学生真正做到用理论指导实践。

正是由于以上原因，本实验取得了极好的教学效果，学生最终轻松掌握了关于鸟卵结构功能的特点，了解了生物体的结构功能是与环境相适应的观点，并初步掌握了进化的有关规律。

人体内的物质运输
——动静脉血的相互转化

浙江省宁波市余姚世南中学　楼秋林

一、使用教材

华师大版八年级《初中科学》上册第五章第 3 节“人体内的物质运输”。

二、实验器材

自制实验面板、三支具支试管、止水夹若干、橡胶管、单孔橡胶塞、二氧化碳发生装置、碳酸钙、稀盐酸、氧气发生装置、双氧水、二氧化锰、小试管、澄清石灰水、鸡血、抗凝剂、直玻璃管、玻璃弯管、三通管。

三、实验创新要点/改进要点

能直观地看清动脉血和静脉血的颜色变化，展示动脉血和静脉血相互转化这一可逆过程，还可以用于血液教学中一氧化碳中毒原理的解释。

四、实验原理/实验设计思路

血红蛋白在氧浓度高、二氧化碳浓度低时与氧容易结合成氧合血红蛋白，颜色为鲜红色，而在氧浓度低、二氧化碳浓度高时又与氧分离，颜色为暗红色。

五、实验教学目标

通过实验，模拟肺部毛细血管和组织毛细血管发生的气体交换，反复再现动脉血和静脉血，以强化学生对动脉血和静脉血变化的直观理解。

六、实验教学内容

动脉血和静脉血的相互转化。

七、实验教学过程

先向 A 试管静脉血中通入氧气，以 B 试管中血液为对照，观察到血液由暗红色变为鲜红色，解释动脉血的形成原因，完成肺泡气体交换的教学。再向C试管的动脉血中通入二氧化碳，以B试管中血液为对照，观察到血液由鲜红色变为暗红色，解释静脉血的形成原因，完成组织气体交换的教学。最后再向C试管的静脉血中通入氧气，观察到血液重新变成鲜红色，展示动脉血和静脉血相互转化这一可逆过程。

八、实验效果评价

鲜明的颜色转变，可以让学生看清由于血液所含气体成分发生变化导致动脉血和静脉血的颜色不同，增强了教学的直观性，强化了学生对动脉血和静脉血转化这一可逆动态过程的直观理解。

酒精对水蚤心率的影响

上海市向明初级中学　张超

一、使用教材

上海教育出版社初中《生命科学》第一册第三章第2节“生活方式与常见非传染病”。

二、实验器材

水蚤若干，清水，浓度分别为5%、10%、15%和20%的酒精，滴管，吸水纸，单孔凹面载玻片，显微镜，智能手机，四种不同颜色的小磁铁，白板。

三、实验创新与改进

（1）以往实验中学生经常因为找不到心脏或对打点计数法不熟练而导致实验结果记录错误或产生误差。本实验用手机连接显微镜拍下水蚤活动视频，解决学生容易混淆水蚤腹足与心脏位置的问题。利用手机的高速摄像功能，解决因水蚤心跳过快，学生计数容易出错的问题。

（2）实验步骤分解图示。以往学生讨论好实验步骤后仍然在操作中出错打乱顺序后将图示以卡片形式发给每个小组。同学在讨论实验设计的过程中同时完成实验步骤的排序。这样在后续实验操作中实验步骤更清楚，提高实验效率。

（3）化抽象为直观。用不同颜色的小磁铁代表数据汇总成全班数据的散点图。实验结果一目了然。同时也能从散点图中体现水蚤的个体差异。同时在Excel中预设好公式计算全班水蚤心率变化平均值，学生实验结果出来后，输入Excel相应区域，实验结果直接出来，一目了然。

四、实验原理/实验设计思路

本实验中是初中《生命科学》第一册第三章“健康与疾病”第2节“生活方式与常见非传染病”内容的一部分。本实验旨在让学生学会设置对照试验和重复实验，关注酗酒等不良生活方式对健康的影响。

本实验中学生第一次接触水蚤，普遍好奇和兴奋，在实验中会被水蚤透明的身体结构所吸引而影响实验效果和效率。此外本节课使用手机拍摄水蚤心跳后计数的方法，学生需要学习熟悉。为此，本实验之前我提前让学生了解和认识水蚤这种小动物，学会在显微镜下观察水蚤，拍摄水蚤，确保能找准心脏的位置，并会用手机高速录制一段时间内水蚤心跳并计数。本节课即是在此基础上开展的。

五、实验教学目标

（1）通过讨论和交流酒精对水蚤心率影响的实验方案，关注实验细节，学会设置对照实验与重复实验。

（2）利用数据和图表，初步学会对实验数据进行整理并分析。了解不同浓度酒精对水蚤心率的影响。

（3）通过对实验结果的分析比较，关注酗酒等不良生活方式对健康的影响。

六、实验教学内容

选择水蚤作为实验对象，探究课题：酒精会加快/减慢水蚤心率。引导学生设计实验方案，通过探讨实验细节加深学生对实验的理解，在方案的讨论设计中强调对照实验和重复实验。全班总结实验步骤，出示步骤图。汇总全班同学的数据并分析实验数据，分析误差产生的原因，并得出结论。

讨论：为什么提倡青少年远离酒类和酒精饮料？还应该提倡哪些健康的生活方式？

七、实验教学过程

教学内容	教师行为	学生行为	教学说明
引入	出示两则过量饮酒伤身的新闻，引出课题：酒精对心率的影响	了解新闻，推测酗酒对人体心脏危害极大	酒精对人体的多个器官都有损伤，通过两则过量饮酒导致心脏疾病的新闻可以快速联系心脏，引入课题
设计实验	选择什么实验对象呢？ 为什么选择水蚤？ 明确探究课题：酒精对水蚤心率的影响 如何设计实验？请同学讨论并完成实验步骤图卡排序，交流发言	学生：水蚤，淡水小动物，身体半透明，在低倍显微镜下可以看见它的心脏，能数出它的心跳	前一节课已经认识了水蚤这种水生小动物，并学会用高速摄像法拍摄水蚤心率，因此选择水蚤做实验对象不难说出，但仍需学生讨论为什么选择水蚤做研究对象，让学生体会实验对象的选择往往对科学探究起着非常重要的作用

续表

教学内容	教师行为	学生行为	教学说明
设计实验	教师引导进一步修改和完善实验方案，强调设置对照实验和重复实验的必要性 全班总结实验步骤，黑板同时展示步骤图	学生小组讨论并设计实验方案，小组代表向全班同学汇报实验方案 小组之间互评，并在教师的引导下，进一步完善实验方案中的细节	突出学生的主体意识，激发学生的探究欲望 探讨实验细节的环节可以加深学生对实验的理解，体现科学实验的严谨性，培养学生的科学素养
实验活动	指导数据收集：①指导学生记录好实验结果,并分大组汇总每种酒精浓度下水蚤的心率变化平均值；②每个小组将每只水蚤的两个数据以小磁铁形式贴在白板上的坐标图中,形成散点图 巡视指导学生实验，帮助学生解决实验中遇到的困难	学生两人一组，每个小组选择一种酒精浓度分别测 3 只水蚤在清水和酒精中的心率。记录实验数据在表格中并将数据贴在白板上	全班共设四个大组，分别测 5%、10%、15%、20%浓度酒精对水蚤心率的影响，每个大组 4 ~5 个小组 实验数据的收集采用散点图的形式汇总得到全班数据，在较大样本情况下可以直观地展示出水蚤心率随酒精浓度变化而变化的规律。而统计水蚤心率变化全班平均值可以减少水蚤个体差异对实验结果的影响
汇报并分析实验数据	将实验数据汇总，在白板上形成全班数据的散点图。同时汇总每种浓度下的心率变化平均值，计算出水蚤心率变化的全班平均值 引导学生分析实验数据得出结论 分析实验中误差产生的可能原因	分组汇总实验数据，并通过分析尝试得出合理的结论 学生分析可能造成误差的原因，体会科学设计、规范实验可以减小实验误差，得出较科学可靠的结论	培养整理和分析数据的能力 根据多元智能理论，不同的人会有不同的智能组合，有的学生对数字较敏感，有的学生对图表较敏感。本实验采取两种数据汇总方法同时进行，符合学生的年龄和认知特点

续表

教学内容	教师行为	学生行为	教学说明
拓展与小结	这个实验结果对我们有什么启示？（引导学生由酒精对水蚤的影响联系到人） 拓展：烟草浸出液、咖啡、可乐等对水蚤的心率有影响吗？（感兴趣的同学和老师联系，我们课后继续探究）	感悟：酒精对水蚤的心脏有影响，也可能影响人的心脏，酗酒对人体可能有害 学生思考教师提出的问题，部分学生课后继续探究	引起学生对酗酒等不良生活方式的关注 分层作业，为感兴趣的同学创造更多探究机会

八、实验教学效果与评价

（1）通过智能手机和普通显微镜自制的数码显微镜几乎是零成本，解决了学生找不准水蚤心脏以及因水蚤心跳过快计数不准的难题。

（2）充分发挥学生主体性，引导学生设计实验方案。并通过图示排序等活动使实验步骤更加明确。

（3）散点图的应用让数据的汇总和分析不再繁琐，更直观，且展现了水蚤的个体差异。

（4）通过实验得出酒精会减慢水蚤心率，当浓度超过20%时会导致水蚤死亡。既然水蚤心率受酒精的影响，那人呢？其他动物呢？强调也有可能会受影响，但不一定受影响。今天的实验只是学习一种方法，研究生命现象的方法还有很多。研究人的方法更复杂，但研究发现酒精的确影响人体健康，尤其是酗酒。

（5）举一反三，可为中学生小课题研究提供素材。

探究水温对金鱼呼吸频率的影响

广东省汕头市聿怀初级中学　张宜

一、使用教材

人教版七年级《生物学》上册第一单元第二章第一节“生物与环境的关系”。

二、实验材料和用具

三个容量为1L的烧杯，常温水和冰水（已晒过），每组三条金鱼，玻璃棒，温度计，网鱼工具。

三、实验创新要点/改进要点

（一）创新要点

（1）实验取材金鱼。

相较鼠妇和黄粉虫，金鱼对学生而言是亲切的实验对象，容易寻找。加之接触较多，有一定的感性认识。而在以往的探究中，我们曾探究光对鼠妇生活的影响，但在城市地区，找到适量的大小相似的鼠妇是一个不小的难题，鼠妇遇光四面八方逃走，任凭我和学生七手八脚也抓不住它们。我们也曾探究光对黄粉虫生活的影响，但黄粉虫运动速度较慢，实验结果也不明显。所以此次探究活动大胆取材金鱼，探究水温对金鱼呼吸频率的影响，变量是水温，可操作性强。

（2）小组合作设计实验方案。

通过设计好的学案和设置好的问题引导学生以小组合作方式把学案中的实验方案半成品完善好，其目的在于让学生尝试自己设计对照实验，培养严谨的科学素养。

（3）实验材料用具易找到替代品，课后再实验可操作性强。

如三个烧杯可以用家里喝水的玻璃杯替代，其形状、大小和容量一致即可。玻璃棒可以用筷子替代。常温水、冰水、金鱼、网鱼工具等材料用具都是容易寻找的。如此，万一课堂时间不够，学生也可以在家里进行这个探究活动。

（4）通过学校微信公众号，将实验由课内延伸到课外。

不同组的学生、不同班的学生、不同校的学生，甚至不同地区的学生可以通过这个平台一起学习、一起探究。

（二）改进要点

（1）只设置三个温度。因为课堂时间的限制，只能尽可能保持实验的科学性。

（2）只做降温处理。进行这个探究活动的时间正值夏天，升温处理会使金鱼呼吸频率加快，学生难以计数清楚，数据误差增大，同时还会加速金鱼的死亡，不利于金鱼的重复使用。

（3）同一烧杯，三条金鱼颜色要不同，尽量不要选择黑色。这是便于标记、观察和计数。

四、实验原理/实验设计思路

本实验是对照实验，变量是水温，通过观测常温、降5℃和降10℃三个不同温度下金鱼的呼吸频率探究水温对金鱼呼吸频率的影响（见图1）。

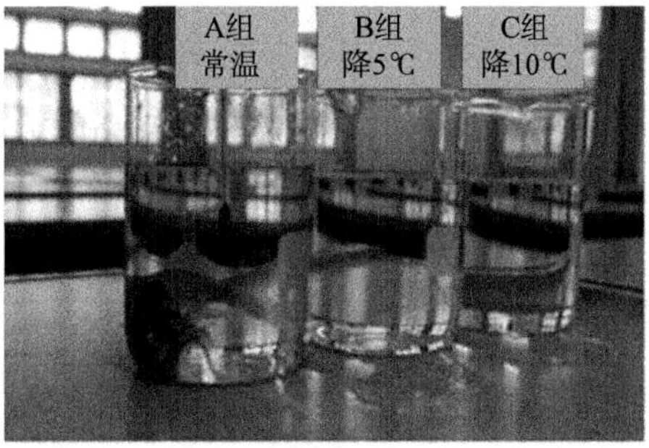

图1

五、实验教学目标

（1）知识目标：理解对照实验。

（2）能力目标：尝试设计并进行对照实验；学会记录和处理实验数据。

（3）情感目标：如实记录实验数据；体验科学探究的一般过程；爱护动物。

六、实验教学内容

人教版《生物学》七年级上册第一单元“生物和生物圈”第二章“了解生物圈”第一节“生物与环境的关系”，探究非生物因素对某种动物的影响。本人的设计是，引导学生通过实验来探究水温对金鱼呼吸频率的影响，从而让学生体验科学探究的一般过程，了解对照实验设计要点，理解非生物因素对生物的影响。

七、实验教学过程

（一）实验的导入

学生观察：金鱼的鳃盖运动情况。

教师设问：哪些非生物因素会影响金鱼的呼吸频率呢？

提出问题：水温会影响金鱼的呼吸频率吗？

设计意图：创设情境，激发兴趣，进入实验。

（二）实验的设计

（1）如何设置不同的温度？

（2）烧杯里面放置几条金鱼较为合适？

（3）如何对鳃盖运动次数进行计数？同一温度同一金鱼计数几次较为合理？

（4）金鱼更换环境后为何需要静置？静置几分钟较为合理？

（5）如何保证金鱼呼吸频率的变化只受水温的影响？

（6）如何设计记录表？

（7）小组内部如何分工合作？

教师围绕上述7个问题引导学生以小组为单位合作讨论，共同完善学案中的实验设计方案。

设计意图：引导学生以小组合作方式设计实验，体验实验设计的科学性和严密性，体会分工明确、团结协作的乐趣。

（三）实验的过程

（1）将三个容量为1L的烧杯编号为A组、B组、C组。

（2）在A组烧杯放入800mL常温水，测量并记录A组烧杯的水温，再将3条金鱼放入A组烧杯，静置2min，记录金鱼在1min内的鳃盖运动次数。稍等片刻，再重复两次，记录观测数据。

（3）在B组烧杯放入常温水并兑入冰水，用玻璃棒搅拌均匀，水总量为800mL，测量B组烧杯水温，调整常温水和冰水的比例，直到水温下降了5℃，再将3条金鱼放入B组烧杯，用同样的方法，记录金鱼在1min内的鳃盖运动次数。

图2　A组，常温

图3　B组，降5℃

图4　C组，降10℃

（4）在C组烧杯放入常温水并兑入冰水，用玻璃棒搅拌均匀，水总量为800mL，测量C组烧杯水温，调整常温水和冰水的比例，直到水温下降了10℃，再将3条金鱼放入C组烧杯，用同样的方法，记录金鱼在1min内的鳃盖运动次数。

设计意图：实施实验设计，学会控制变量，认真观察，如实记录，动作轻柔，爱护动物。

（四）实验的结果

教师引导学生处理数据、分析数据、得出结果、得出结论。

<table>
<tr><td rowspan="3">统计
水温/℃</td><td colspan="10">每分钟鳃盖运动次数/次</td></tr>
<tr><td colspan="3">第一组</td><td colspan="3">第二组</td><td colspan="3">第三组</td><td rowspan="2">平均值</td></tr>
<tr><td>1号鱼</td><td>2号鱼</td><td>3号鱼</td><td>1号鱼</td><td>2号鱼</td><td>3号鱼</td><td>1号鱼</td><td>2号鱼</td><td>3号鱼</td></tr>
<tr><td></td><td></td><td></td><td></td><td></td><td></td><td></td><td></td><td></td><td></td><td></td></tr>
<tr><td></td><td></td><td></td><td></td><td></td><td></td><td></td><td></td><td></td><td></td><td></td></tr>
<tr><td></td><td></td><td></td><td></td><td></td><td></td><td></td><td></td><td></td><td></td><td></td></tr>
<tr><td>结果</td><td colspan="10"></td></tr>
</table>

（五）表达与交流

教师引导学生围绕下述四个问题展开小组讨论：

（1）这个实验的变量是什么？除了这个条件，其他的条件一样吗？这个实验是对照实验吗？

（2）为什么各小组统计的数据有差距？

（3）全班统计数据所得结论，与小组所得结论一致吗？如果不一致，请分析原因。

（4）在实验过程中，自己的哪些操作值得肯定，哪些操作需要改进？

最后，通过学校微信公众号，呈现学生的实验成果，将实验由课内延伸到课外。

第（四）（五）环节设计意图：处理数据，得出结论，理解对照实验，总结实验过程中的得失，同时学会分享、表达和交流。

八、实验效果评价

通过这个探究活动，学生体验了科学探究的一般过程，理解了什么是对照实验，而在这样的一个课堂氛围中，学生兴趣浓厚，操作积极，自主度和参与度都很高，同时也体会了合作探究、团结协作的团队活动氛围，课堂效果很好。除此以外，本节实验课通过学校微信公众号，由课内延伸到课外，学生利用微信平台谈实验、谈想法、谈感受，互相评论，互相学习，增强了师生之间、学生之间的互动性，激发了兴趣，促进了交流。

探究仓鼠走迷宫获取食物的学习行为

新疆维吾尔自治区乌鲁木齐市第16中学　庄锋

一、使用教材

人教版八年级《生物学》上册第五单元第二章第二节“先天性行为和学习行为”。

二、实验器材

亚克力板、纸箱、隔板、剪刀、胶带、彩色纸、哨子、障碍物、秒表、记录表等，制作各型迷宫，如Y形单色迷宫、Y形双色臂迷宫、水迷宫、立体迷宫、简单迷宫、复杂迷宫、矮墙迷宫等。

三、实验创新要点/改进要点

教材中探究活动是探究小鼠等哺乳动物在一定时间内走迷宫获取食物的学习行为。本课内容基于教材但突破教材，创新多种易于操作且现象明显的实验，如声音反应实验、水迷宫、Y形双色臂迷宫、立体迷宫、迷宫翻墙实验、翻越障碍实验等，是对教材中实验的进一步探索和补充。该实验激发了学生学习生物学的兴趣，有利于学生观察能力、动手操作能力、科学探究能力和创新能力的培养和生物科学素养的养成。

四、实验原理/实验设计思路

仓鼠具有一定的空间辨别能力，在人为设置的迷宫里通过不断感受通道的结构，调整和改进自己的行为。随着训练次数的增加，条件反射逐渐建立，学会并准确通过迷宫。可以利用食物驱动饥饿的仓鼠走迷宫，利用仓鼠在新异环境下探寻的自然特性训练仓鼠走迷宫等，还可以利用仓鼠在水环境下避害的特点，进行水迷宫实验等。

五、实验教学目标

（1）知识目标：理解学习行为对于动物生存的重要意义。

（2）能力目标：运用研究动物行为的方法，探究动物行为的成因。

（3）情感态度与价值观目标：培养学生严谨的科学态度和团结合作、持之以恒的精神以及关爱小动物的情感。

（4）教学重点：①设计并实施探究实验,探究动物行为的成因。②交流探究实验研究成果,实现成果共享。

（5）教学难点：探究动物行为成因实验及其组织教学。

六、实验教学内容

本节课展示了教师指导学生小组开展“小鼠走迷宫获取食物的学习行为”探究实验的过程，就课前准备、学生选题、设计并实施实验、汇报交流、分析并得出结论、多元评价等过程进行了展示。在教材探究活动的基础上，还展示了如声音反应实验、Y 形双色臂迷宫、立体迷宫、矮墙实验、翻越障碍实验等多种易于操作且现象明显的动物行为创新实验，对教材中实验进行了进一步探索和补充。

七、实验教学过程

（一）课前准备

（1）征集学生小组研究课题。教师提供活动评价表指导小组对照开展研究。

（2）师生讨论，共同确定实验动物、实验场所、实验时间。

（3）实验材料的准备。能由学生自主筹备的均由学生自主完成，特殊需要制作和观察的，教师可协助。

（4）各研究课题小组设计并完善小组研究方案并进行实验和记录。

（5）教师做好日常实验指导，做好课堂汇报展示的准备工作。

（二）教学过程

（1）导入。

1）回顾前期实验准备过程，简介各组研究项目。

2）明确汇报要求和评价要点。

（2）各组汇报展示、讨论交流。

1）介绍仓鼠的生活习性。介绍了仓鼠得名的由来、仓鼠的分布、仓鼠的食性和生活方式等资料，建立了萌鼠档案，制作的仓鼠生活花絮视频等。

2）仓鼠走迷宫实验（多岔路迷宫两个，一个简单，一个相对复杂）。介绍了小组在探究仓鼠走迷宫实验中理解的实验原理，迷宫制作的方法，迷宫设计的注意事项、实验规则的制定等。展示了两组仓鼠近两周的实验数据并进行了数据分析。讨论了进行数据采集和分析的方法，探讨仓鼠学习行为建立的标准，归纳了动物行为研究的基本方法。

3）“翻墙术”。介绍了小组实验中发现仓鼠“翻墙”的现象而用设计制作的矮墙迷宫训练仓鼠翻越多道迷宫墙而不走正常迷宫路线到达终点的实验过程。

4）水迷宫。介绍了探究小鼠是否会游泳而将仓鼠放在有水的迷宫里，训练其找寻水迷宫安全岛的实验过程。该实验驱动小鼠逃避的是水的刺激，而不需要食物驱动。

5）翻越障碍实验。介绍了通过训练让仓鼠学会翻越多个障碍的实验过程。

6）立体迷宫。教材上给出了平面迷宫实验方案，这个小组的同学思考能否训练仓鼠走立体迷宫，设计制作了一个三层迷宫，训练仓鼠从一层爬到三层。

7）声音反应实验。能训练仓鼠对特定声音起反应吗？该小组经过训练，采取发出嘬嘴声音时喂食物的方法，使仓鼠对嘬嘴声音产生了条件反射。

8）Y 形双色臂迷宫。介绍了这组同学由 Y 形迷宫到 Y 形双色臂迷宫实验过程中，探究仓鼠运动是否有偏向性以及训练仓鼠辨认颜色的过程。每项介绍均安排有答辩交流过程。

9）实验设计。跑轮是常见的鼠笼上安装的让小鼠进行锻炼和宣泄的工具。现在有一个安装有跑轮计数器的鼠笼，可以用这个带有跑轮计数器的鼠笼设计哪些实验呢？通过设计活动让学生知道，科学就在身边，要善于思考，善于发现，善于用身边的材料解决问题。

10）讨论：如何看待实验中实验动物的“找到”与“会找”？

（3）总结。

1）畅所欲言，在实验中还有哪些发现？

2）请你分享本次实验的收获。

3）教师总结本课内容，对各组实验成果进行积极评价。

（4）课后拓展。

1）各组参照活动评价表完成实验活动的评价。

2）将本次探究活动写一篇研究报告。

八、实验效果评价

通过此次探究活动，同学们了解了仓鼠的饲养方法和生活习性，体验了人与动物的密切关系，多方面培养了实验技能，对动物学习行为的形成获得了积极的实验感受，对科学的探究方法有了较深的体会，尤其是能突破教材，在教材中探究实验基础上进行了多方面的创新和拓展，丰富了对动物学习行为建立过程的认知，有利于创新思维的形成和生物科学素养的养成。

探究过程中，学生经历挫折与失败、成功与兴奋，这些感受和体验正是他们理解科学本质、科学精神的基础。即使有些探究走了弯路，遭遇了挫折，但学生仍能从这一亲历过程中学到不少东西。

高中生物

绿叶中色素的提取与分离实验

重庆市大学城第一中学校　陈雪华

一、使用教材

人教版高中《生物必修 1 分子与细胞》第五章和第四节“能量之源——光合作用”。

二、实验器材

实验器材：定性滤纸、研钵、玻璃漏斗、脱脂棉、尼龙布、毛细吸管、剪刀、药勺、量筒（10mL）、天平、试管、试管架、滴管、培养皿、锥形瓶、烧杯、纸层析专用盖。

试验试剂及材料：无水乙醇，体积分数为 95% 的乙醇溶液，层析液，石英砂（SiO_2）和碳酸钙（$CaCO_3$），新鲜菠菜叶，玉米叶干粉，梧桐叶干粉，黄桷树绿叶干粉，黄桷树黄叶干粉。

三、实验创新要点/改进要点

（一）关于实验材料和提取方法的分析和改进

（1）问题分析：在本实验的教材方案中，采用的绿叶是鲜叶，并进行现场研磨。这个方案能增强学生对提取过程——“从鲜叶到色素”直观式的连续性理解，但同时也存在以下局限性。

1）限制了对实验材料的选择。比如只能选择易于研磨的蔬菜类叶片，而其他学生愿意探究的植物叶片，尤其是木本植物的叶片就会被排除在外。

2）在提取操作上，显得并不严谨。对鲜叶的研磨过程不仅费时费劲，而且随研磨时间的延长，添加的提取溶剂并不能如课本中所述的那样准确定量，看似严谨，实则随意性较大。

3）获取的色素质量参差不齐，差异较大。研磨法提取出的色素，由于鲜叶的含水量本身较高，提取出来的色素的质量和浓度，与实验操作者研磨的精细程度高度相关。因此，各小组提取的色素质量不一，浓度、色泽差异较大。

（2）改进与创新：经过前期预实验，在保留鲜叶研磨法的基础上，我们增加了叶片“干粉法”提取的实验操作选项。现在中学生物实验室基本上都配置了烘干箱，采用干粉法提取不仅条件具备，同时还能较好地弥补鲜叶法的局限性。

1）理论上，干粉法不限实验材料，扩大了选择和探究的范围。

很明显，不同种类植物的叶片，其色素含量和色素种类也各不相同，恰当地选择叶片是获得高浓度叶绿体色素的保障，这是追求知识共性的需要。但同样的，在知识应用的探究上，也有追求具体知识的需要，比如学习者愿意探究自己喜欢的植物材料、当地的经济作物、当地最易找的实验材料等，干粉法都能适用，哪怕是叶表蜡质厚或输导组织发达的叶片，如韭菜叶、玉米叶、竹叶、法国梧桐叶、黄桷树叶等。

在干粉法中，将选择好的实验用叶洗净，去掉大的叶柄、叶脉，晾干。先在电热恒温烘干燥箱中以 105℃ 的温度保持 3min，然后调温至 85℃，持续约 10min 即可烘干。再用料理机将烘干叶片打碎成粉。借助此法，在极短的时间内即可将大量干燥叶片批量化处理成粉末，然后进行装瓶处理，密封在棕色的广口瓶中，避光保存，在瓶身贴上标签以方便实验时取用。干粉在实验开设前 1 ~ 3 天可以提前准备好，选择当季的材料均可。

实验时，以干粉直接提供给学生称量、开展实验探究。可以多准备几种植物的干粉，便于学生从这些植物的色素层析结果中归纳出叶绿体中色素的共性知识，而非只是一种菠菜。

通过实验材料的选择，我们可以探究绿叶与黄叶之间在色素组成上的差异。通过有色叶片植物材料的选择，我们还可以探究有色植物的叶片内有无叶绿素等问题。

2）缩短研磨时间，色素浓度和质量较高。

经初步测算，比如黄葛树叶，20g 鲜叶烘干后仅 5g，若为蔬菜则干叶量会更低。当我们用 5g 的干叶来提取色素时，理论上提取到的色素浓度应该是鲜叶的 4 倍。

经前期实验还发现，理论上干粉法可以不“研磨”，不需要加$CaCO_3 \cdot SiO_2$，也不需要研细，直接加溶剂搅拌提取即可。经过层析色素带的比较发现，在干粉法中“研磨”后获得的色素提取液，其叶绿素的含量和整个色素提取液的浓度更高，层析后的效果更好。经分析得知，原因在于干粉法中的“研磨”，其真正作用是使干粉与溶剂混合后，通过“研磨”动作不断地“挤压”“揉搓”，促进了色素与蛋白质分子间的分离，使色素大量释放，溶解到溶剂中。

在干粉法中加入的溶剂量，一般是干叶质量的 3 倍毫升数，即 5g 干粉可加入 15mL 溶解液，提取时用滤纸过滤。经查阅文献和实验检验，我们确定的最佳提取试剂是体积分数为 95% 的乙醇溶液。

（二）滤液划线的改进和创新

（1）问题分析：如果要让学生把“滤液细线划得又细又直”，用毛细玻璃管几乎是不可能做到的。原因有三：一是鲜叶研磨时要加入 $CaCO_3 . SiO_2$，它们常常堵塞毛细管；二是毛细管内的色素液流动没有控制结构，流速过快，导致滤液细线前粗后细；三是毛细玻璃管的端口不光滑，易划伤滤纸，且滤纸裁成小条后，划线的起始端与终止端毛细现象明显。经测试，用毛细玻璃管划出的滤液线，最细为 3mm，粗可达 10mm，很难达到均匀和整齐的要求。

（2）改进与创新：裁取规格为 10cm × 10cm（或 5cm）的方形滤纸，在距离滤纸一端 1. 5cm 处，用铅笔画出细线，再用蘸水钢笔蘸取滤液沿尺子画出笔直而均匀的滤液细线，可重复 3 ~ 5 次。用裁纸刀去掉两端不平直的部分，将中间部分切分成 1cm 宽的滤纸条，去两角后用于层析。

经笔尖和笔型的画线比较发现，依金笔和蘸水笔的 D 型笔尖划线较细、较均匀，颜色较深。由于色素的附着力很强，从便于清洗和反复使用的角度考虑，采用蘸水笔的 D 型笔尖最好。

（三）层析装置的改进和创新

（1）问题分析：教材方案中，将滤纸条画线的一端轻轻插入层析液，另一端靠在烧杯壁上，然后盖上培养皿。在实际操作中，由于滤纸条吸液后变软，滤纸条会发生贴壁现象和相互接触，影响分离效果，而且在加盖培养皿时也容易导致滤纸条移位。

（2）改进与创新：根据烧杯口的大小，特制透明、开孔的亚克力盖，在每一个盖子上都留有五个一字孔，每一个一字孔（2mm × 15mm）都可以恰到好处地插入制备好的滤纸条，滤纸条未画线的一端就可以根据烧杯高度折叠90°挂在盖子上，这样，一方面可以保证滤纸条层析的整个过程都能在垂直的状态下进行，便于观察；另一方面，折叠后的滤纸条“尾巴”还可遮住本来就很小的插孔，防止层析液挥发，同时还可以适时从顶端取出滤纸条，或重新插入新的滤纸条，都非常方便。

四、实验原理

（1）提取：叶绿体中的色素能溶解在有机溶剂，如乙醇、丙酮里。

（2）分离：色素在层析液中的溶解度不同，彼此间扩散速度也不同，使色素间彼此分离。

五、实验教学目标

（一）知识目标

（1）能概述叶绿体中色素提取和分离的原理及方法。

（2）通过实验的过程和结果，能说出叶绿体中光合色素的组成、颜色及含量。

（二）能力目标

（1）能独立完成对叶绿体中色素的提取和纸层析法分离。

（2）运用本实验中的操作技术，尝试探究解决相关问题的能力。

（三）情感目标

通过本节实验的探究和改进，激发学生对生物科学的兴趣，激发学生的创造性思维。

六、实验教学内容

绿叶中色素的提取和分离实验是人教版高中生物必修“分子与细胞”第五章第四节“能量之源——光与光合作用”的一个重要内容。本节内容从“捕获光能的色素和结构”开始，在学生已有的知识基础上建构内涵更丰富的光合作用的概念。光合作用是高中生物学习的重点和难点内容，在学习捕获光能的色素和结构知识时，做好绿叶中色素的提取和分离实验，对学生从直接体验的角度理解光合作用色素的种类和作用非常重要。

七、实验教学过程

（1）导课：同学们，通过前面的细胞结构部分的学习，我们已知道，这是因为细胞内有叶绿体。当我们行走在校园里，映入眼帘的植物，通常都是绿色的，生物学知识会让你想到：那是因为叶绿体中含有一种绿色色素的缘故。是的，至少在 1905 年以前，人们都是这样认为的。然而，在 1905 年以后，当一位德国科学家威尔斯塔特用一种方法来提取和分离叶片中的色素以后，证明人们的看法并不正确：在叶片绿色的掩护之下，叶片里的色素居然不止一种。这是真的吗？今天我们就亲手通过实验来进行检验。

（2）实验原理：①提取：叶绿体中的色素能溶解在有机溶剂，如乙醇、丙酮里。②分离：色素在层析液中的溶解度不同，彼此间扩散速度也不同，使色素间彼此分离。

（3）实验目的：①进行绿叶中色素的提取和分离；②探究绿叶中含有几种色素。

（4）预研实验方案：请同学们阅读课本第 98 页，初步理解实验的初步方案。

（5）实验操作及分组。

老师：除了课本上的实验方案，今天还将给大家提供另一种改进的实验方案，实验完成后，请大家比一比，哪种实验方案的效果更好？

1）实验分组。首先将全班学生分成两个大组：A 组和 B 组。其中，A 组学生均采用鲜叶法进行实验，完全按课本上的实验方案操作；B 组学生选择干粉法进行实验，实验小组分为 B1 组、B2 组、B3 组、B4 组，从色素的提取到层析，均采用改进后的方案操作。

2）实验材料。A 组学生选用当季蔬菜的一种绿叶作为实验材料，如菠菜叶。B 组学生则选用制备好的叶片干粉进行实验。B1 组选用的实验材料是玉米叶干粉，B2 组的实验材料是梧桐叶干粉，B3 组的实验材料是黄栌树绿叶干粉，B4 组的实验材料是黄栌树黄叶干粉。

3）方法步骤。

A 组：学生严格按照教材步骤进行实验，具体操作详见教材。

B 组：观看教师示范的“干粉法操作视频”，详细方案显示在 PPT 上，以方便学生实验时查看。

干粉法提取和分离色素的新方案

(1) 提取色素

①取实验桌上制备好的叶片干粉，用天平称取5g，置于研钵中。

②用量筒量取15mL体积分数为95%的乙醇，倒入研钵中，进行迅速、充分研磨、挤压。(研磨时不加$CaCO_3 \cdot SiO_2$。)

③将研磨液迅速倒入玻璃漏斗（漏斗基部放单层滤纸）进行过滤，将滤液搜集到试管中，及时用棉塞将试管口塞严。

(2) 画滤液细线

取规格为10cm×10cm的方形滤纸，在距离滤纸一端1.5cm处，用铅笔画出细线，再用蘸水钢笔蘸取滤液，沿尺子画出笔直而均匀的滤液细线，可重复3~5次，直至得到一条深色的色素线条。

(3) 制备滤纸条

将画好滤液细线的方形滤纸用裁纸刀（或剪刀）去掉两端不平直的部分，中间部分则切分成1cm宽的滤纸条，并用铅笔在滤纸的另一端标上植物的简称或代码。小组间可相互交换切分、标记好的滤纸条，这样每个小组都可以同时层析多种实验材料的滤纸条。

(4) 分离绿叶中的色素

将10mL层析液倒入250mL的烧杯中，盖上特制的亚克力层析盖，将本组所有的滤纸条（有滤液细线的一端朝下）轻轻放入盖子的一字孔中，未画线的一端根据烧杯高度折叠90°悬挂在盖子上。注意，不能让滤液细线触及层析液！

(5) 观察与记录

观察滤纸条在层析时色素带的分离过程，仔细辨认每条色素带的颜色，将观察结果记录下来。

(6) 实验结果的比较与讨论。

1) 比较四种绿叶层析出来的色素种类能得出什么结论？

2) 比较黄栌树的黄叶和绿叶层析出的色素带差异，说明叶片在由绿变黄的过程中可能发生了什么变化？

3) 为什么要强调滤纸条上的滤液细线不能触及层析液？

探究与观察：请每个小组找一根已划线还尚未层析的滤纸条，将滤纸条的滤液细线直接淹没在层析液中，然后请同学们观察：层析液的颜色有何变化？滤纸条上有无色素带分离出来？

4）叶绿体中色素的功能在于吸收光能。我们能观察检验一下吗？

观看视频：叶绿体色素吸收光谱曲线及含量的测定实验。

（7）实验小结。

同学们：在1905年以前，凭直觉，人们认为植物的叶片中有一种绿色的色素。通过今天的层析实验证明，叶绿体中的色素有4种，其中叶绿素也有2种。之所以植物的叶片看起来是绿色，是因为呈现绿色的叶绿素含量3倍于类胡萝卜素。当叶片衰老或脱落时，叶片之所以变黄，是因为叶绿素分解了，黄色的类胡萝卜素得以显示出来。

生物学是一门以实验为基础的自然科学。许多生物现象只有通过实验才能得到解释，很多科学理论也是需要实验才能证明的。期望同学们喜欢实验，喜欢探究，让探究成为我们学习和发展的源泉！

八、实验效果评价

通过本实验中“干粉法”的引入以及对实验用具和方法的创新与改进，一方面大大地增强了实验的可视效果和可操作性，另一方面开拓了实验的思路，丰富了实验的方法。

在前期实验中，我们曾打算让学生利用剩余的提取液，用平行光、三棱镜分光的原理直接观察吸收光谱。经反复实验和查阅资料表明，这个实验非常难做，并不像有些资料上所说的那么简单。主要困难在于无法制取平行光。LED光汇聚效果好，但色素带不全，因为LED光本身就只有2种或3种光谱成分，并非7种！一般的手电筒光光谱成分全，但分光后并非条状光谱，手电筒光实际并不平行。查阅资料得知，即便在物理学上，也缺乏自然光的平行光源，通常用激光代替相应的光学实验。

但如果用分光光谱仪测色素吸光后的光谱则相对容易，所以，我们引入了分光光谱仪的视频，以此来说明色素对光谱的吸收情况。

探究小麦胚芽鞘的向光性

江苏省南京市行知实验中学　高颖

一、使用教材

苏教版高中《生物必修3》第二章第四节“植物生命活动的调节”。

二、实验器材

小麦种子、烧杯、培养皿、刀片、椰砖、双层育苗盘、新闻纸、快餐面盒子、牙签、口香糖包装纸、巧克力包装纸（锡箔纸）、超轻黏土、红墨水、龙胆紫染料、中性笔、马克笔、丙烯颜料等。

三、实验创新要点/改进要点

（一）实验装置的改进

采用双层育苗盘，下层托盘注水，上层垫一张新闻纸，水没过新闻纸，既可以保证小麦萌发过程中对水分的需求，小麦也不会因为长期浸泡在水中而腐烂变臭。同时，把小麦种子有序排列，腹沟向下，这样保证萌发出的芽都能直立生长。在萌发的过程中小麦的根则穿透新闻纸向下生长不会上翘，影响到小麦种子的出芽。其次，在观察培养的过程中，用椰砖代替土壤作为培养的基土，避免了胚芽鞘培养过程中发霉的情况。

新闻纸纸质松轻，有较好的弹性，保湿性好。

椰砖是无土栽培的优良介质，是椰壳经高温高压处理后压缩的砖块，遇水蓬松，吸水能力是自身重量的8倍，透气性好，不含病虫及杂草种子，且可反复使用。

（二）实验实施的具体条件

小麦胚芽鞘的初始长度选取1cm，切去尖端的长度以0.4cm为宜，实验现象的观察时间在24h内。（南京，5月，平均气温18～26℃，相对湿度68%）

（三）实验材料的创新

选用锡箔纸和超轻黏土为遮光小帽的制作材料，折叠更为精确，且可反复使用。用丙烯颜料对胚芽鞘进行涂色，可清晰地观察到弯曲生长的部位及向、背光侧生长的快慢。

锡纸隔绝性好，不易受细菌及昆虫的侵害，韧性好，不沾黏，塑型性佳。

超轻黏土是纸黏土的一种，成分包括发泡粉、水、纸浆、糊剂，柔软性好，可塑性强，干燥定型后可长期保存。

丙烯颜料是一种新型绘画颜料，速干，干燥后失去可溶性，形成不渗水的膜。

（四）对教材现有实验的补充

用丙烯颜料对小麦胚芽鞘进行涂色，观察单侧光条件下小麦胚芽鞘弯曲生长的部位，这个实验是对教材现有实验的补充。通过这个实验，学生们能更直观地观察到单侧光条件下，背光侧生长速度大于向光一侧。

这些实验材料的改进和创新，以及总结出的实验实施的具体条件，为以后类似的实验提供了实验依据，大大节约了实验时间、实验成本，提高了实验的成功率。

四、实验原理

小麦胚芽鞘尖端产生生长素，在单侧光的照射下，背光一侧生长素分布多，细胞生长快，向光一侧生长素分布少，细胞生长慢，小麦胚芽鞘表现为向光弯曲生长。

五、实验教学目标

（1）根据实验现象和实验结果，说出在单侧光条件下小麦胚芽鞘的感光部位及弯曲生长的部位。

（2）初步掌握探究实验的一般方法，学会控制变量和设计对照实验。

（3）尝试对实验结果进行分析，并对实验方案进行改进。

（4）体验科学发现的艰难，形成严谨的科学态度及创新、合作的科学精神。

六、实验教学内容

（1）实验一：探究单侧光对小麦胚芽鞘生长的影响。

（2）实验二：探究单侧光对切去尖端的小麦胚芽鞘的影响。

（3）实验三：探究单侧光对罩住尖端的小麦胚芽鞘的影响。

（4）实验四：探究切除尖端的长度对单侧光条件下切除尖端的小麦胚芽鞘生长的影响。

（5）实验五：遮光小帽的改进实验。

（6）实验六：探究单侧光条件下，小麦胚芽鞘的弯曲生长部位。

七、实验教学过程

实验教学过程分为以下五个环节：①教师引导,提出问题；②小组合作、设计、实施实验；③课堂汇报,师生评价，交流讨论；④对实验方案进行改进、进一步探究；⑤汇报实验成果,归纳总结。这里重点向大家介绍第②~④个环节。

（一）第②环节：小组合作，设计、实施实验

在小组合作，设计、实施实验阶段，学生模仿科学家的探究方式，学习和尝试探究单侧光对小麦胚芽鞘生长的影响，探究小麦胚芽鞘的感光部位是否在尖端。对尖端的处理采用两种方法，分别是切去尖端和罩住尖端。本着因材施教的原则，由学生自主选题、自由分组完成实验方案的设计和实施。

（1）实验一：探究单侧光对小麦胚芽鞘生长的影响。

1）实验现象。

①单侧光（图1：实验前；图2：24h后；图3：48h后）。

图1

图2

图3

②全光照（图4：实验前；图5：24h后；图6：48h后）。

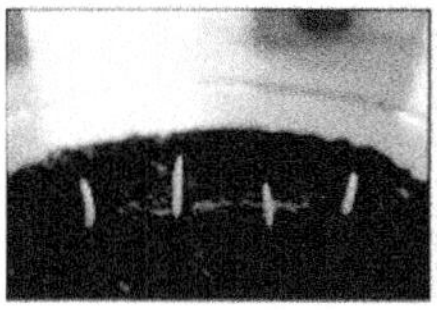

图4

图5

图6

③全黑暗（图 7：实验前；图 8：24h 后；图 9：48h 后）。

图 7

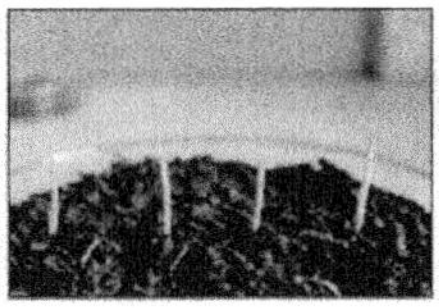

图 8

图 9

2）实验结果分析：实验结果符合预期。后经过多次跟踪观察，胚芽鞘初始长度为 1cm，观察时间在 24h 内，实验效果较好。超过 24h，真叶可能会长出。

（2）实验二：探究单侧光对切去尖端的小麦胚芽鞘的影响。

分别从胚芽鞘的顶部、中部和基部切去尖端，单侧光条件下观察（图 10：实验前；图 11：24h 后）。

图 10

图 11

1）实验现象（见表 1）。

表 1

处理方式	培养前/cm	一天后/cm
从顶部切去尖端	0.9	1.2
从中部切去尖端	0.7	0.8
从基部切去尖端	0.5	0.5
对照胚芽鞘	1.0	2.2

2）实验结果分析。

实验结果并不完全符合预期。从顶部和中部切去尖端，一天后仍可以生长，且表现出向光性。学生在实验前查找资料发现，对小麦胚芽鞘尖端的具体位置的定义并没有明确的规定，这就导致切去尖端的长度会直接影响实验的结果。这里就提出了一个问题：如果小麦胚芽鞘的初始长度为

1cm，小麦胚芽鞘的尖端的具体位置应该如何界定？

（3）实验三：探究小麦胚芽鞘的感光部位。

用口香糖包装纸折叠成遮光小帽，分别罩住两株胚芽鞘的尖端，另两株作对照（图12：实验前；图13：24h后）。

图12

图13

1）实验现象（见表2）。

表2

处理方式	培养前/cm	一天后/cm
罩住尖端（1）	1.0	1.9
罩住尖端（2）	1.0	2.0
对照胚芽鞘（1）	1.0	2.0
对照胚芽鞘（2）	1.0	2.1

2）实验结果分析：实验结果符合预期。但使用口香糖包装纸制作的遮光小帽塑形性较差，可能遮住的不仅仅是尖端。所以我们又提出了新的问题：遮光小帽的选材如何改进？

（二）第③环节：课堂汇报、师生评价、交流讨论

师生评价、交流讨论时，除了上述两个问题以外，学生们还提出了这样一个想法，想尝试通过实验证明在单侧光条件下，小麦胚芽鞘背光一侧的生长速度大于向光一侧。此外，学生发现在实验过程中小麦种子在萌发过程中会因为透气性不佳而腐烂变臭，萌发过程中根部容易上翘，胚芽鞘出芽不直。所以，学生对之前的实验方案进行改进和进一步探究。

（三）第④环节：对实验方案进行改进、进一步探究

首先，是对实验装置进行改进。采用双层育苗盘，下层托盘注水，上层垫一张新闻纸，水没过新闻纸，既可以保证小麦萌发过程中对水分的需求，小麦也不会因为长期浸泡在水中而腐烂变臭。同时，把小麦种子有序

排列，腹沟向下，这样保证萌发出的芽都能直立生长。在萌发的过程中小麦的根则穿透新闻纸向下生长不会上翘，影响到小麦种子的出芽。其次，在观察培养的过程中，用椰砖代替土壤作为培养的基土，避免了胚芽鞘培养过程中发霉的情况（图 14：双层育苗盘，胚芽鞘出芽、出根，椰砖，椰土）。

图 14

（1）实验四：探究切除尖端的长度对单侧光条件下切除尖端的小麦胚芽鞘生长的影响。

选取胚芽鞘长度为 1cm，将小麦胚芽鞘尖端分别剪去 0.2cm、0.3cm、0.4cm，分别于 8h 后和 24h 后观察。

1）实验现象（见表 3）。

①切除 0.2cm 尖端（图 15：实验前；图 16：8h 后；图 17：24h 后）。

图 15　　**图 16**　　**图 17**

②切除 0.3cm 尖端（图 18：实验前；图 19：8h 后；图 20：24h 后）。

图 18　　**图 19**　　**图 20**

③切除 0.4cm 尖端（图 21：实验前；图 22：8h 后；图 23：24h 后）

图 21　　图 22　　图 23

表 3

处理方式	培养前/cm	8 小时后/cm	24 小时后/cm	是否向光弯曲
切去 0.2cm	0.8	1.4	2.4	是
切去 0.3cm	0.7	0.8	1.2	是
切去 0.4cm	0.6	0.6	0.6	否

2）实验结果分析：本实验表明，对于初始长度为 1cm 的胚芽鞘，在切除 0.4cm 的尖端后，胚芽鞘不表现向光性且几乎不生长。

（2）实验五：遮光小帽的改进实验。

在遮光小帽的选材上，一组选用了巧克力的锡箔包装纸，它的塑形性相对较好（见图 24）。

图 24

多次实践后我们总结出相对较好的遮光小帽的折叠方法，可以较精确地折叠 0.4cm 的遮光小帽。

方法步骤：裁出 1.5cm × 0.5cm 的锡箔纸片，绕着牙签卷成圈，捏住其顶端，罩在胚芽鞘尖端，使罩住长度为 0.4cm，多余部分从上面向后折叠，最后整形（见图 25）。

图 25

另一组选用纸黏土做遮光小帽，实验结果也符合预期，并且用纸粘土制作的遮光小帽可以反复使用（见图 26）。

图 26

（3）实验六：探究单侧光条件下，小麦胚芽鞘的弯曲生长部位。

我们采用染色和涂色两种方法。分别用红墨水、龙胆紫染料对小麦胚芽鞘进行染色，用中性笔、马克笔和丙烯颜料对小麦胚芽鞘进行涂色(见图 27)。

图 27

经过大量重复性实验后可以得出，用丙烯颜料进行涂色，实验效果最好。

在黑暗条件下，24h 后观察，小麦胚芽鞘的尖端颜色几乎没有变化，而尖端以下出现了均匀的横向断裂，代表小麦胚芽鞘在伸长生长（图 28：实验前，24h 后 1，24h 后 2）。

图 28

在单侧光条件下，24h 后观察，还可以观察到，背光一侧的横向断裂面积要大于向光一侧，且背光一侧出现了竖向断裂，这表明小麦胚芽鞘不仅在伸长生长，还在长粗，而向光一侧则没有（图 29：向光一侧，背光一侧 1，背光一侧 2）。

图 29

由此可推测，在单侧光的条件下，背光一侧的生长速度大于向光一侧。

八、实验效果评价

这一节课，我摒弃了靠动画课件演示科学家相关实验过程的做法，而是引领学生重走一次科学家的探索之路。课堂教学过程中常常会使人产生一种怦然心动的感觉，这种感觉来自于学生亲身经历后的种种感悟，来自于学生对前人实验的种种思考。看到学生忙碌的背影，我仿佛看到了科学家进行科学探索的背影；听到学生的真知灼见，我真的感觉到学生像科学家那样在孜孜以求地探索。

“绿叶中色素提取和分离”实验的改进

辽宁省鞍山市第一中学　郝旭

一、使用教材

人教版高中《生物必修1》第五章第四节“光与光合作用”。

二、实验器材

自制分光镜、新鲜的绿叶、干燥的定性滤纸、试管、棉塞、试管架、研钵、玻璃漏斗、尼龙布、毛细吸管、剪刀、药勺、量筒；无水乙醇、层析液、二氧化硅和碳酸钙。

三、实验创新要点/改进要点

优化实验流程，实验现象明显。自制教具进行实验拓展分析，培养学生发散性思维。学科交叉，提高学生解决问题的能力。

四、实验原理/实验设计思路

光合色素易溶于无水乙醇等有机溶剂中，可以用无水乙醇提取绿叶中的光合色素。光合色素可溶于层析液中，不同的光合色素在层析液中的溶解度不同。溶解度高的光合色素随层析液在滤纸上扩散得快；溶解度低的光合色素在滤纸上扩散得慢。这样，最终不同的光合色素会在扩散过程中分离开来。利用分光镜，观察吸收光谱，与正常光谱比较分析色素对光的吸收。

五、实验教学目标

（一）知识目标

（1）掌握提取叶绿体中色素的方法，掌握绿叶中色素的种类和作用。

（2）通过实验结果分析，理解各药剂在实验中的作用和对实验结果的影响。

（二）技能目标

（1）合理组织语言，描述实验现象，锻炼学生的观察能力和语言表达能力。

(2) 对实验现象进行相互交流和讨论，提高学生思考问题和解决问题的能力。

(三) 情感、价值观目标

在自主探究中，要学生把理论知识联系并贯彻到实际活动中去，从实践中得到巩固和提高。

六、实验教学内容

实验基本操作、实验操作的改进、自制分光镜、观察吸收光谱及讨论。

七、实验教学过程

引课→实验基本操作→分析结果不明显的原因→实验操作的改进→自制分光镜→借助分光镜观察吸收光谱→讨论结果出现的原因→学科交叉→与现实生活的联系。

八、实验效果评价

本实验的设计旨在对学生创新精神和实践能力的培养，以教材实验为基础，进一步地拓展探究，满足了学生探索、思考、创造和表现的心理需求。在探究的过程中，学生主动参与，师生之间的互动和双向交流频繁。在交流中加深了对相关问题的理解，培养了学生思维的逻辑性和深刻性，进而形成批判性思维，为学生后续的发展奠定基础。

当今的科学研究需要复合型的人才，而复合型人才需要具有多学科内容迁移的能力。本实验中以色素提取液颜色的观察为媒介联系物理学科中原子能级有关的问题，培养了学生的学科间知识迁移能力。同时，理论联系实际，使学生利用所学内容解决实际的问题，提高了学生的生物学素养，也达到了新课程对高中教育的要求。

葡萄酒的酿制

宁夏回族自治区吴忠市回民中学　胡娟

一、使用教材

人教版高中《生物选修1　生物技术实践》专题“传统发酵技术的应用”。

二、实验器材

自制装置：葡萄酒发酵装置、CO_2含量检测装置、酒精度检测装置。

其他器材：温度计、pH值检测试纸。

三、实验创新要点

本课题从文化和技术两个维度进行创新，共梳理四个创新点，概括为“体验一种文化，设计三种装置”。体验一种文化：贺兰山东麓葡萄酒文化之旅；设计三种装置：葡萄酒发酵装置、CO_2检测装置、酒精度检测装置。

（一）创新点一：贺兰山东麓葡萄酒文化之旅

以引导学生“走出校门、体验社会、开拓创新”为主题，参观宁夏类人首葡萄酒生产基地，以此了解葡萄酒酿造工艺流程，感受享誉中外的宁夏贺兰山东麓红葡萄酒特色文化。

（1）参观前的准备工作。

学校联系酒庄、车辆，做好出发前的准备工作。老师组织学生梳理问题，编制酿酒工艺提问提纲印发给学生，重点针对葡萄酒的酿制、存储技术提问，争取由专业人员进行解答，做到有的放矢。

（2）参观酿酒的主要设备。

在类人首酒庄讲解员的带领下，学生参观了葡萄采摘园、酿酒区和储存区，在参观过程中提问获取酿酒知识（见图1）。

（3）品酒、鉴赏，感受葡萄酒文化。

学生们在观看类人首酒庄宣传文化视频的同时，品尝了酒庄品牌葡萄酒，为参观活动画上了圆满的句号。

图1　参观类人首葡萄酒基地

（二）创新点二：设计并制作葡萄酒发酵装置

（1）学生依据实验装置要求，绘制发酵装置示意图（见图2）。

（2）在市场上购置容积为4L的玻璃罐作为发酵桶。

（3）在罐体底部打眼安装水龙头作为出料口，用以检测发酵过程中葡萄汁的pH值。

（4）瓶盖打孔安放橡胶锥形塞，软塞中间插入玻璃管作为排气口，排放CO_2气体。

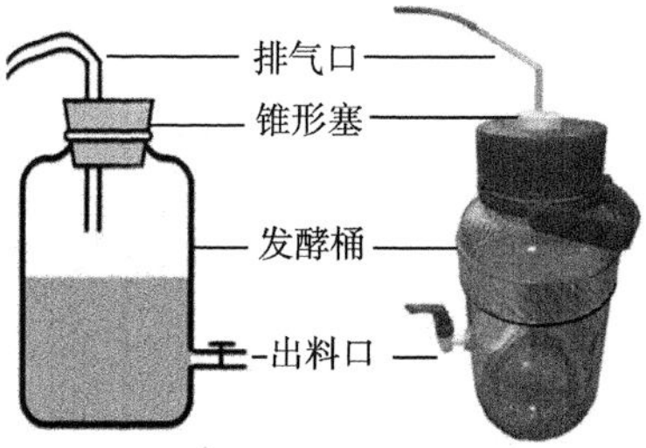

图2　葡萄酒发酵装置图

（三）创新点三：设计并制作CO_2检测装置

（1）装置原理：酵母菌代谢类型属于异养兼性厌氧型，既能进行有氧呼吸，又能进行无氧呼吸。前期有氧呼吸过程中，酵母菌在酸性环境中大量繁殖，后期在无氧条件下进行酒精发酵。可通过定性检测发酵过程中产生CO_2含量的多少来判定发酵过程是否完成。溴麝香草酚蓝水溶液（简称BTB溶液）是一种酸碱指示剂，CO_2溶解在水中呈弱酸性，与溴麝香草酚蓝水溶液发生反应，CO_2浓度越高，颜色越接近黄色（pH值越低），反之越接近绿色（pH 值越高）。

（2）CO_2检测溶液配制：取 7 支试管，分别加入 4mL 溴麝香草酚蓝水溶液，加入 1mL 不同 pH 值的 HCl 和 NaOH 使其呈现出深蓝、蓝、浅蓝、深绿、浅绿、黄绿、黄 7 种颜色，制成 CO_2浓度比对系列梯度颜色溶液，试管口加塞，以防止空气中的 CO_2与其反应（见图 3、图 4）。

图片	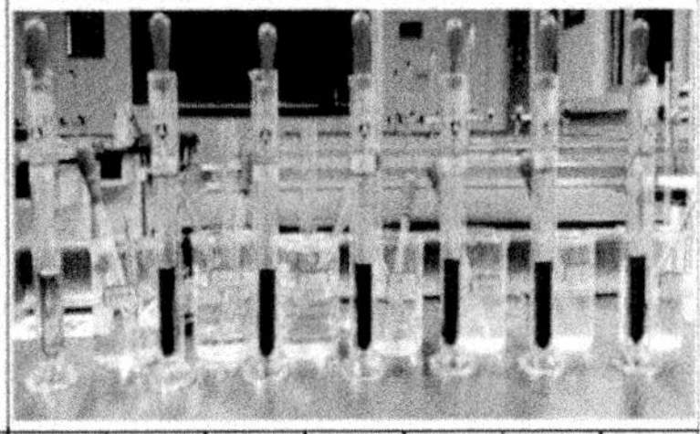						
母液	HCL	HCL	HCL	HCL	NaOH	NaOH	NaOH
PH值	4	5	6	7	8	9	10
颜色	黄色	黄绿	浅绿	深绿	浅蓝	蓝色	浅蓝

图 3　检测发酵液 CO_2含量　　**图 4　BTB 颜色梯度对比溶液**

（3）检测方法，如表 1 所示。

表 1　BTB 溶液检测 CO_2 含量实验方法

步骤	1	2	3
图片	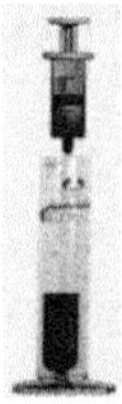		
说明	用注射器吸取 pH 值为 10 的蓝色溴麝香草酚蓝溶液 5mL	从发酵罐排气口吸取 15mL 气体	轻摇注射器 CO_2 与 BTB 溶液充分反应，将反应后溶液注入试剂瓶，与配制好的 7 色溴麝香草酚蓝溶液进行比对，定性判断 CO_2 含量

（四）创新点四：制作酒精度检测装置

（1）装置原理：密度瓶法检测葡萄酒中酒精的度数。酿制出的葡萄酒经加热冷凝管冷凝后，蒸馏液汇入容量瓶，将葡萄酒中的挥发性物质酒精蒸馏出来，推算出酒精的密度，再经过查表判断酒精度数（见图5）。

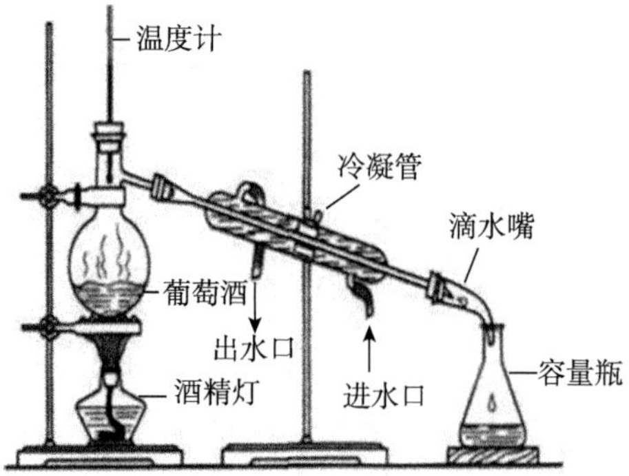

图5　检测酒精度蒸馏装置图

（2）组装蒸馏装置，如图6所示。

组装加热系统

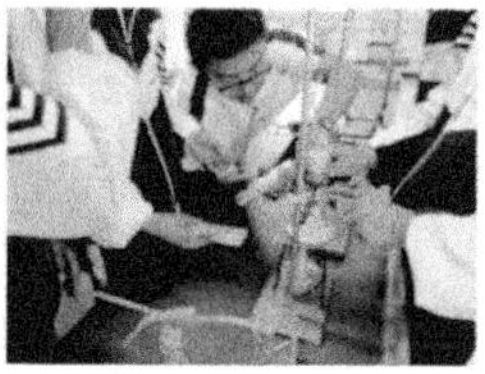

组装冷凝管

学生量取酒液、加入沸石

讨论确定最优组装方案

图6　组装蒸馏装置及讨论实验方案

（3）检测方法：

1）用一洁净、干燥的烧杯量取100mL发酵后的葡萄酒倒入锥形瓶中，用50mL蒸馏水分3次冲烧杯，洗液并入锥形瓶中，锥形瓶中放入几块沸石，以防止酒液爆沸。

2）连接好冷凝装置，并检查装置气密性。

3）开启冷却水，缓慢加热蒸馏。收集馏出液接近100mL刻度，取下烧杯，加盖（见图7、图8）。

4）将盛有蒸馏液的烧杯在20℃水浴中保温30min，补加水至刻度，混匀备用。

5）称取盛有馏出液烧杯的重量。

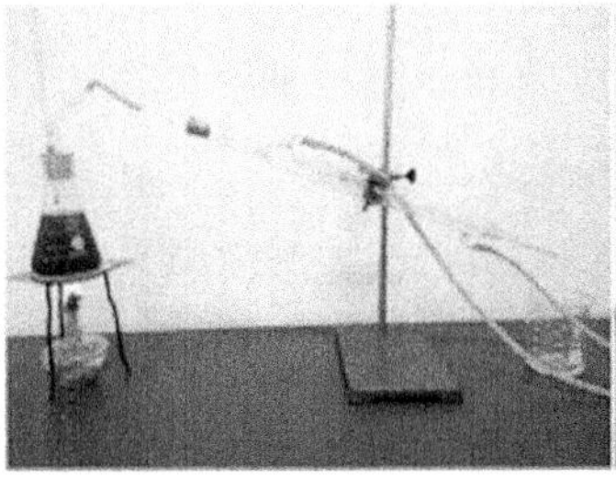

图7　蒸馏过程图

图8　蒸馏酒精度检测试验

（4）计算公式。

$$\rho_{20}^{20} = \frac{m_2 - m + A}{m_1 + m + A}\rho_0$$

$$A = \rho_a \frac{m_1 + m}{997.0}$$

然后，根据计算所得数值，查酒精水溶液相对密度与酒精度对照表（20℃），求得酒精度。

四、实验原理/实验设计思路

本节实验课是基于实验教学与地方葡萄酒特色文化结合的一堂课，学生已学过人教版高中《生物·必修Ⅰ·分子与细胞》教材中有关细胞呼吸的知识，初步理解了酵母菌无氧呼吸的产物是二氧化碳和酒精，掌握了相应的检测试剂与方法，为本次酿酒实验的开展和装置的创新的奠定了基础。酸性条件下其他微生物无法适应该环境受到抑制。

教师引领学生自主设计并制作酿酒装置和实验指标检测装置，因为实验周期长实验难度大，因此采用课前参观学习，使学生对酿酒知识有宏观的感受，知道了葡萄酒发酵的原理：葡萄皮上的野生型酵母菌，在18～25℃无氧呼吸条件下发酵产生酒精，随着酒精度的提高，红葡萄皮的色素进入发酵液，使葡萄酒呈现深红色。进而开展酿酒实验，课堂上交流汇报实验成果，分析实验成功与失败原因。

五、实验教学目标

（1）知识目标：说出果酒制作原理和实验装置制作原理，描述葡萄酒发酵过程中控制的主要指标。

（2）实践创新：制订酿酒活动的计划表和实验过程记录表，设计并制作实验装置，完成探究实验。

（3）文化熏陶：通过参观葡萄酒庄园和宁夏葡萄酒博览园，感受宁夏贺兰山东麓葡萄酒文化，激发学生热爱家乡的情怀。

（4）素质提升：在进行果酒酿制的实验活动中，培养学生交流、合作、严谨的科学态度及创新意识。

六、实验教学内容

本课题分为课前准备和课堂教学两个阶段，课前准备由教师带领生物兴趣小组完成对葡萄酒生产基地的参观，参观后亲自酿制葡萄酒并进行过程检测，最后分析实验数据、进行实验总结。课堂教学实质上是交流汇报本次酿酒活动开展过程，全班同学分享此次活动的成功与失败。

七、实验教学过程

本课题分为课前准备和课堂教学两个阶段，课前准备由教师带领部分学生组成的生物兴趣小组在课余时间完成，课堂教学面向全班学生在 1 课时内完成。主要教学过程流程如图 9 所示。

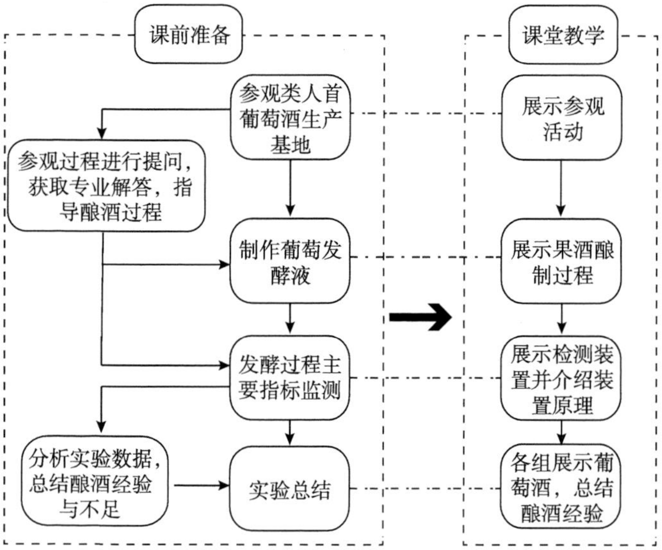

图 9　实验流程图

（一）介绍贺兰山东麓葡萄酒文化

（1）展示参观葡萄酒生产基地的影像资料。

（2）呈现参观活动前讨论拟定的问题（见图10）。

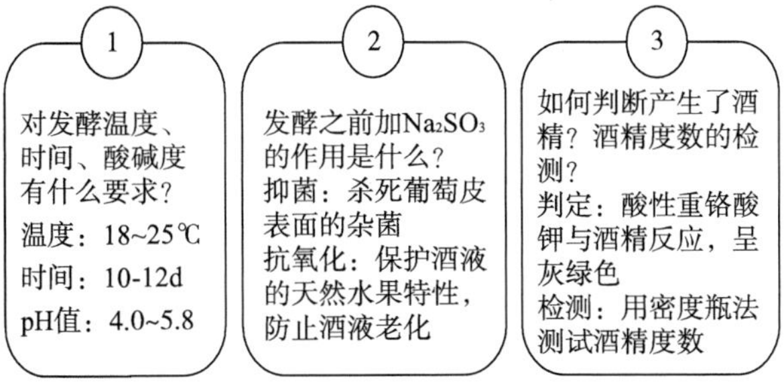

图10　酿酒主要控制指标

（二）展示酿酒过程

（1）引导学生介绍酿酒原理。老师将学生分成四个酿酒小组：天才小组、微积分小组、凌霖小组、飞鸟小组。

（2）带领学生挑选优质葡萄、拣选除梗。

（3）指导学生将葡萄破碎装罐。

（三）发酵过程指标检测

（1）指导学生绘制温度变化曲线图。

（2）指导学生进行pH值检测，指导学生使用pH试纸。

（3）引导学生介绍改进后的实验装置原理，进行CO_2检测（见图11、图12）。

图11　CO_2检测过程图

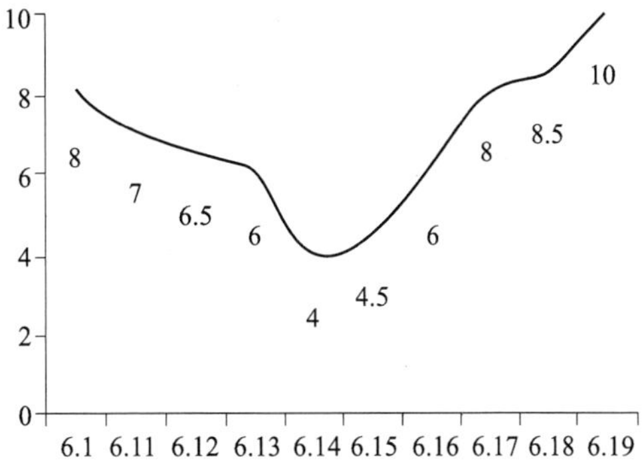

图12　CO_2检测结果

（四）葡萄酒酒精度检测

（1）带领学生将酿成的葡萄酒装瓶。

（2）教师讲解重铬酸钾检测原理：橙色酸性重铬酸钾溶液与酒精反应颜色变为灰绿色，检测是否有酒精的存在。

（3）指导学生讲述密度瓶法的实验原理，播放酒精度检测实验的过程检测结果如表2所示。

表2　酒精度检测结果

序号	组别	酒精水溶液相对密度/（20℃）	体积分数（乙醇%）	质量分数（乙醇%）	乙醇/（g/100ml）
1	飞鸟小组	0.99554	3.04	2.41	2.40
2	凌霖小组	0.99319	4.72	3.76	3.73
3	天才小组	0.99022	6.98	5.57	5.51
4	微积分小组	0.98999	7.16	5.72	5.65

（五）实验总结

（1）引导展示葡萄酒（见图13）。

（2）引导学生总结酿酒经验与不足。

（六）评价探究活动

教师评价各小组表现，引导学生推选“创新能手”“酿酒能手”组。

八、实验效果评价

图13　展示酿制的葡萄酒

以参观活动获得的知识为导向，提高了酿酒实验成功的概率，参观结束后酿酒师的期望也激发了学生的探究欲望，提高了学生自己动手酿酒的积极性。探究活动前期的策划使得此次实验教学活动的效果比预期要好得多。学生们从不知道葡萄还分那么多种到自己亲手酿制出葡萄酒，极大地提高了自信心。教师在有时间、有精力的情况下可带领学生多开展此类活动，将课本知识变成现实。

探究酵母菌细胞呼吸的方式

广西壮族自治区桂林中学　李宇艳

一、使用教材

人教版高中《生物必修 1 分子与细胞》第五章第三节“ATP 的主要来源——细胞呼吸”。

二、实验器材

针筒、乳胶管、止水夹、真空泵。

三、实验创新要点/改进要点

（1）用真空泵得到含氧低的水溶液，减少无关变量干扰，缩短实验时间。将实验的溶剂煮沸冷却后，再用真空泵得到低含氧量的水溶液，减少无关变量的干扰，缩短装置中无氧呼吸开始实验的时间，如图 1 所示。

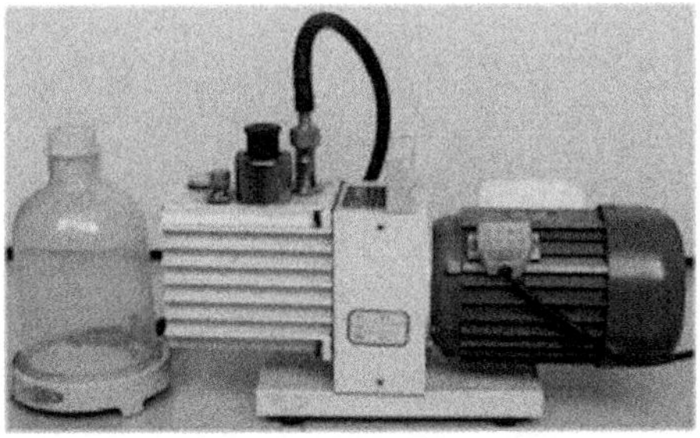

图 1　真空泵

（2）简化实验装置，便于实验操作。用乳胶管、止水夹和 100mL 的注射器组装成如图 8 所示的酵母菌培养及集气装置。乳胶管可直接连接注射器如图 2 所示，也可通过针栓使两者相连接，如图 3 所示。

此装置的优点在于：

1）有氧呼吸实验组：制备无 CO_2 的空气、气液态产物的收集和定性鉴定更简捷，缩短实验过程耗时；通过针筒活塞的移动与否可以准确控制酵母菌反应的呼吸类型，避免无氧呼吸产物的干扰；利用活塞的移动可以定量测量有氧呼吸中 O_2和 CO_2的比值关系。

2）无氧呼吸实验组：无氧呼吸中无 O_2的密封、气液态产物的收集和定性鉴定更简捷，缩短实验过程耗时；利用活塞的移动可以定量测量消耗等量的葡萄糖时，有氧呼吸与无氧呼吸中 CO_2产量的比值关系；通过简化实验步骤、器材，加快无氧呼吸开始反应的速度，使得酵母菌呼吸作用的反应和产物的定性分析即课本实验内容可在一个课时内完成，实验连贯，对比显著，加深学生对酵母菌两种细胞呼吸的理解。

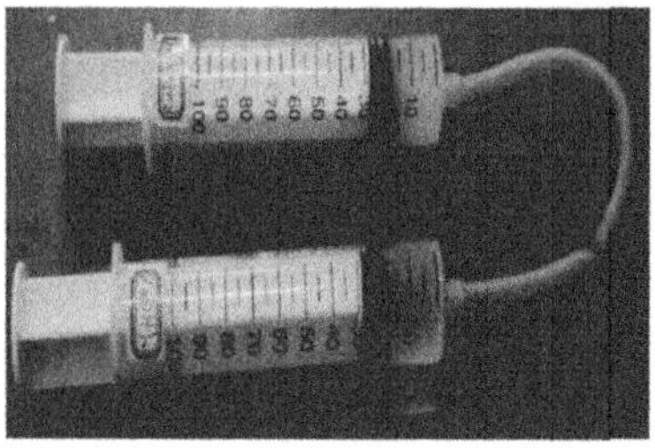

图 2　实验装置 1

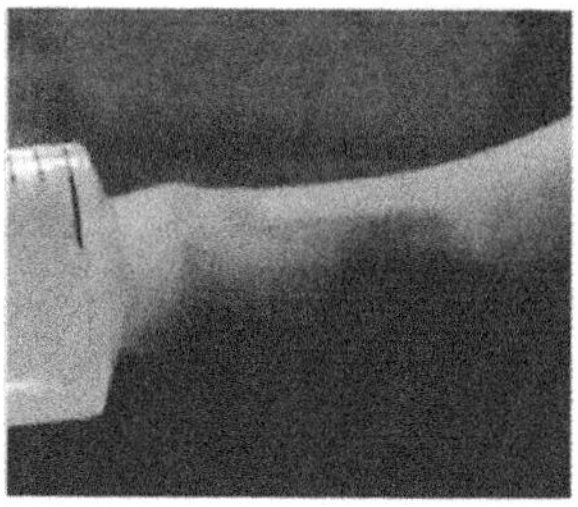

图 3　实验装置 2

四、实验原理/实验设计思路

（一）实验原理

（1）CO_2可使澄清石灰水变浑浊，也可使溴麝香草酚蓝水溶液由蓝变绿再变黄。

（2）乙醇在酸性条件下可以与橙色的重铬酸钾溶液发生化学反应，变成灰绿色。

（二）设计思路

如图 4 所示。

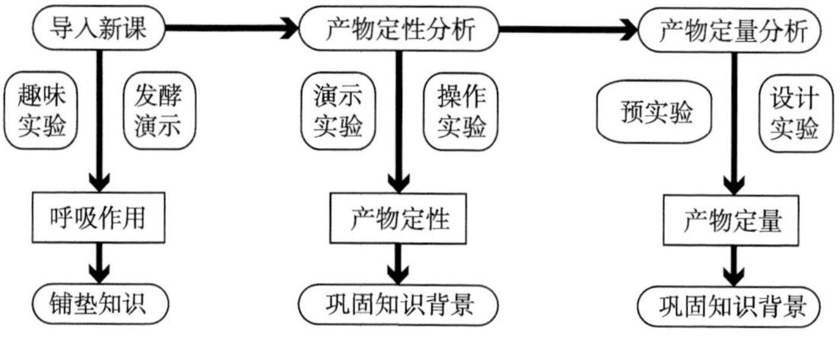

图 4　设计思路

五、实验教学目标

（一）知识与技能

（1）探究酵母菌产生 CO_2 和酒精的条件及多少。

（2）掌握相关物质鉴定的一般方法。

（二）过程与方法

（1）学生能够理解并应用试验设计的基本原则。

（2）学会假设、控制变量、记录实验数据解释数据等一般科学探究方法。

（3）提高小组合作学习和表达交流的能力。

（三）情感态度与价值观

（1）通过对实验的不断深入探究，养成求实的科学态度，体会科学是不断探索的过程。

（2）体验科学与生活的相互关系，认同“科学本质上是一种解决问题的活动”。

六、实验教学内容

（一）环节一：联系生活，引人好奇

（1）趣味实验。

实验组一：面粉与酵母菌混合发面。

实验组二：面粉、酵母菌和白砂糖混合发面。

现象：两组都可以使面团膨大，后者速度更快。

问题：面粉膨大的原因是什么？

（2）发酵演示。

知识背景：葡萄表面的白霜是野生酵母菌，将葡萄洗净挤破密封一定时间并定时放气，即可酿制美味的葡萄酒。观察葡萄酒发酵过程的视频可以知道，面粉膨大的原因是酵母菌呼吸作用产生气体，但是气体是什么方式产生的？气体的化学实质又是什么？

（3）目的：通过导入，从学生熟悉的生活现象联系实验，激发学生的探究兴趣。

（二）环节二：验证酵母菌的细胞呼吸有几种方式，产物有什么

（1）试剂配制。

演示实验——排除溶剂中的气体物质：用真空泵（如图 1 所示）抽取

实验溶剂中的气体，使得溶解氧和二氧化碳浓度尽可能低，避免水中的气体干扰实验结果。

（2）实验内容。

1）有氧呼吸。

①实验分组。

实验组 1。

装置介绍：装置连接如图 5 所示，上侧针筒中为适宜体积的除二氧化碳的空气和酵母菌培养液，下侧针筒内为适宜浓度体积的澄清石灰水，中间有止水夹。

目的：鉴定有氧呼吸的气液态产物。

气态产物的鉴定：将图 5 的装置竖直放置，澄清石灰石在上，呼吸作用的针筒在下，缓慢推动活塞，使实验组 1 产生的气体经过澄清石灰水进入上部针筒，即可观察到明显的实验现象：澄清石灰水变浑浊。

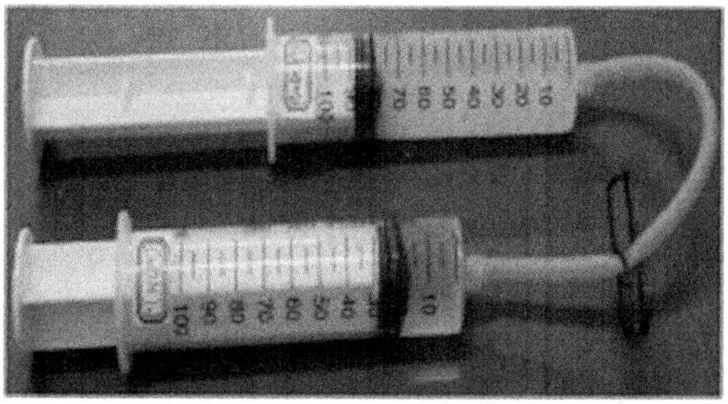

图 5　有氧呼吸实验组 1

实验组 2。

装置介绍：装置连接如图 6 所示，上侧针筒中为适宜体积的除二氧化碳的空气和酵母菌培养液，下侧针筒内为适宜浓度体积的 NaOH 溶液，中间无止水夹。

目的：定量测量有氧呼吸过程中 O_2 的消耗体积 V_1，该装置中有氧呼吸 CO_2 的生成体积 V_2 和无氧呼吸 CO_2 的生成体积 V_3，为与消耗同质量葡萄糖的无氧呼吸 CO_2 生成体积的比较做数据收集。

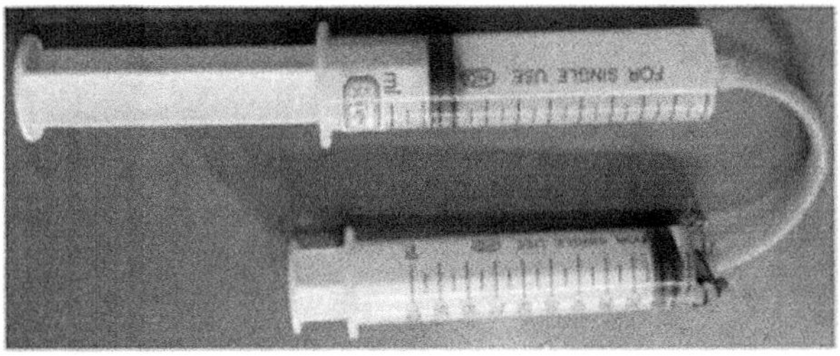

图 6　有氧呼吸实验组 2

除二氧化碳空气的制备：配制适宜浓度的氢氧化钠置于针筒中，针筒竖直放置且注射器的乳胶头朝下，缓慢吸收空气，得到的气体即为无二氧化碳的空气。

空白对照组 3。

装置介绍：装置连接如图 7 所示，上侧针筒中为适宜体积的除二氧化碳的空气和无酵母菌的培养液（另一组空白对照组为适宜体积的除二氧化碳的空气和无葡萄糖溶液），下侧针筒内为适宜浓度体积的澄清石灰水，中间有止水夹。

目的：排除环境因素对体积测量的干扰 V_0 和 V_0'。

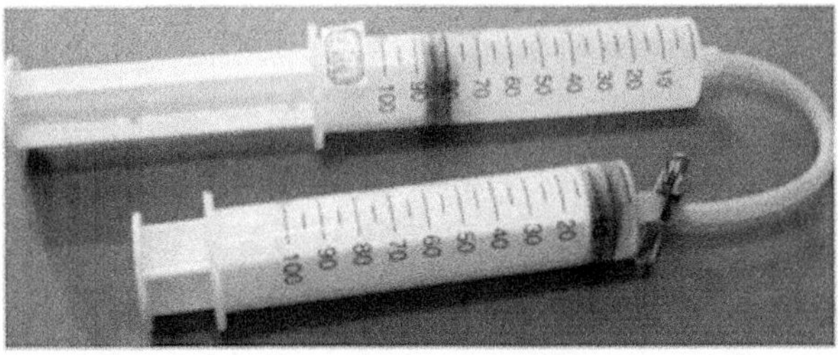

图 7　有氧呼吸空白对照组

②结果分析：通过实验组 1 活塞的移动情况即可判断针筒内的呼吸类型，从而进行相应的实验。有氧呼吸中可用酸性重铬酸钾与澄清石灰水对有氧呼吸的液气态产物进行鉴定，消耗 O_2 和生成 CO_2 的体积比 $V_1:V_2$。

③注意事项：为克服气体微量增加不能推动活塞移动的困难，在反应开始时向左侧拉动上方针筒的活塞，至其可依靠气压的反向推动力停止为止；在有氧呼吸即将结束时重复上述操作，使划分酵母菌培养液的呼吸类型变得更为及时。

2）无氧呼吸实验组4。

①装置连接如图8所示，上侧针筒为含氧量较低的酵母菌培养液，下侧针筒内为适宜浓度体积的NaOH溶液，中间有止水夹。

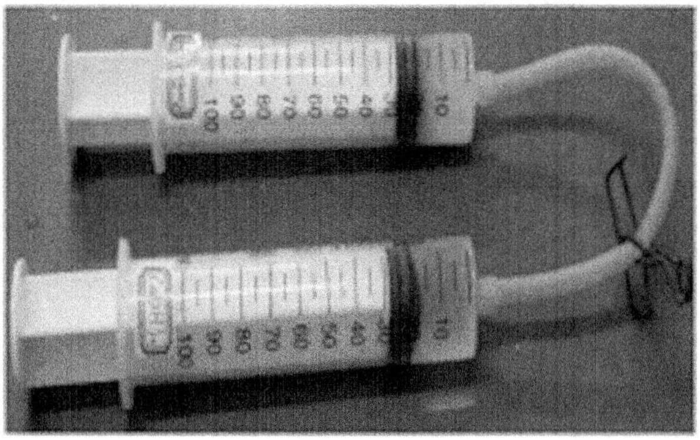

图8　无氧呼吸

②目的：鉴定无氧呼吸的气液态产物，测量该装置中无氧呼吸CO_2的生成体积V_4，定量测量消耗等量的葡萄糖时有氧呼吸与无氧呼吸中CO_2产量的比值关系。

③结果分析：无氧呼吸中可用酸性重铬酸钾与澄清石灰水对无氧呼吸的液气态产物进行鉴定，消耗等量的葡萄糖时有氧呼吸与无氧呼吸中CO_2产量的比值关系为V_2∶（$V_4 - V_3$）。

④说明：在拓展的定量实验过程中，得到的结果为V_2∶（$V_4 - V_3$）＝2.5∶1至5∶1。

3）目的：通过教师引导，使学生观察现象，提出问题→作出假设→设计实验→实验验证。规范实验思路，为自主探究积累经验，完成拓展实验。

七、实验效果评价

（1）简化实验仪器、操作，一个课时完成。

（2）激发学生兴趣，提升探究能力。

（3）定量测定呼吸产物，科学严谨。

（4）实验改进部分，体现理综的综合思想。

绿叶中色素的提取分离与吸收光谱的观察

北京汇文中学　孙天予

一、使用教材

人教版高中《生物必修 1 分子与细胞》第五章第 4 节“能量之源——光与光合作用”。

二、实验器材

干燥的定性滤纸、试管、棉塞、试管架、研钵、玻璃漏斗、尼龙布、毛细吸管、剪刀、药勺、量筒（10mL）、天平、自制色素提取液吸收光谱观察仪、比色皿。

三、实验创新要点/改进要点

在原有“绿叶中色素的提取与分离”实验的基础上，增加或改进了三个实验，使学生对光合色素的性质、作用以及不同生物所含色素的共性与差异有了更深刻的理解。培养学生依据实证结果得出结论的思维习惯。

（1）在利用无水乙醇进行色素提取的同时，加设使用蒸馏水进行提取的对比，依据实证结果，得出光合色素的脂溶性性质。

（2）使用自制的植物色素提取液吸收光谱观察仪对色素提取液的吸收光谱进行观察，对色素的吸收光谱进行定量分析。

（3）对蓝藻、韭菜绿叶、小麦绿叶等植物材料中的叶绿素进行提取，并进行吸收光谱分析，与菠菜叶中色素的吸收光谱比较，分析其中所含色素的共性与差别。

四、实验原理/实验设计思路

（一）实验 1：提取菠菜叶肉细胞中的光合色素

（1）实验内容设计。

1）介绍实验方法。

教师提问：叶绿素普遍存在于高等植物成熟叶肉细胞中，如何才能将细胞中的色素提取出来供人们进行研究呢？

介绍溶剂提取法：根据待提取成分在溶剂中的溶解性，选用对活性成分溶解度大、对不需要溶出成分溶解度小的溶剂，而将有效成分溶解出来的方法叫溶剂提取法。

2）研磨。秤取 5g 菠菜叶片，剪碎，加入研钵。向研钵中加入石英砂、碳酸钙、提取液（无水乙醇或水），充分研磨。

3）过滤。使用玻璃漏斗和尼龙布对研磨液进行过滤，收集滤液。

（2）创新点：教师将全班分为两大组，一组用有无水乙醇提取，另一组用蒸馏水提取。

（3）设计意图：学生通过实验验证光合色素的脂溶性，体会科学的实证属性。

（二）实验 2：分离菠菜叶肉细胞中的光合色素

实验内容设计。

1）介绍实验方法。

教师提问：光合色素提取液中是否只含有一种色素？如何才能判断？

介绍纸层析法：依据相似相溶原理，是以滤纸纤维的结合水为固定相，以有机溶剂作为流动相。由于样品中各物质分配系数不同，因而扩散速度不同，从而达到分离的目的。

2）制备滤纸条。

将滤纸条剪成宽约 0.5cm，长度比层析管略短的条，在其一端剪去两角，并在距离这一端约 1cm 处折叠一次。

3）加样。

用载玻片蘸取光合色素提取液，在折痕处轻压，待提取液晾干后反复加样。

4）层析。

将加样后的滤纸加样端向下放入层析管，注意加样线应高于层析液液面。盖上层析管塞。观察现象。

（三）实验 3：用自制光谱仪观察菠菜叶肉细胞光合色素的吸收光谱

（1）实验内容。

1）介绍实验方法。

自制光谱仪的原理和使用方法：光谱是复色光经过色散系统（如棱

镜、光栅）分光后，被色散开的单色光按波长（或频率）大小而依次排列的图案。通过控制入射光的方向，可以获得复色光源（如试验台上的日光灯）的光谱。利用这一原理，可借助卡纸、光栅等材料，自制简易光谱仪。狭缝可用硬质卡片自制，长2cm、宽0.2mm。

光栅为金涛光电生产的透射光栅（1200 线，15.5mm × 15.5mm × 4mm）。

在卡纸上剪下相应形状，沿虚线折叠，并将实线处粘贴、密封。狭缝横向粘贴在较大开孔（2cm × 2cm）处，光栅刻线方向与狭缝平行，粘贴或用夹子固定在较小开孔（1.5cm × 1.5cm）处。

在简易光谱仪狭缝前用黑卡纸制作支架，放入装有色素提取液的比色皿，可观察到色素提取液的吸收光谱。

光栅光谱具有匀排性，即光栅光谱的排列比较均匀，不同波长区中同样波长差的两根谱线之间的距离变化不太大。光栅光谱的匀排性不但使光谱更加整齐、匀称，而且对定性分析时初步判断、估计谱线的波长值等比较方便。

利用光栅光谱的这一特点，可以对吸收光谱进行定量分析。

2）观察。

具体步骤如下：①向一个比色皿中加入菠菜叶片光合色素提取液，向另一个比色皿中加入空白提取液；②将比色皿安装到自制光谱仪狭缝前端的支架上；③将光谱仪前端对准白色光源，从光谱仪后侧观察光合色素的吸收光谱，观察角度应与光栅垂直。

实验结果：可观察到清晰的光合色素提取液吸收光谱。其中，右侧为空白提取液（无水乙醇）对照组，即日光灯管的发射光谱。我们使用的日光灯管为市售民用产品，非全光谱光源，因此观察到的光谱中紫色光谱带较窄，但其中可清晰观察到汞灯在436nm（蓝紫光区）、546nm（绿光区）和576nm（黄光区）波长处的发射线。左侧为光合色素提取液实验组，可观察到光合色素提取液在波长小于500nm（蓝紫光区）和波长大于640nm（红光区）的强吸收区。

（2）创新点：利用自制光谱仪，直接观察光合色素的吸收光谱，现象明显，效果良好。

（3）设计意图：利用光谱仪，观察到光合色素对光吸收的直观现象，帮助学生更好地理解光合色素的功能，理解光合作用中的能量转换过程，建立生物与环境之间能够进行能量转换的生命观念。

（四）实验4：观察并比较菠菜、韭菜、小麦、蓝藻光合色素的吸收光谱

（1）实验内容。

1）介绍实验方法。

光谱分析法：利用物质的吸收光谱特征对物质种类进行鉴别的方法。

2）提取色素。

应用有机溶剂提取法，分别提取韭菜、小麦、蓝藻的光合色素。

3）对比观察。

利用光合色素吸收光谱观察仪对韭菜、小麦、蓝藻光合色素吸收光谱进行观察，与菠菜光合色素吸收光谱对比。

（2）创新点：观察多种能进行光合作用的组织（生物）中色素的吸收光谱，与菠菜叶肉细胞光合色素吸收光谱进行比较。

（3）设计意图：通过比较多种生物光合作用的吸收光谱，体会生物界的统一性和差异性。

五、实验教学目标

（1）提取、分离菠菜绿叶中的色素，明确光合色素的分布和种类。

（2）观察光合色素吸收光谱，建立生物与环境之间能量交流的生命观念。

（3）学习溶剂提取法、层析法、光谱分析法等科学方法，认同科学方法在探究中的作用。

（4）观察实验结果，体会依据实证结果得出结论的思维过程。

六、实验教学内容

（1）提取菠菜叶肉细胞中的光合色素。

（2）用纸层析法分离菠菜叶肉细胞中的光合色素，明确色素的种类。

（3）用自制光谱仪观察菠菜叶肉细胞光合色素的吸收光谱，明确色素的功能。

（4）通过分析、对比菠菜、小麦、韭菜、蓝藻光合色素的吸收光谱，理解生物的统一性和差异性。

七、实验教学过程

导入：白化玉米苗由于不能进行光合作用，待种子中贮存的养分耗尽就会死亡。可见光合作用与细胞中的色素有关。

提问：高等植物成熟叶肉细胞中普遍含有色素，如何才能将细胞中的色素提取出来供人们进行研究呢？

（一）实验1：提取菠菜叶肉细胞中的色素

介绍溶剂提取法的原理和操作步骤。

提问：应当用什么样的提取液来提取光合色素？

将全班分为两大组，一组用无水乙醇提取，另一组用蒸馏水提取。

用溶剂提取法提取叶片中的色素。

总结：菠菜绿叶中的色素是脂溶性色素。

获得菠菜叶肉细胞色素提取液。

提问：色素提取液中是否只含有一种色素？若是几种色素混合在一起，如何才能将色素分离？

回忆化学学习过的过滤、蒸馏、萃取和重结晶等物质分离方法，经分析，发现均不适用。

（二）实验2：用纸层析法分析菠菜叶肉细胞中的光合色素

介绍纸层析法的原理，并讨论其与化学所学方法的差异。

介绍纸层析法的操作步骤。

利用纸层析法，分离菠菜绿叶中提取的色素。

观察层析结果，明确色素的种类。

介绍光合色素的种类和在绿叶中的含量。

提问：叶呈现为绿色是因为叶中含有这些色素。那么叶中这些色素具有什么样的功能呢？你能否根据叶的主要功能进行猜想？

引导学生联想到吸收光。

继续提问：是所有的光都吸收吗？

总结：为验证同学们的猜想是否成立，需要通过实验进行验证。

（三）实验3：用自制光谱仪观察菠菜叶肉细胞光合色素吸收光谱

介绍光谱仪的原理和使用方法。

指导学生对光合色素提取液吸收光谱进行观察。

记录观察结果。

提问：看到的是色素提取液的吸收光谱，其中每种色素的吸收光谱都一样吗？

阅读教材第 99 页，总结：不同光合色素的吸收光谱不同，叶绿素 A 和叶绿素 B 主要吸收红光和蓝紫光，胡萝卜素和叶黄素主要吸收蓝紫光。

提问：对于能够进行光合作用的其他生物比如原核生物蓝藻，其内的光合色素与菠菜相同吗？能否利用现有的方法对上述问题进行研究？

总结：通过观察不同植物光合色素提取液吸收光谱，并依据教材中的图表进行分析，能够得出结论。

（四）实验 4：观察并比较菠菜、小麦、韭菜、蓝藻光合色素的吸收光谱，判断其中光合色素的种类

介绍光谱分析法的原理和操作步骤。

教师展示小麦、韭菜、蓝藻光合色素提取液的吸收光谱。

学生通过分析，推断提取液中光和色素的种类。

提问：如想进一步判断推断的正确性，可采用何种方法？

总结：可对色素提取液进行纸层析。

（五）总结

在本节课上，我们通过四个实验对菠菜叶肉细胞中色素的溶解性、种类、含量和功能进行了验证，并对各种植物材料中的光合色素进行了定性研究，得出“光合色素普遍存在于能够进行光合作用的生物体内”的推论。

八、实验效果评价

借助本实验中所使用的学具，学生可同时观察两种溶液的吸收光谱，进而能够对多种实验材料的吸收光谱进行直观对比。为学生进行进一步探究，如“探究不同植物叶片中光合色素的吸收光谱与其生境的关系”等，提供了便捷的工具。教师可根据具体情况，引导学生对相关问题进行探究。

科学探究是生物学科的核心素养之一，为培养学生的科学探究能力，在教学中，教师应当设法增强学生的体验，在有限的课时中，设计更多操作简单、现象直观的探究活动。相对于教师的讲解和演示，学生对实践活动的需求正与日俱增。如果教师能设计更多学生参与度更高的实践活动，将更好地激发学生主动探究的兴趣，对学生深入理解生物学核心概念、主动构建生物学学科概念体系等学习活动大有裨益。

探究植物细胞的吸水和失水

江西省赣州市第三中学　曾凡伟

一、使用教材

人教版高中《生物必修1》第四章第1节。

二、实验器材

马齿苋、洋葱、0.03～0.09g/mL NaCl 溶液、0.3g/mL 蔗糖溶液、清水等；光学显微镜、目镜测微尺、手机夹、刀片、镊子、滴管、载玻片、盖玻片、吸水纸等。

三、实验创新要点/改进要点

（1）增加一个实验材料——马齿苋，成本低廉，开发当地适宜实验材料。

（2）选用一系列浓度梯度的 NaCl 溶液做进一步探究实验，实现自动复原。

（3）添置手机夹固定手机，实现效果共享。

（4）手机端和 PC 端均安装 WeBcamera 应用，实现无线同步。

（5）使用目镜测微尺计算细胞大小，进行定量研究。

（6）开发虚拟实验，创建实验操作自主学习平台。

（7）引入实验评价表完善学生评价，用以评价激励。

四、实验原理/实验设计思路

基于渗透作用原理的质壁分离与复原现象，学生先建立对细胞渗透系统和结构的认识，后主动探究，从感性认识到理性分析，再定量研究，从而得出结论，升华认知，提高观测能力和逻辑思维。

五、实验教学目标

（一）知识目标

（1）通过探究实验，能理解植物细胞的原生质层相当于一层半透膜。

（2）能说出在什么情况下植物细胞吸水和失水。

（二）能力目标

（1）具有初步的探究能力，会提出问题、作出假设。

（2）尝试设计实验方案。

（三）情感、态度和价值观目标

（1）能积极思考、大胆质疑。

（2）在小组讨论和交流中学会合作学习。

六、实验教学内容

以多种材料和试剂，借助显微镜简易手机夹、WeBcamera、目镜测微尺和虚拟实验等，在互动课堂中，对植物细胞吸水和失水进行探究，并完成评价。

七、实验教学过程

（1）实验准备：①准备材料、试剂和仪器，学生也可自带实验材料；②发放活动方案表,供学生记录整理使用。

（2）实验过程（进行实验，获得实验现象和数据）：①以生活中的例子导课;②引导学生提出问题、作出合理假设；③学生分小组讨论,教师适时加以引导，形成完整的、可行的实验方案；④学生分组进行探究实验；⑤观察实验现象,利用设备记录实验现象和数据。

（3）结果分析，交流汇报：①对获得的实验现象和数据进行统计和分析,绘制表格曲线等；②分小组汇报实验结果并交流;③进行进一步探究实验。

（4）课堂小结：①学生总结收获和不足;②通过自评、互评、教师总评，学生获得过程性和终结性评价；③明确教学目标的达成。

（5）结束整理。

八、实验效果评价

（1）材料和试剂的创新，成本低廉，效果明显。校园植物的使用更激发了学生开发当地实验材料的兴趣。

（2）手机夹和 WeBcamera 的使用实现了效果共享、无线同步，方便教学，优化了教学模式。学生很方便地在手机屏幕上观察到实验现象，可以拍照录像，也可以在投影仪上分享实验结果。

（3）使用目镜测微尺，学生可以测量细胞大小，从而进行定量研究，加深对实验的理解。

（4）学生可以使用虚拟实验自主学习平台来预习和复习，熟悉知识，练习操作，很好地辅助了实验教学。

（5）使用了探究活动方案表，学生体验了探究性实验的过程。

（6）引入了实验评价，很好地评价和激励了学生。

用定量法改进“酶特性的综合探究实验”

广东省深圳市横岗高级中学　赵盼盼

一、使用教材

人教版高中《生物必修1》第5章第1节。

二、实验器材

广口玻璃瓶、齿轮、有机玻璃支架、水槽、量筒、大烧杯、滴管、小烧杯、研钵、玻璃导管、橡胶管；新鲜的肝脏研磨液、$FeCl_3$溶液、淀粉酶、纤维素酶、过氧化氢溶液、纯净水等。

三、实验创新要点/改进要点

(1) 由定性实验改为定量实验，用数据说明问题，培养学生严谨、科学的理科思维。

(2) 借助物理上的齿轮，可以使不同pH条件下的反应同时进行，而且可以对酶的特性展开综合探究。

(3) 实验装置改进的材料易得，操作性强，有利于推广。

四、实验原理/实验设计思路

(一) 实验原理

新鲜肝脏中含有较多的过氧化氢酶，在适宜的温度和pH下，过氧化氢酶催化过氧化氢分解产生氧气。

(二) 设计思路

该实验教学需要解决什么问题？

(1) 如何收集气体？

(2) 如何定量？

(3) 如何使不同pH环境的反应同时进行？

(4) 该装置还可以有哪些用途？

本节实验教学就是在不断解决上述问题的过程中推动和生成的。

五、实验教学目标

（1）知识与技能：定量研究酶的特性。

（2）过程与方法：锻炼学生的实验动手能力、理性思维能力和解决问题的能力。

（3）情感态度与价值观：培养学生批判质疑、勇于探究的精神和学习生物的兴趣。

六、实验教学内容

定量改进“酶特性的综合探究实验”。

（1）酶的高效性：量筒集气，定量比较。

（2）酶的专一性：双酶双反，专一对比。

（3）pH 对酶活性的影响：多瓶同步，直观明显。

（4）酶的专一性 + 高效性：两两对照，一置多效。

七、实验教学过程

（1）方案改进。

1）如何收集气体？排水法。

2）如何定量呢？用量筒收集气体（见图 1）。

3）无法掌控反应开始的时间（见图 2）？

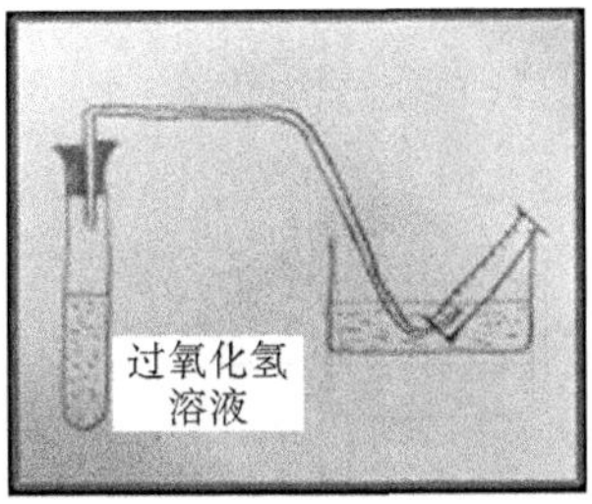

图 1

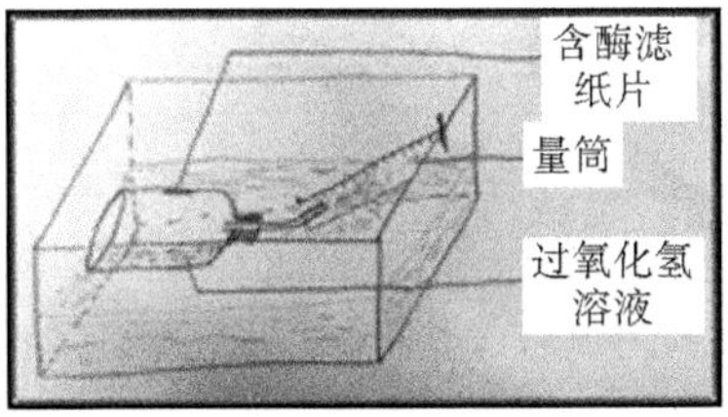

图 2

4）玻璃瓶容易转动，怎么办（见图 3）？

图 3

（2）分组实验（见图4）。

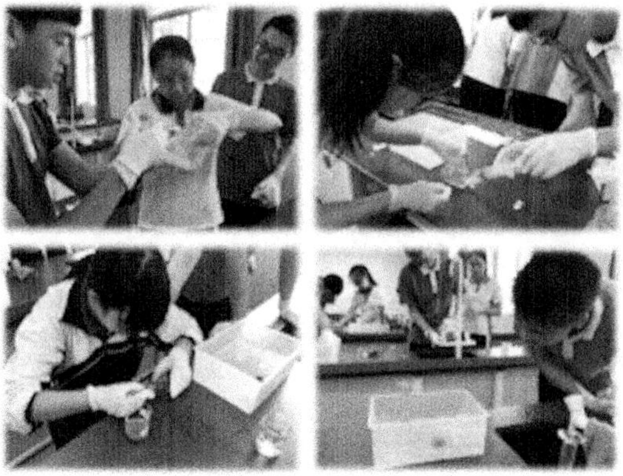

图4

（3）结果记录（见图5、表1）。

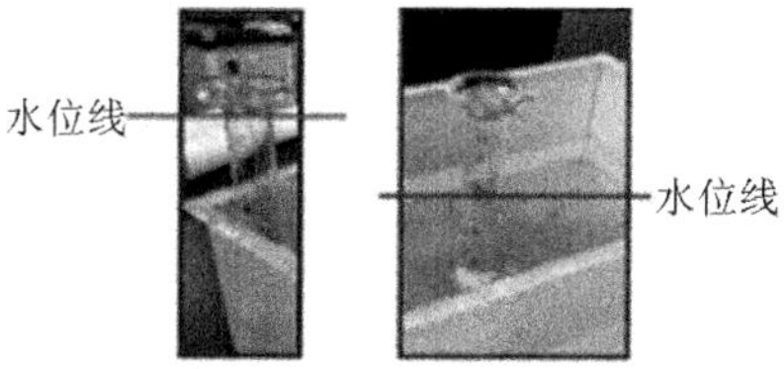

图5

表1

	H_2O_2 + $FeCl_3$	H_2O_2 + 肝脏研磨液
同时间内（15s）氧气生成量	≈0	11mL

结论：与无机催化剂相比，酶的催化作用具有高效性。

（4）实验拓展1：定量法探究酶的专一性（见图6、表2）。

图6

表 2

	纤维素酶溶液 + H_2O_2	肝脏研磨液 + H_2O_2
同时间内（15s）氧气生成量	0	10.5mL

结论：过氧化氢酶可以催化过氧化氢的分解，而纤维素酶却不行。酶的催化作用具有专一性。

（5）实验拓展 2：定量法探究不同 pH 对酶活性的影响（见图 7）。

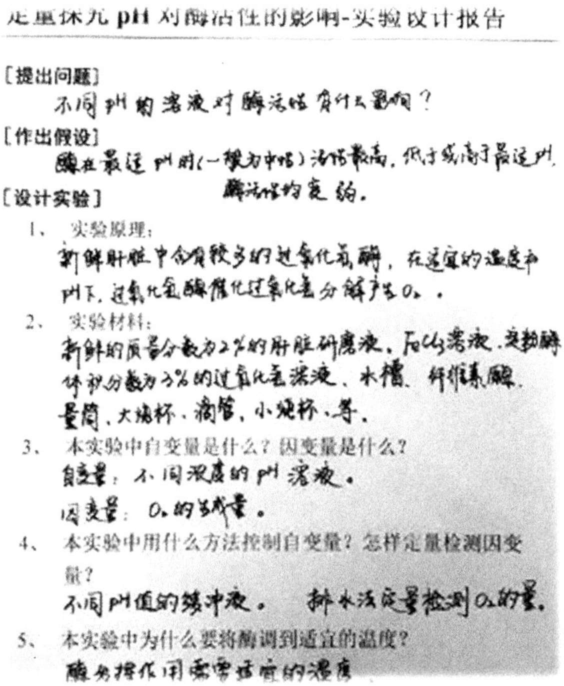
定量探究 pH 对酶活性的影响-实验设计报告

[提出问题]

不同 pH 的溶液对酶活性有什么影响？

[作出假设]

酶在最适 pH 时(一般为中性)活性最高，低于或高于最适 pH，酶活性均会降低。

[设计实验]

1、 实验原理：

新鲜肝脏中含有较多的过氧化氢酶，在适宜的温度和 pH 下，过氧化氢酶催化过氧化氢分解产生 O_2。

2、 实验材料：

新鲜的质量分数为 2% 的肝脏研磨液、不同 pH 溶液、淀粉酶、体积分数为 3% 的过氧化氢溶液、水槽、纤维素酶、量筒、大烧杯、滴管、小烧杯、等。

3、 本实验中自变量是什么？因变量是什么？

自变量：不同浓度的 pH 溶液。

因变量：O_2 的生成量。

4、 本实验中用什么方法控制自变量？怎样定量检测因变量？

不同 pH 值的缓冲液。 排水法定量检测 O_2 的量。

5、 本实验中为什么要将酶调到适宜的温度？

酶发挥作用需要适宜的温度

图 7

需要解决的问题 1：不同 pH 梯度的反应，如何同时进行（见图 8）？

需要解决的问题 2：清水中收集气体，现象不明显？加几滴红墨水。

请观看学生实验的视频。

实验结果记录和分析（见图 9、见图 10、表 3）。

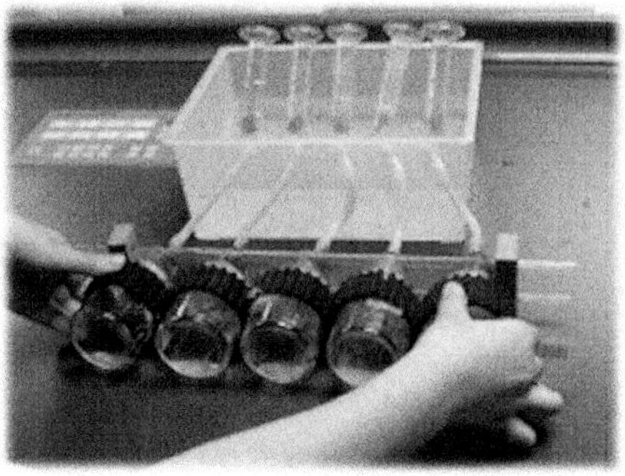

图 8

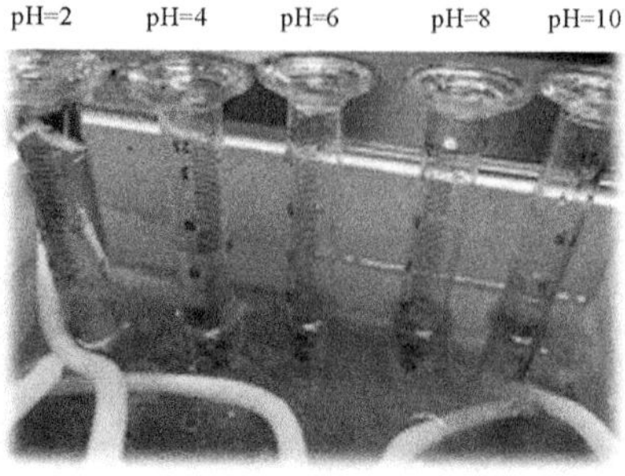

反应时间15s

图 9

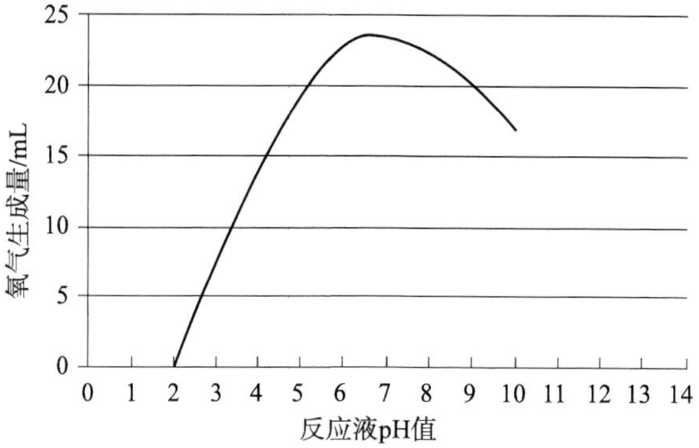

图 10

表 3

反应液 pH 值	氧气生成量/mL
2	0
4	13. 5
6	23
8	22. 5
10	17

结论：过氧化氢酶在中性时活性较高，高于或低于此值，酶活性均会降低。

（6）实验拓展 3：定量法同时探究酶的专一性和高效性（见图 11）。

结论：①、②对照，说明酶具有专一性特点。②、③对照，说明酶具有高效性特点。

（7）板书设计（见图12）。

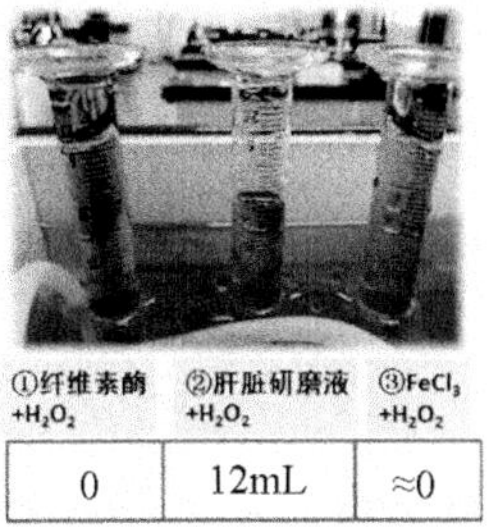

图 11

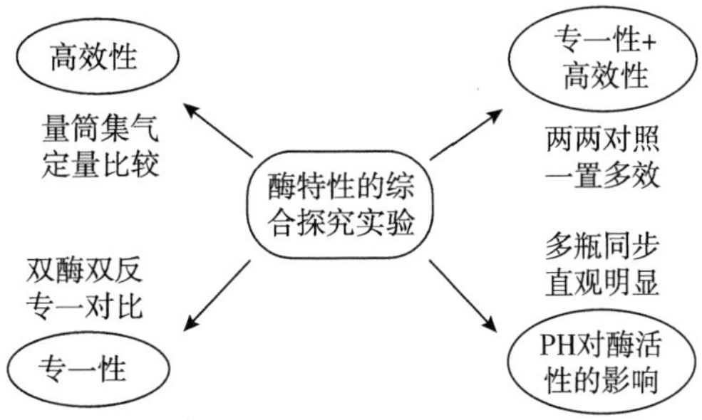

图 12

八、实验效果评价

回顾本节课的实验教学，首先根据教材实验提出问题，然后引导学生自己设计和改进实验，最后得到这样的实验装置。在该实验装置基础上的改进实验，有这样几个创新点：

（1）由定性实验改进为定量实验，用数据说明问题，使学生的思维得到了更好的拓展。

（2）一套装置，多种用途，可以对酶的特性展开综合探究。

（3）改进实验，取材方便，操作性强，有利于推广。

总的来说，该实验教学最大程度地锻炼了学生的三大能力，即发现问题、解决问题的能力，进行实验设计、科学探究的能力和创造性思维能力。

探究机体维持 pH 的稳定机制

安徽省合肥市第六中学　朱云鹏

一、使用教材

人教版高中《生物必修 3》。

二、实验器材

pH 传感器、滴数传感器、CO_2传感器、磁力搅拌器。

三、实验创新要点/改进要点

（1）检测技术的改进：传感器得到的结果动态直观，形式多样（表格、曲线）。教学效果明显。能够帮助学生建立数学模型从定量的角度分析实验结果。

（2）实验方法的创新：在课本模拟实验的基础之上，新增了化学分析的实验方法，明确找到血浆中 HCO_3^-/H_2CO_3这对缓冲物质，增大了实验结论的说服力。

（3）本实验选择的材料是血浆，相较于教材中选用的猪肝匀浆和马铃薯匀浆，它最大的优势在于没有细胞内物质的干扰，是内环境的组成之一，可以直接反映内环境的 pH 变化。

四、实验原理/实验设计思路

因为 $H_2CO_3 \rightleftharpoons H^+ + HCO_3^-$，$HCO_3^- \rightleftharpoons H^+ + CO_3^{2-}$，$CO_3^{2-} + H_2O \rightleftharpoons HCO_3^- + OH^-$，所以只要确定溶液中含有其中任意一个即可说明该溶液中都有 H_2CO_3/ HCO_3^-。

$HCO_3^- + H^+ \rightleftharpoons H_2O + CO_2\uparrow$

$CO_3^{2-} + 2H^+ \rightleftharpoons H_2O + CO_2\uparrow$

通过向血浆中滴加 HCl，观察是否有气泡产生，从而确定溶液中是否含有 H_2CO_3/HCO_3^-。

五、实验教学目标

（1）生命观念：能运用稳态与平衡观点，提出生物体维持 pH 稳定的机制。

（2）理性思维：基于科学事实形成稳态这一核心概念。

（3）科学探究：设计并完成对生物体维持 pH 稳定机制的实验探究，体会技术对科学发展的推动作用。

（4）社会责任：根据食物特性，科学合理地安排自己的膳食。

六、实验教学内容

内环境稳态分为理化性质和化学成分两个方面。本实验正是选取内环境稳态理化性质中的 pH 为切入点，开展实验获得证据，帮助学生主动建构内环境稳态这一概念。

七、实验教学过程

第一步，创设情境，激发兴趣。

细胞代谢产生的酸性物质，食物消化吸收后产生的酸性或碱性物质进入内环境，内环境 pH 能保持稳定吗？稳定机制是什么？

第二步，开展实验，寻找证据。

问题 1：内环境能否维持 pH 的稳定？

策略：独立操作，成果交流。

利用 pH 传感器检测血浆在滴加 HCl 和 NaOH 之后的 pH 变化。

结论：在一定范围内，内环境能够维持 pH 稳定，但有一定限度。

问题 2：内环境维持 pH 稳定的机制是什么？

策略 1：模拟实验，初步感知。

模拟实验：利用 pH 传感器检测缓冲溶液、蒸馏水分别在滴加 HCl 和 NaOH 之后的 pH 变化。得到结果。

结论：血浆中可能存在缓冲物质用于维持 pH 的稳定。

教师追问：血浆中的缓冲物质是什么呢？

策略 2：化学分析，求真务实。

学生联系细胞呼吸知识能够得出生物体可能存在的缓冲物质是 HCO_3^-/H_2CO_3。

如何设计实验检测血浆中的 HCO_3^-/H_2CO_3缓冲对？

学生基于化学基础知识，设置对照实验，分别向血浆和蒸馏水中滴加

HCl，观察是否有气泡产生。

结果：未观察到气泡，无明显现象。

这引起学生的激烈讨论，学生提出了不同观点。教师组织学生利用CO_2传感器改进的实验装置，重复实验，得到结果。

结论：血浆中含有缓冲物质 HCO_3^-/H_2CO_3用于维持 pH 的稳定。

第三步，思维加工，构建概念。

教师通过一系列问题驱动和资料呈现，帮助学生主动建构内环境稳态这一概念，如：内环境的 pH 能够维持稳定，那么内环境中体温、渗透压等其他理化性质以及内环境的成分是否也能保持稳定呢？

第四步，学以致用，合理膳食。

组织实验小组根据食物的酸碱特性，为身边的人制定一份科学合理的膳食安排表。

八、实验效果评价

通过学生自己设计实验但观察不到预期的实验现象，进而运用先进技术成功求证。在这看似曲折的探究过程中，学生不仅加深了对相关知识的理解，更加能够体会到技术对于科学发展的推动作用。从而顺利突破了教学目标中的重难点。

附录

第四届全国中小学实验教学说课活动优秀作品名单

说课题目	学科	姓名	工作单位	获奖等级
斜坡的启示	小学科学	陈娇娇	福建省福州市仓山区第五中心小学	一等奖
热传导	小学科学	董道夷	上海市崇明区实验小学	一等奖
声音的变化	小学科学	顾勤华	浙江省宁波市海曙外国语学校	一等奖
探究影子的变化特点	小学科学	何姝莹	湖南省郴州市第三完全小学	一等奖
物体的颜色与吸热	小学科学	李金婉	广东省珠海市香洲区第四小学	一等奖
不倒翁	小学科学	练海燕	广东省中山市三乡镇新圩小学	一等奖
斜面	小学科学	林祺	福建省厦门市梧村小学	一等奖
光的反射	小学科学	林莹莹	福建省厦门市滨东小学	一等奖
光和影	小学科学	马水娟	浙江省宁波市奉化区锦屏中心小学	一等奖
测量物体运动时的摩擦力	小学科学	沈　毅	广西壮族自治区南宁市滨湖路小学	一等奖
空气的热胀冷缩拓展课——玩尿娃	小学科学	王建军	浙江省绍兴市柯桥区轻纺城小学	一等奖
日食	小学科学	王　立	广东省深圳市龙华新区行知实验小学	一等奖
昼夜交替	小学科学	习　文	广东省深圳实验学校小学部	一等奖
摆的研究	小学科学	熊　曳	湖北省武汉市华中科技大学附属小学	一等奖
让更多的灯泡亮起来	小学科学	许建秀	山东省淄博高新技术产业开发区第四小学	一等奖
设计光路报警通道	小学科学	杨　京	北京市西城区陶然亭小学	一等奖
盐到哪里去了	小学科学	益西曲宗	西藏自治区拉萨市当雄县宁中乡第二中心小学	一等奖
金属热胀冷缩吗	小学科学	袁冰清	安徽省合肥市六安路小学中铁国家城校区	一等奖
液体压强	初中物理	董衍坤	天津市汇文中学	一等奖

续表

说课题目	学科	姓名	工作单位	获奖等级
探究光的反射规律	初中物理	黄葛鸿	福建省福安市溪潭中学	一等奖
声音的传播	初中物理	卢　发	广东省中山市小榄镇菊城中学	一等奖
声音是什么	初中物理	沈　翔	江苏省南通第一初级中学	一等奖
家庭电路	初中物理	唐凌峥	广西壮族自治区桂林市奎光学校	一等奖
声音的特性	初中物理	张士良	辽宁省锦州市第八中学	一等奖
声音的产生与传播	初中物理	张菀玉	新疆维吾尔自治区石河子市第十中学	一等奖
光源光的传播	初中物理	赵晓娟	黑龙江省哈尔滨市旭东中学	一等奖
液体压强	初中物理	庄莹莹	福建省厦门市金尚中学	一等奖
涡流、电磁阻尼和电磁驱动	高中物理	龚志会	河北省唐山市第一中学	一等奖
伽利略研究自由落体	高中物理	黄卫良	江苏省张家港市乐余高级中学	一等奖
关于闭合电路欧姆定律的实验探究及其拓展	高中物理	赖佳颖	上海市复旦大学附属中学	一等奖
探究功与速度变化的关系	高中物理	李志军	宁夏回族自治区银川市第二中学	一等奖
向心力的探究实验设计	高中物理	马红蕾	云南省昆明市第一中学	一等奖
基于“互联网＋”的远程控制实验——定量化光电效应实验	高中物理	魏　莉	浙江省宁波市第二中学	一等奖
声波干涉演示实验	高中物理	吴广国	北京景山学校	一等奖
磁感应强度	高中物理	谢　静	天津市实验中学	一等奖
楞次定律	高中物理	赵桂香	黑龙江省哈尔滨市第九中学	一等奖
探究安培力	高中物理	郑　健	福建省福州市格致中学鼓山校区	一等奖
铁丝在氧气中燃烧的再探究	初中化学	陈晓峰	安徽省合肥市六十一中学	一等奖
燃烧的条件	初中化学	郭建虹	江苏省如皋市外国语学校	一等奖
可怕的烟草	初中化学	纪学磊	山东省烟台龙口市七甲镇七甲学校	一等奖
二氧化碳制取与性质的实验改进	初中化学	姜　淼	福建省福州市闽江学院附属中学	一等奖
多种方法认识火焰	初中化学	唐思嘉	重庆市巴蜀中学校	一等奖

续表

说课题目	学科	姓名	工作单位	获奖等级
探究空气中氧气体积分数的测定	初中化学	汪　晓	浙江省杭州市经济技术开发区学正中学	一等奖
硫酸铜晶体结晶水含量测定	高中化学	陈　浩	上海市西南位育中学	一等奖
铁与水蒸气反应实验装置的创新设计	高中化学	黄　靓	江西省南昌市第三中学	一等奖
氮的循环第一课时——氮气及氮氧化物的性质	高中化学	黎美华	福建省武夷山第二中学	一等奖
消毒液，你了解多少？	高中化学	李冰芝	重庆市两江育才中学	一等奖
探究 Na_2CO_3、$NaHCO_3$ 与盐酸的反应	高中化学	李健荣	广东省东莞市塘厦中学	一等奖
铁的吸氧腐蚀的原理探究	高中化学	李　青	湖北省黄冈市黄冈中学	一等奖
氮氧化物被水吸收的实验研究	高中化学	梁　凯	北京市北京师范大学附属实验中学	一等奖
“污水处理——电浮选凝聚法”微型实验	高中化学	梁永江	贵州省贵阳市第三实验中学	一等奖
“硝酸”探究实验创新课	高中化学	刘炯明	福建省厦门市双十中学	一等奖
二氧化硫	高中化学	毛顺花	西藏自治区拉萨市北京实验中学	一等奖
二氧化硫的性质检验	高中化学	农斯娜	广西壮族自治区梧州市苍海高级中学	一等奖
数字化实验探究弱电解质	高中化学	邢庆俐	河北省霸州市第四中学	一等奖
酸碱滴定曲线	高中化学	张　丽	黑龙江省哈尔滨市第九中学	一等奖
氯化铜溶液的电解实验	高中化学	朱　赛	湖南省株洲市第一中学	一等奖
呼吸与呼吸作用	初中生物	安勐颖	北京市第十八中学	一等奖
探究种子萌发的条件	初中生物	程　利	山东省青岛市第六十三中学	一等奖
二氧化碳是光合作用必需的原料吗？	初中生物	范　斌	福建省厦门市双十中学思明分校	一等奖
观察草履虫的形态、运动、取食和趋性	初中生物	冯翠翠	河北省石家庄市第四十中学	一等奖
探究鸟卵结构与功能及其在进化中的地位	初中生物	李秋菊	黑龙江省哈尔滨市第一一三中学	一等奖

续表

说课题目	学科	姓名	工作单位	获奖等级
人体内的物质运输——动静脉血的相互转化	初中生物	楼秋林	浙江省宁波市余姚世南中学	一等奖
酒精对水蚤心率的影响	初中生物	张　超	上海市向明初级中学	一等奖
探究水温对金鱼呼吸频率的影响	初中生物	张　宜	广东省汕头市聿怀初级中学	一等奖
探究仓鼠走迷宫获取食物的学习行为	初中生物	庄　锋	新疆维吾尔自治区乌鲁木齐市第 16 中学	一等奖
绿叶中色素的提取与分离实验	高中生物	陈雪华	重庆市大学城第一中学校	一等奖
探究小麦胚芽鞘的向光性	高中生物	高　颖	江苏省南京市行知实验中学	一等奖
“绿叶中色素提取和分离”实验的改进	高中生物	郝　旭	辽宁省鞍山市第一中学	一等奖
葡萄酒的酿制	高中生物	胡　娟	宁夏回族自治区吴忠市回民中学	一等奖
探究酵母菌细胞呼吸的方式	高中生物	李宇艳	广西壮族自治区桂林中学	一等奖
绿叶中色素的提取分离与吸收光谱的观察	高中生物	孙天予	北京汇文中学	一等奖
探究植物细胞的吸水和失水	高中生物	曾凡伟	江西省赣州市第三中学	一等奖
用定量法改进“酶特性的综合探究实验”	高中生物	赵盼盼	广东省深圳市横岗高级中学	一等奖
探究机体维持 pH 的稳定机制	高中生物	朱云鹏	安徽省合肥市第六中学	一等奖